杭州职业技术学院"双高计划"建设成果丛书

杭州职业技术学院
"双高计划"建设典型案例汇编

杭州职业技术学院 ◎ 主编

中国纺织出版社有限公司

内 容 提 要

本书为杭州职业技术学院"双高计划"建设成果丛书之一。在建设一批"引领改革、支撑发展、中国特色、世界水平"的高职学校和专业群的背景下,杭州职业技术学院紧盯区域经济社会和职业教育类型发展,聚力打造"数智杭职·工匠摇篮"。本书共分为中国特色高水平高职学校建设、电梯工程技术专业群建设、服装设计与工艺专业群建设三篇,以案例的方式向社会、同行展示了杭州职业技术学院在"双高计划"建设期间的典型经验和成果,从不同角度展示了杭州职业技术学院在加强党的建设、人才培养、师资建设、国际交流与合作等方面的实践和探索。本书适合高等职业院校领导及"双高计划"建设相关教师阅读和参考。

图书在版编目（CIP）数据

杭州职业技术学院"双高计划"建设典型案例汇编／杭州职业技术学院主编．－－北京：中国纺织出版社有限公司，2024.6

（杭州职业技术学院"双高计划"建设成果丛书）

ISBN 978-7-5229-1752-8

Ⅰ.①杭… Ⅱ.①杭… Ⅲ.①高等职业教育—学校管理—案例—杭州 Ⅳ.①G718.5

中国国家版本馆 CIP 数据核字（2024）第 089507 号

责任编辑：李春奕　刘广菊　　责任校对：高　涵
责任印制：王艳丽

中国纺织出版社有限公司出版发行
地址：北京市朝阳区百子湾东里 A407 号楼　邮政编码：100124
销售电话：010—67004422　传真：010—87155801
http://www.c-textilep.com
中国纺织出版社天猫旗舰店
官方微博 http://weibo.com/2119887771
三河市宏盛印务有限公司印刷　各地新华书店经销
2024 年 6 月第 1 版第 1 次印刷
开本：787×1092　1/16　印张：16
字数：340 千字　定价：89.00 元

凡购本书，如有缺页、倒页、脱页，由本社图书营销中心调换

前 言

2019年，国家启动了"中国特色高水平高职学校和专业建设计划"（简称"双高计划"或者"双高"），旨在舞起改革大旗，塑造高职典范，集中力量建设一批"引领改革、支撑发展、中国特色、世界水平"的高职学校和专业群。中国高等职业教育的一片崭新天地因此而铺展开来。

首批"双高计划"建设名单有197所，其中高水平学校建设高校56所（A档10所、B档20所、C档26所），高水平专业群建设高校141所。2019年12月，杭州职业技术学院（以下简称"杭职院"）被教育部、财政部列为中国特色高水平高职学校建设单位（B档），是继示范校、骨干校、优质校建设之后，学校迎来的又一次全面内涵提升的里程碑事件，标志着杭职院将在高职教育的改革与发展中扮演更为重要的角色。

杭职院始终践行为党育人、为国育才的初心使命，紧盯区域经济社会和职业教育类型发展，聚力打造"数智杭职·工匠摇篮"。通过"双高计划"建设，杭职院在引领改革方面，深化校企共同体迭代升级，构建了工匠型人才培养模式群；在支撑发展方面，突出育训并举，打造了基于高质量发展的区域技能共富服务体；在中国特色、世界水平方面，强化标准引领，形成了基于现代职教智库的技术技能积累标准集，为中国特色职业教育高质量发展提供了"杭职方案"。2023年1月，杭职院在国家"双高计划"中期绩效评价中获"优秀"等级。为发挥学校"双高计划"建设引领示范作用，增强同行之间的交流互鉴，学校策划出版杭职院"双高计划"建设成果丛书。本书是其中一本，以案例的方式向社会、同行展示"双高计划"建设期间学校产生的一系列好的典型经验和做法。

本书共分三篇，从不同角度展示了学校在加强党的建设、人才培养、师资建设、国际交流与合作等方面的实践和探索。第一篇介绍中国特色高水平高职学校建设，共分为十一章，主要展示了党的建设统领学校高质量发展、打造技术技能人才培养高地、打造技术技能创新服务平台、打造高水平双师队伍、提升校企合作水平、提升服务发展水平、提升学校治理水平、提升校园信息化水平、提升办学国际化水平、培育青少年职业启蒙"杭州模式"、培育高职文化育人"杭职品牌"等方面的案例。第二篇介绍电梯工程技术专业群建设，共分为九章，主要展示了推进人才培养模式改革、强化课程教学资源建设、推进教材与教法改革、打造高水平教师教学创新团队、打造高水平实践教学基地、打造技术技能创新平台、提升社会服务水平、提升国际交流与合作水平、健全可持续发展保障机制方面的案例。第三篇介绍服装设计与工艺专业群建设，和第二篇一样，也展示了9个方面的案例。

本书在编写过程中选用的案例源于"双高计划"年度数据采集和中期绩效评价相关材料，皆由各"双高计划"子项目和学校职能部门选送，是相关项目组和职能

部门在"双高计划"推进过程中的实践和探索，是集体智慧的结晶。由于在"双高计划"验收过程中任务分工相互交错叠加、案例初稿撰写与后期打磨分属不同部门与人员，难以一一厘清，同时每篇案例的作者人数有限定，不能一一呈现。因此，如有疏漏之处，恳请包容与原谅，不胜感激。最后，向所有提供案例的作者们，向所有参与杭职院"双高计划"建设的同志们表示深深的敬意和感谢！

杭职院"双高计划"建设办公室
2023 年 9 月

目 录

第一篇　中国特色高水平高职学校建设

第一章　党的建设统领学校高质量发展 …… 2
  打造"四维四级"融合体，以高质量党建引领高质量发展 …… 3
  坚持党建引领，德技并修培养工匠型人才 …… 5
  打造全国党建工作样板支部，以高水平党建引领专业建设发展 …… 7
  党建"四个融合"引领高水平专业群建设 …… 10
  用好"指挥棒"，激活"一盘棋"——杭州职业技术学院党委创新构建
  "大党建"考评体系 …… 12

第二章　打造技术技能人才培养高地 …… 14
  打造"工匠摇篮"，这所学校这样做 …… 15
  专业数字转型升级服务杭州市"5+3"产业集群发展 …… 17
  课程思政全校开花，引领学生素养教育 …… 19
  现代学徒制，育人模式改革的"杭职新作为" …… 22
  深化教育评价改革，助推学校高质量发展 …… 24
  立足创新，多维共创人才协同培育"新平台" …… 27
  毕业生留杭就业率居在杭高职院校前列：钳工刘明杰的留杭之路 …… 29

第三章　打造技术技能创新服务平台 …… 31
  科技成果拍卖：杭职院打通科技成果转化"最后一公里" …… 32
  深化科研治理，打造技术技能创新高地 …… 34
  搭建平台、创新模式，多渠道助推科技成果转移转化 …… 36

第四章　打造高水平双师队伍 …… 38
  创新机制，引育并举，全力打造专业群领军人才培养工程 …… 39
  深化评价改革，激发教师职业发展内生动力 …… 42
  领军人才引领，结构化打造高水平双师团队 …… 44
  实施"五大"培育工程，全面提升教师队伍整体水平 …… 46

校企共建双师培训基地，打造高质量师资培育平台 …… 48

第五章　提升校企合作水平 …… 51
聚焦类型特色，打造校企命运共同体"杭州样板" …… 52
杭职"金字招牌"：打造校企共同体升级版 …… 55
专企融合，构建高水平产教融合实训基地 …… 58
奏响产教融合新乐章，"政园企校"共建长学制产业学院 …… 60

第六章　提升服务发展水平 …… 63
锚定"精准"，全面助力脱贫攻坚、乡村振兴战略 …… 64
培育师资培训品牌，输出杭职经验 …… 65
锚定乡村振兴战略，助力共同富裕，全方位贡献"职教力量" …… 66

第七章　提升学校治理水平 …… 69
数字赋能，打造"掌上杭职" …… 70
对标对表，打造"双高计划"高质量发展财务治理体系 …… 72
五位一体，全程管评，数据循证——杭州职业技术学院内部质量保证体系的创新实践 …… 74

第八章　提升校园信息化水平 …… 77
数智财务："业—财—效—控"一体化财务治理与综合应用 …… 78
校企合作、实践实战，师生共筑网络安全"防火墙" …… 80

第九章　提升办学国际化水平 …… 81
践行"技能+文化"走出去，助力浙企扎根非洲 …… 82
"校校企"联动，中菲合作培养高端酒店服务人才 …… 84
"政行企校"联动，推进国际化动漫人才培养 …… 86
汉语为桥、技能引领，打造"中文+职业技能"融合新模式 …… 88

第十章　培育青少年职业启蒙"杭州模式" ··········· 90
打破职业教育内循环，形成职业启蒙"杭职模式" ··········· 91
彰显职教社会担当，助力青少年职业启蒙 ··········· 93

第十一章　培育高职文化育人"杭职品牌" ··········· 94
融以至善、德技并修，打造高职文化育人"杭职品牌" ··········· 95
提升"融善"文化软实力，培育文化育人"杭职品牌" ··········· 97
"三馆一体"打造工匠文化校园生态 ··········· 100

第二篇　电梯工程技术专业群建设

第一章　推进人才培养模式改革 ··········· 104
紧跟电梯行业数智转型需求，培养电梯拔尖技术技能人才 ··········· 105
一体两院、同生共长：电梯类技术技能人才培养生态构建与实践 ··········· 108
现代学徒制培养航空高端制造人才新模式 ··········· 111
搭建省域行企校融合新平台　构筑区域电梯人才培养新生态 ··········· 113

第二章　强化课程教学资源建设 ··········· 116
电梯检测技术课"混合式、沉浸化"教学模式创新 ··········· 117
"系统集成·开放共享"：高标准建成国家级电梯教学资源库 ··········· 119
"浸润式融入，沉浸式学习，濡染式影响"——构建"电梯检测技术"
课程思政新路径 ··········· 121

第三章　推进教材与教法改革 ··········· 123
开发、融入行业标准，构建类型特色鲜明的电梯专业教学新形态 ··········· 124
"攀高峰、筑高地、登高原"：教学改革取得显著成效 ··········· 127
以赛育才，让每个孩子都有人生出彩的机会 ··········· 129
"破圈+蝶变+共融"——电梯专业中高职一体化育人实践 ··········· 131

第四章　打造高水平教师教学创新团队 ·· 134
"痛"并快乐着：一名企业兼职教师蝶变成长之路 ·· 135
实行"三三三"机制，打造高水平双师队伍 ··· 137

第五章　打造高水平实践教学基地 ·· 139
行企校共建创新服务平台，提升产教科融合水平 ·· 140
"融产教通育训"开创行企校互利共赢新局面 ··· 143
打造"以赛促教、以赛促学"育人平台 ··· 145
打造虚拟实训基地，开辟特种设备虚拟仿真教学新生态 ································ 147

第六章　打造技术技能创新平台 ·· 150
"大师"引领培养高素质工匠型技术技能人才 ··· 151
研制国家教学标准，引领电梯行业发展 ··· 153
依托"匠心育才创新工作室"，探索"匠人"培养新模式 ································ 155

第七章　提升社会服务水平 ··· 156
"扶贫必扶智"的精准扶贫"杭职方案" ·· 157
"科普+普法"打造立体式安全教育新范式 ··· 159
星火漫天，温暖同行 ··· 161

第八章　提升国际交流与合作水平 ··· 163
打造"技能+文化"国际电梯人才培养高地 ·· 164

第九章　健全可持续发展保障机制 ··· 166
"共招、共建、共培"，实现行企校发展共赢 ··· 167
技能标准出杭职、人才培养看杭职 ··· 169
行校企科教融合，共育高技能人才 ··· 171

第三篇　服装设计与工艺专业群建设

第一章　推进人才培养模式改革 ·· 174
个性化培养、因材施教，深化"工作室导师制"培养拔尖创新人才 ················ 175

服装专业群"岗课赛证创"课程体系创新构建 …………………… 178
小工坊大秀场——服装专业群工匠型人才培养模式革新 ………… 180
工坊变课堂,个性化育人模式打亮学子出彩底色 …………………… 184
"敏"学多艺　匠心筑梦——世界技能大赛时装技术项目十进五种子
　选手蝶变之路 …………………………………………………………… 186

第二章　强化课程教学资源建设 …………………………………… 188
发挥教学资源库优势,培养复合型技术技能人才 ………………… 189
非遗不遗　匠心传承——杭职院国家级非遗教学资源库 ………… 191
打破时空限制　促进终身学习——服装设计专业教学资源库 …… 193

第三章　推进教材与教法改革 ……………………………………… 195
"三教"改革、"课堂革命"助力技术技能人才培养高地 ………… 196
思政引领、岗课赛证融通——《服装立体裁剪》国规教材建设 … 199
一堂走向世界的服饰课,展现中国服饰文化的各美其美、美美与共
　——《服装立体裁剪》国家级课程思政示范课建设探索 ……… 202

第四章　打造高水平教师教学创新团队 …………………………… 204
"四大工程"分类培育,"名师名匠"头雁引领,锻造高水平教师教学
　创新团队 ………………………………………………………………… 205
文化引领　革新为先　匠心铸魂——国家级课程思政教学团队的蜕变 …… 207
"四匠"共育：多措并举培育一流工匠之师 ……………………… 209

第五章　打造高水平实践教学基地 ………………………………… 212
"特色工作坊"新模式助力工匠型人才培养 ……………………… 213
服务智慧营销转型　领跑女装产业电商主播培养——校企共建中国（杭州）
　青年电商主播培训基地 ………………………………………………… 215
加快专业实训"三化"升级,助推专业群高质量发展 …………… 217

第六章　打造技术能创新平台 ………………………………………… 219

研学共融，精准培养，深化纺织服装创新型技术技能人才培养"双元模式" ……………………………………………………………… 220

校企共建大师工作室　培养高素质技术技能人才——这名女生从世界技能大赛走向中职校三尺讲台 …………………………………… 223

搭建"新平台"，培养"新版师"，助力"新发展" ……………………… 226

科教产教双融合，培养高素质创新人才 …………………………… 228

第七章　提升社会服务水平 ………………………………………… 230

搭建三大平台　多维发力提升服务发展水平 ……………………… 231

聚力"政行企校"打造产业学院，赋能打造世界级家纺集群先行区 …… 233

从一枝独秀到满园香——杭职经验走进河南 ……………………… 235

第八章　提升国际交流与合作水平 ………………………………… 237

标准制定，本土优化，中外合作培养国际化时尚女装设计人才 …… 238

携手达利共建海外丝路学院，发起成立"一带一路"纺织服装职业教育联盟 ………………………………………………………………… 241

第九章　健全可持续发展保障机制 ………………………………… 243

深耕"校企共同体"，不断擦亮产教融合之"达利现象"金名片 …… 244

第一篇

中国特色高水平高职学校建设

第一章 党的建设统领学校高质量发展

打造"四维四级"融合体,以高质量党建引领高质量发展

近年来,杭职院传承"围绕中心抓党建、抓好党建促业务"的"融合"理念,着力重塑党建统领工作体系,创新"管理—课程—育人—服务"四维、"党委—党总支—党支部—党员"四级融合赋能机制,通过打通"融合"路径、创新"融合"机制、搭建"融合"载体,由表及里推进党建工作更好地融入并统领治理架构,推动党建与业务深度融合、互促互进,进一步将党建优势转化为发展优势,逐步实现以高质量党建引领学校高质量发展。

一、实施举措

(一)多维推进构建融合生态

着力推进党建工作与学校高质量发展深度融合。系统实施党建"四大工程""六大行动",统筹出台关于人才强校、数智杭职、"三全育人"改革、马克思主义学院建设、清廉杭职等5个三年行动计划。聚焦培养德技并修的工匠型人才,构建了"三全育人"新格局、创造了"大思政"新平台、塑造了"融善"文化新生态,为落实立德树人根本任务提供有力支撑。

着力推进组织建设与专业建设深度融合。实施"标杆院系""样板支部"建设,推进党建和业务工作同步规划、同步部署、同步落实。选优配强"双带头人"队伍,打造"头雁工作室""先锋示范岗",发挥专业负责人和党员骨干教师专业指导和示范引领作用。推进"思政聚合",协同探索专业课程思政映射点与教学融合新模式,充分发掘各门课程思政元素,打造出一批示范课程和思政"金课"。

着力推进党员培养与工匠培育全程融合。注重创新党员培育方式,以文化研究工程项目为抓手,将党员培养发展与劳模精神、工匠精神培育紧密融合,实施"党员匠师引领匠苗"的精准培养模式,不断将优秀匠苗培养成优秀发展对象,将优秀学生发展对象培养成优秀匠苗,"双培养"形成"满天星"。

着力推进党组织服务与区域发展精准融合。学校携手与银行创建校银联建项目、与中华职业教育社合作开展"温暖工程",对外联合打造的校地企党建共同体等19个党建融合联建项目顺利实施,建立互帮、互学、互助长效机制。

(二)分层实施打通融合脉络

在分党委、党总支层面,积极开展"党建融合点"创新项目申报培育工作。找准、找深、找实党建工作与教育教学、科学研究、学生管理、校企合作、社会服务等方面工作的"融合点",形成主题鲜明、导向明确、实效明显、便于推广的党建"融合点"创新项目,以项目建设推进机制创新、载体创新。

在党支部层面,实施"一创双树"行动。通过党支部申报、组织遴选、公布挂牌等环节,遴选创建30个头雁工作室,选树60支志愿服务队,设立100个先锋示

范岗,让头雁工作室、先锋示范岗建设及专业志愿服务活动开展成为党支部组织生活"新范式"。

在党员层面,实施学思践诺"三个一"活动。学校党委每年围绕职业素养教育、"两学一做"学习教育、师德师风、效能提升、"数智杭职"建设等主题,要求党员每年完成读好书、破难题、办实事等相关任务,发挥先锋模范作用,激发干事创业活力。

（三）系统保障确保融合成效

打造"融合赛道",激发组织动能。以融合思维推进组织建设,对照教育部"双创"工作标准实施基层党组织"标准+标杆"建设,持续打造"标杆院系""样板支部"。常态化评选"最强领头雁""最强党支部",精心选育"党建融合点"项目,全面激发基层党组织干事创业、实干担当的内生动力,全力营造"奋勇争先、比学赶超"的工作氛围。

构建"融合引擎",打造研究中心。学校高规格召开党建与思政工作会议,出台加强马克思主义学院建设、高质量党建、课程思政、辅导员队伍建设等相关文件,完善优化学校"大党建"工作格局;高起点成立学校党建与思政工作研究中心,通过加强理论研究、重视队伍培养、强化平台引领、加大宣传力度,整体提升学校党建思政工作水平;聚焦党建业务融合机制开展理论研究,为基层组织创新实践提供理论指导,对"我和党委书记面对面"等优质融合项目进行优化。

拧紧"融合发条",考评融合成效。出台并修订《党总支书记抓党建工作年度述职评议办法》《党支部"堡垒指数"考评管理办法》《党员"先锋指数"考评管理实施办法》等制度,注重考评党组织在业务工作中的引领作用发挥,考准考实党员干部"一岗双责",彰显了党建工作引领高质量发展的关键作用。

二、主要成效

学校以高质量党建引领事业高质量发展,实现了同频共振。近年来,学校党群服务中心入选浙江省高校示范性党群服务中心示范单位,友嘉智能制造学院第三党支部入选全国党建工作样板支部,两个专业团队入选国家级职业教育教师教学创新团队,两个课程团队入选国家级课程思政教学团队,学生获国家职业技能大赛一等奖13项、全国技术能手称号两项等奖项荣誉,谱写了学校新时代高质量发展的新篇章。

（撰稿人：金　波）

坚持党建引领，德技并修培养工匠型人才

习近平总书记对职业教育工作作出重要指示，要培养更多高素质技术技能人才、能工巧匠、大国工匠。杭州职业技术学院党委深刻领悟习近平总书记重要指示精神，围绕立德树人根本任务，坚决扛起为党育人、为国育才重任，贯彻落实浙江省委、省政府《关于实施新时代浙江工匠培育工程的意见》，充分发挥党建引领优势，着力打造"工匠摇篮"，培养德技并修的新时代工匠型人才。

一、实施举措

（一）立德铸魂，着力推进"三全育人"

学校以党建"四大工程"为抓手，将习近平总书记关于工匠精神、劳模精神的重要论述融入人才培养全过程。实施铸魂工程，出台《职业素养教育实施意见》，推动习近平新时代中国特色社会主义思想"三进"，为学生铸就工匠之心、厚植家国情怀。实施领航工程，打造50支教学创新、科研创新和人生导师团队，培育100位名师名匠，推进高水平"工匠之师"队伍建设，成功培育两支国家级职业教育教师教学创新团队、两支国家级课程思政教学团队。实施固本工程，打造全国样板支部、全省标杆院系，擦亮"书记面对面""党员导师制"等特色品牌，让全校党员干部走近学生纾难解惑。实施头雁工程，推出"能工巧匠"党员先锋示范岗、党员头雁工作室等特色载体，选树一批培育学生工匠精神的先进典型。

（二）崇德塑身，努力打造"工匠摇篮"

培养"眼里有光、肩上有责、手中有艺、脚下有劲"的学生，"精神气"尤为重要。学校党委专题研究"工匠摇篮"的目标、措施和实施路径，成功申报浙江文化研究工程项目"浙江工匠精神研究"，特别是围绕培养"工匠之才"，从思想引领、科研领路、平台支撑、项目推进4个维度进行系统架构。丰盈校园"工匠文化"，全力打造工匠学院、书院、研究院，以及工匠文化博物馆、培训中心；倾心讲好"工匠故事"，开展大国工匠进校园、德技大讲堂等活动，邀请世界技能大赛冠军杨金龙等来校举办分享会，让工匠精神滋润学生心田。

（三）秉德强技，创新培养工匠型人才

通过和企业合作，每年邀请百余位能工巧匠和企业高管来校开展教学实训，平均每个专业有4位像"阿福师傅"王水福一样的实训教师为学生指点迷津。这些年，学校创新"校企共同体"高职教育特色办学模式，整合多方优势资源，共建杭州市公共实训基地，建立友嘉智能制造学院、达利女装学院、特种设备学院等8个"人财物融通、产学研一体、师徒生互动"的校企共同体。深化"三教"改革，发挥学校与企业育人"双主体"作用，一方面，积极引企入校，引导区域支柱产业的龙头企业将维修中心、研发中心等设到学校，及时将新技术、新工艺、新规范等转

化为教学内容和要求，共同深化德技并修、课证融通、育训结合的工匠型人才培养；另一方面，主动送教入企，面向长三角地区特别是省内企业员工，开展技能提升等培训，3年来共为企业及客户培训超万人次。积极助力"技能非洲计划"，为浙商"走出去"、前往南非共和国、尼日利亚培养本土高素质技术技能人才。

二、主要成效

学校连续两届获得职业教育国家级教学成果奖一等奖，应届毕业生就业率连续多年在98%以上，毕业生留杭率连续多年位居全省高校前列。近两年，10名学生参加"振兴杯"全国青年职业技能大赛获4金2银4铜，服装设计与工艺专业学生连续7年获全国职业院校技能大赛高职组冠军。近年来，学校选派食品安全、网络安全和电梯维修等专业多名学生赴G20峰会、世界互联网大会等提供专业服务，获得广泛好评。

（撰稿人：金　波）

打造全国党建工作样板支部，以高水平党建引领专业建设发展

以党的"十九大"精神及习近平新时代中国特色社会主义思想为指引，对标党建工作要求，扎实推进基层党组织建设，充分发挥基层党组织战斗堡垒作用和共产党员先锋模范作用，创建党员先锋示范岗和党员"头雁工作室"；坚持立德树人，大力开展理想信念教育和社会主义核心价值观教育，培养德智体美劳全面发展的高素质技术技能人才，建成全国一流的示范党支部，以高水平党建引领专业建设发展。

一、实施举措

（一）深入实施"固本工程"，不断夯实党建工作基础

1. 落实"第一议题"党建要求

贯彻习近平新时代中国特色社会主义思想、中央及省市重要会议精神，将其列为党支部会议的"第一议题"，把讲政治的要求落实到支部、专业党建"最后一公里"。

2. 坚持党建和业务的"三融合、三强化"

将党建和落实"立德树人"的根本任务、打造"高职名校"的发展目标及国家"双高计划"高水平专业群建设紧密结合，不断强化育人成效、强化教师队伍精气神、强化专业建设质量。

3. 打造"融入式"思政新载体

通过"书记面对面"活动、"新生第一课"、建设"党建学习社"、成立青年学生"学习小组"、课程思政等载体，将思想引领和价值观塑造有机融入学生学习生活中。

4. 强化党组织建设

选优配强党支部班子成员，专业负责人担任支部书记，教师骨干担任支部委员，定期召开支委会、支部大会，执行支部议事规则；经常性开展培训学习，强化党务干部能力；实施年度"星级支部""党员先锋指数"考评，不断激发党支部的内生动力；重视党员发展，加强党员发展过程教育。

（二）深入推进"头雁工程"，赋能专业建设发展

1. 成立党员头雁工作室

搭台子：成立党员头雁工作室，每个工作室由一名党员名师领衔，担任工作室负责人，制定工作室的制度，进行日常运行管理。发挥名师的个人特长，建成特色鲜明的头雁工作室。建班子：组建工作室指导团队，邀请企业名师、青年教师等组建导师团队，通过导师相互交流研讨，提升教师团队的专业水平。压担子：结合双高建设要求，每年支委会讨论制订头雁工作室工作计划，明确工作目标，签订责任

书,积极开展技能大赛指导、承担企业技术服务等项目。支部定期开展交流,了解实施情况,解决存在的问题。选苗子:制订《党员头雁工作室管理办法》,每年选拔有意向进入工作室学习的学生,根据学生不同的发展方向,进入相应的工作室学习。定方子:为工作室学生制订个性化培养计划,加强平时的管理和考核,切实提高人才培养质量。

2. 依托专业优势开展志愿服务

在2020年,学校组织志愿者参与第十六届中国国际动漫节、2020年浙江省青年职业技能竞赛学生组比赛、第十六届"振兴杯"全国青年职业技能大赛学生组决赛、青年志愿者助力"亚运进社区"等大型活动的志愿服务工作,校内外志愿服务活动共计113次,参加服务的志愿者约7718人次,服务总时数达到28876.85小时。其中,全程参与第十六届"振兴杯"志愿服务受到团中央、团市委及《每日商报》等多家新闻媒体的采访报道,并受到了团中央书记傅振邦的亲切慰问。支部书记章瓯雁组织开展荆州市沙市区纺织服装产业集群2020年培训工程,制定荆州市沙市区纺织产业专业技术人员校企联合培养计划,得到了湖北省荆州市沙市区相关部门的高度认可。

3. 打造党建"结合点"特色品牌

学校党委从机制创新入手,充分发挥各级党组织和教师、学生党员等党的优势资源,找准中心工作"需求点",挖掘党建工作"资源点",创新两者对接"结合点",夯实项目落实"支撑点",努力开拓党建工作新局面。通过党建"结合点"项目使党建工作真正渗透到专业建设、教学过程和学生思想中,发挥高校党建工作对学校育人中心工作的引领、带动和贡献作用。

(三)不断创新工作方法,发挥党建引领作用

1. 加强党建工作研究,实施"党建研究半月谈"

支委会每半个月组织召开研讨会,对标新时代党建工作新任务、新要求,结合高水平专业群建设任务,围绕党建队伍建设、平台建设、机制建设、品牌建设等内容,撰写研究课题,发表研究论文,汇编研究成果,切实提高党建工作质量。

2. 引领"双高计划"建设,开展"双高建设党员先锋岗"活动

达利女装学院教工第一党支部获评教育部第二批全国党建工作样板支部,党支部所在的服装设计与工艺专业群是国家"双高计划"中的重点专业群,党为了打造高水平专业群,党支部开展"双高建设党员先锋岗"活动,充分发挥党员在面对挑战和困难中的先锋模范作用,第一党支部全体党员对标建设任务,每位党员主动承担一个项目,明确建设任务、建设目标、完成时间等,签订承诺书。

3. 丰富党建工作内涵,探索"校区企"党建联盟

党支部积极探索与开发区党支部、企业党支部开展联建,打造"校区企"党建联盟,逐步实现党建共抓、人才共育、产学研共促、服务共推的工作合力。例如,联合达利(中国)有限公司党委开展党建活动,组建思想教育互动讲师团,聘请企业劳模和工匠等为成员的"宣讲团",为师生开展劳模工匠事迹精神等各方面讲座;组建以企业中高层管理人员或党组织书记为成员的"企业导师团",开展创业创新、就业指导、职业生涯规划等方面的讲座和交流会,提升高校学生职业能力和就业竞争力。利用暑期社会实践活动,开设青年成长营,组织青年学生深入企业生产一线,

通过"做一周工人、跑一周市场"等方式深入基层一线，了解行业发展趋势，培养青年学生劳动精神。在企业成立"党员教师企业工作站"，联合开展产品研发和科技成果转化活动。

二、主要成效

（一）党员育人"433"机制辐射带效果明显

围绕"立德树人"这一根本任务，探索如何发挥党建的功能，促进大学生全面发展，探索构建党建育人系统工程，即在育人内容上，从思想育人、文化育人、知识育人和实践育人四个方面融入。在载体上，搭建思想交流平台、学业帮扶平台、实践育人平台三个活动平台，建好党务干部、党员教师和学生党员三支队伍，提升立德树人实效。经过一年来的探索，在全省高校首批党建"双百示范"评比中，学校特种设备学院"党建助力精准扶贫学生实现体面就业"项目入选党建特色品牌，商贸旅游学院"校企联动，创业领航"项目入选党建示范群，达利女装学院教工第一党支部获评教育部第二批全国党建工作样板支部。党总支将实践经验向其他党支部进行推广，取得显著成效，全校先后有6个党支部获得杭州市教育系统"最强党支部"荣誉称号。

（二）党建工作引领力有效增强

2019—2020年，学校组织开展了29个党的"结合点"建设项目的申报立项、培育建设和总结推广工作，项目建设内容涵盖了党建联盟、校企合作、专业建设、宿舍管理、扶贫帮困、创新创业等学校工作。在"结合点"建设工作的推动下，基层党组织和广大党员普遍反映党建工作抓手多、看得见、摸得着，容易把握、使得上劲，大大激发了广大党员攻坚克难的拼搏精神，党建工作引领中心工作的能力进一步增强。

（三）党政工作融合度进一步提升

通过打造样板支部、党建"结合点"等行动，提升了全体党员的服务意识，优化了各级党组织的领导机制，党委的领导核心作用、二级党组织的政治核心作用、党支部的战斗堡垒作用得到全面增强。"围绕发展抓党建，抓好党建促发展"成为全校上下的共识，党政同心共事的氛围更加浓厚，进一步提升了学校党建工作和中心工作的融合度。

（撰稿人：麻朝晖　贝　锐　王英杰）

党建"四个融合"引领高水平专业群建设

杭职院党委聚焦"电梯工程技术""服装设计与工艺"两个高水平专业群建设，创新"党委—党总支—党支部"三级、"专业—课程—服务—育人"四维融合赋能机制，以实招硬招推进党建工作有机融入专业建设、教育教学、社会服务、育人工作，切实将党建优势转化为发展优势，将党建活力转化为发展动力，以高水平党建引领带动高水平专业群建设。

一、实施举措

（一）打造"标杆样板"，推进组织建设与专业群建设深度融合

校党委聚焦高水平专业群建设系统推进组织重塑，2020年升级"电梯工程技术"专业所在的特种设备学院直属党支部为特种设备学院党总支，重点支持两个高水平专业群所在的党总支、党支部打造党建业务融合赋能"标杆样板"，以党建为支点，以教育教学为主线，聚力织密"一张网"，推进党建和业务工作同步规划、同步部署、同步落实，形成合力凝聚为"一股绳"。党总支、党支部对标"标杆院系""样板支部"建设标准，细化落实融合赋能，引领专业群在人才培养、专业建设、技术研发、社会服务等工作中取得优异成绩，实现一流党建和一流专业群同频共振。

（二）实施"思政聚合"，推动课程思政与思政课程同向融合

校党委树立"大思政"理念，推动各类课程与思想政治理论课同向同行，形成融入式、嵌入式、渗入式立德树人协同效应。充分发掘各门课程思想政治元素，强化课程思想理论教育和价值引领作用，打造一批充盈着思政元素的示范课程和思政"金课"，推动思想政治工作贯通于人才培养全体系。

（三）发挥"头雁示范"，推进党组织服务与群众需求精准融合

校党委注重党员队伍建设，基于专业群技能优势，聚焦群众需求发挥"头雁效应"、激发"雁群活力"。特种设备学院党总支持续开展"温暖工程"，采取免费培养、定向就业的方式助力共同富裕。2016年来累计为中西部地区培养了203名专业电梯安装与维修工，带动其家庭走上富裕之路，项目入选了教育部"高校定点扶贫典型案例集"（图1-1-1）。特种设备学院第一党支部持续深化"双百双进"品牌建设，在支部书记、全国技术能手孟伟带领下创设"妙手回春·小家电维修服务小分队"，为浙江省淳安县文昌镇、杭州市清雅苑社区开展办实事服务，累计服务群众300余人次，修理小家电368件，小分队先进事迹入选"学习强国"平台。达利女装学院学生党支部组建"缝匠"专业志愿服务队，面向校内、校外需求，提供衣服的修改与缝补等志愿服务，累计开展志愿服务活动76场，参与志愿服务4778人次。

图 1-1-1　"星火计划"为困难生开展电梯安装与维修培训

（四）实施"匠苗培优"，推进党员培养与工匠培育全程融合

校党委注重创新党员培育方式，将党员培养发展与劳模精神、工匠精神培育紧密融合，实施"党员匠师引领匠苗"的精准培养模式，在师生党支部中营造浓厚的工匠精神培育氛围，不断将优秀匠苗培养成优秀发展对象，将优秀学生发展对象培养成优秀匠苗，激励党员师生在锤炼党性、精进技能等方面发挥先锋作用，以执着专注的实干、精益求精的态度和追求卓越的精神，强化"大国工匠"的责任担当。特种设备学院党总支实施"匠心育苗"培育工程，构建"精于工、匠于心、践于行"工匠文化育人体系，2019年来党员教师指导学生获全国职业院校技能大赛等国家级奖项23项，其中一等奖8项。达利女装学院党总支第一党支部创建"金顶针"教学党员头雁工作室，支部书记带领与学生党员、积极分子结对指导，2019年来党员教师指导学生获全国职业院校技能大赛等国家级奖项12项，其中一等奖5项。

二、主要成效

2019年来，"电梯工程技术"专业群所在的特种设备学院入选全省党建工作"标杆院系"，"服装设计与工艺"专业群所在的达利女装学院获评全省高校先进基层党组织，达利女装学院教工第一党支部入选全国党建工作"样板支部"。达利女装学院教工第一党支部深入挖掘服装专业教学中的思政元素，打造"融入式"思政载体，精心进行教学设计，"服装立体裁剪"课程获国家级课程思政示范课。特种设备学院教工第二支部设计的"电梯检测技术"课程入选首批教育部课程思政示范课程，支部教学团队成为国家级课程思政教学团队。

（撰稿人：贝　锐　王英杰　丁　文）

用好"指挥棒",激活"一盘棋"——杭州职业技术学院党委创新构建"大党建"考评体系

杭州职业技术学院党委着力构建横向到边、纵向到底的一体化"大党建"考评体系,强化大抓党建、严抓党建鲜明导向,形成明责、考责、督责相贯通的闭环机制,促进各级党组织书记扎实履行"第一责任",激励全体党员干部履职尽责、担当作为。通过发挥好党建考核"指挥棒""助推器"作用,全面激活党建引领高质量发展"一盘棋"。

一、实施举措

(一)"指数化"推进三级联评,实现责任纵向压实

校党委着力构建"一级抓一级、层层抓落实、责任全覆盖"的抓党建工作格局,层层拧紧责任"发条"。出台《党总支书记抓党建工作年度述职评议办法》《党支部"堡垒指数"考评管理办法》《党员"先锋指数"考评管理实施办法》等制度,每年党总支书记向党委述职并接受党代表测评,测评排名校内公示;党支部书记向党总支述职并接受"堡垒指数"考评,结果作为党组织晋位升级的重要依据;党员向支部述职述廉并接受"先锋指数"考评,结果作为评优评先的首要考量。通过"书记抓、抓书记""一级抓一级",党建责任全面夯实,纵向合力显著增强,"真抓党建、抓实党建"成为各级党组织、党员干部的思想自觉和行动自觉。

(二)"一体化"推进党建考核,实现组织横向筑强

校党委每年牵头制定"大党建"考核方案,对照党政工作要点清单化制定绩效指标体系,聚焦党建重点工作任务、宣传意识形态工作、党风廉政建设、统战和群团工作、特色成效等方面,进行一体化考评。组建党建联评工作小组,组织部、纪委办、宣传部、教师工作部、统战部等党务部门协同参与,将"干"与"考"紧密统一起来,有力推进各项党建工作提质增效。强化考核结果运用,考核结果与学校目标责任制考核评分衔接,得出年度综合考核总分,与部门考核、干部考核、年终奖励挂钩,彰显党建工作引领高质量发展关键作用。

(三)"常态化"推进校内巡察,实现监督整体闭环

校纪委制定出台《关于全面从严治党专项督查工作实施办法(试行)》,常态化开展校内全面从严治党专项督查工作,校领导带队各职能部门联合成立工作组,驻点实施专项督查。通过组织动员、听取汇报、谈话了解等方式全面落实政治监督。在抓好常规党建工作督查检查的基础上,聚焦重点任务,要求开展意识形态等专项监督检查,充分发挥监督保障执行、促进完善发展作用,推动党建工作全面优化、政治生态持续净化。

二、主要成效

通过党建考评体系建设，党建工作引领学校各项事业快速发展，取得显著成效，一批党组织入选全国党建工作样板支部、全省党建工作标杆院系，全省高校党建示范群、全省高校党建特色品牌，获评省高校先进基层党组织、省"三育人"先进集体、省"工人先锋号"等荣誉。一批党员获评国家级职业教育教师教学创新团队、全国优秀教师、全国五一劳动奖章、"浙江省担当作为好支书"等荣誉。校纪委在2019、2020年度连续两年荣获市级考核优秀等次。

（撰稿人：贝　锐　丁　文　王英杰）

第二章 打造技术技能人才培养高地

打造"工匠摇篮",这所学校这样做

模具的平面是否平整,早已拥有"肌肉记忆"的他一摸就能精准判断,刘明杰斩获"振兴杯"全国青年职业技能大赛学生组钳工赛项第一后,放弃企业优厚的待遇,选择留校任教。7 平方米的空间,怎么设计出别致的庭院?6 名学生"施工人"连续一个月每天 14 小时加班加点,以独特的造园手法夺得了世界花园大会高校联盟花园设计组"大金奖"……近年来,越来越多的工匠之才在杭职院内不断涌现。

杭职院通过"三院"(工匠学院、工匠书院、工匠研究院)、"一馆"(工匠文化博物馆)、"一中心"(工匠培训中心)、"一基地"(工匠科普教育基地)建设,围绕劳动者职业全链条提供全生命周期服务,加快构建"产教训"融合、"政企社"协同、"育选用"贯通的技能人才培育体系,打造新时代工匠的培育引领之地、成长向往之地、技能创新之地,为高质量发展建设共同富裕示范区贡献了"职教力量"。

一、实施举措

(一)工匠技能开发,课堂中躬行"工匠精神"

一是树"匠心",强化工匠文化通识教育。将工匠文化、工匠精神等研究项目的成果转化为课程内容,聘请校内外专业师资授课。二是育"匠圃",夯实技术技能基础教育。依托拔尖人才培养模式改革,选拔合适学生进入工匠学院培养,各专业约 10% 的学生进入工匠学院接受技术技能培养。三是墩"匠苗",聚焦工匠岗位技术技能专业化培养。依托"厂中校"和"校中厂"等生产性平台,让学生在实战中淬炼技能。四是培"匠工",持续跟踪和培养学生发展。为毕业生提供持续的就业专项指导,有机会可加入校友会,让学生"学有所用""学有所获"。五是淬"匠师",深入开展工匠继续教育。对接"钱塘工匠""杭州工匠",成为工匠培养之地。

(二)工匠素养提升,无声中内化"工匠精神"

一是建设一批工匠文化景观。重点从文化植入、点上优化、专项提升三个方面对学校整体环境进行改造提升,在校内营造"诉说大国工匠历史、弘扬工匠精神品质、彰显工匠文化特质"的文化氛围。二是建设一批工匠书院。统筹推进"专业书苑""心灵书吧""社区书院"建设,开展匠心传技、明礼修身等系列活动,将非专业教育融合于书院。

(三)工匠精神研究,内涵中深化"工匠精神"

一是打造工匠研究智库。着力开展工匠认知、工匠精神、工匠文化研究,打造国内有一定影响力的工匠研究智库。二是打造工匠交流平台。举办以技能领军人才名字命名的冠名班、冠名学院,开展工匠人才进学校、进社区活动,进一步提升工匠人才的社会认同度。三是打造工匠科普教育基地。围绕工匠认知、工匠精神培育、工匠文化环境培育、工匠人才培育等开展大国工匠的人物展示、工匠传承的故事传播，举办工匠精神研究的成果展示、工匠文化汇聚的实物展览。

二、主要成效

（一）立德铸魂，隐性化"工匠精神"润物无声

学校建立并完善课程思政体系构建、特色凝练、质量引领，实现"润物细无声"的育人效果。课程"电梯检测技术""服装立体裁剪"获教育部课程思政示范项目，两门课程所在教学团队同时获国家级课程思政教学名师团队。"服装立体裁剪"作为全国轻工纺织大类课程的优秀代表，入选首批"国家级课程思政示范项目"展示作品，在智慧职教平台引起强烈反响，多位专家给予高度评价。学校已开展覆盖100%专业的课程思政示范课程培育工作，2021年立项省级课程思政示范课程9门、省级课程思政教学研究项目6项、省级课程思政示范基层教学组织1个，推行课程认证体系，完成51门校级课程思政示范课程的培育建设。

（二）崇德塑身，高水平"工匠之师"引领教学

一是提升教师能力水平。打造"教学创新团队、科研创新团队、人生导师团队"三类团队，成功培育2支国家级职业教育教师教学创新团队和1支省级教学创新团队。以教师教学能力为抓手，引导专业教师不断探索教育教学方法改革，优化教学评价方式，打造能说会做的校内工匠之师。学校在2021年浙江省高职院校教师教学能力比赛中获得历史性突破，推荐省赛的7项作品全部获奖，其中一等奖3项（2项推荐国赛）。两支教师团队在全国职业院校技能大赛教学能力比赛中分获二等奖和三等奖。二是引入企业能工巧匠。120余名企业技师常驻校内开展教学实训，发挥学校与企业育人"双主体"作用，共同深化德技并修、课证融通、育训结合的工匠人才培养模式改革。

（三）秉德强技，新时代"工匠苗子"茁壮成长

杭职院启动"拔尖人才培养计划"，已遴选加入422名学生，同时启动"金顶针"计划、"英创"冠名班、"数字商贸创新班"等项目。学校培养的新时代工匠苗子不断涌现，积极活跃于G20杭州峰会、世界互联网大会、金砖国家领导人厦门会晤、"一带一路"浙商行（非洲站）等国际活动。杭职院学生代表浙江省参加第十五、十六届"振兴杯"全国青年职业技能大赛斩获4金2银4铜，并成功跻身杭州市C类、D类人才，连续7年蝉联全国职业院校技能大赛高职组服装设计与工艺赛项冠军。

（四）德技并修，"工匠摇篮"品牌同行示范

"浙江工匠精神研究"被列为2021年度浙江文化研究工程重大课题，学校以此为抓手提出"数智杭职·工匠摇篮"发展目标，系统开展浙江工匠精神研究、浙江工匠文化传播、浙江工匠队伍培养，着力为学生铸就工匠之心、筑牢理想信念、厚植家国情怀。学校连续两届获得国家级教学成果奖一等奖。7项成果获2021年浙江省高职教育类教学成果奖，其中特等奖2项、一等奖2项、二等奖3项，获奖总数和特等奖数位居省内高职院校前列。应届毕业生就业率连续多年在98%以上，毕业生留杭率连续多年居全省高职院校首位。

（撰稿人：潘建峰　童国通）

专业数字转型升级服务杭州市"5+3"产业集群发展

近年来,互联网发展的脚步日益加快,5G、人工智能、大数据、云计算等都与我们的工作和生活息息相关。教育部印发了《职业教育专业目录(2021年)》,优化和加强了数字领域相关专业设置,体现了职业教育数字化转型升级的理念。当前,省委、省政府正全力推进数字化改革,杭州市也提出"数智杭州·宜居天堂"的"十四五"发展目标。杭职院通过专业规划及动态调整,建设了一批与产业吻合度高、融合深入的优势专业,助推"校企共同体"迭代升级,努力打造与杭州同频共振、区域特色鲜明的"数智杭职·工匠摇篮",成为国内"职业教育数智第一校",为杭州加快建设独特韵味别样精彩的世界名城、打造展示新时代中国特色社会主义的重要窗口培养高素质劳动者和技术技能人才,为浙江实现"两个高水平"培育"智慧大工匠",奋力描绘新时代中国特色、世界水平职业教育新画卷。

一、实施举措

(一)瞄准区域产业需求,推进"高原—高地—高峰"专业群体系建设

杭职院按照"高原育生态、高地创平台、高峰建品牌"的思路,以"专业数智化、数字专业化"为抓手,紧密围绕杭州市"5+3"重点产业发展规划,包括文化、旅游休闲、金融服务、生命健康、高端装备制造五大支柱产业,全力打造"2+3+X+N"专业群体系,即两大高水平专业群、三大专业群、X个新形态专业群、N个特色专业。

(二)服务"数字经济第一城",开展专业数字化改造

杭职院以教育部职业教育新专业目录调整为背景,对接新一代信息技术与实体经济深度融合的新业态、新模式、新技术、新职业等对技术技能人才培养的新需求,"转型一批传统专业""淘汰部分落后专业""发展职教本科层次专业",重点向"数字化""智能化"转型,积极发展大数据、云计算、智慧旅游、工业机器人、智慧电梯等新兴专业和方向,实现信息技术和专业融合发展。

(三)促进产教深度融合,开展校企双元育人

面向数字化,杭职院深化基于技术服务与科技创新的"校企共同体"迭代升级,锚定杭州数字经济发展,吸引众多高精尖企业主动"牵手"合作,加快了数字专业化与专业数字化变革的步伐,校企联手深度发挥各自资源优势,实现多方共赢发展。

二、主要成效

(一)专业群"数智化"升级迸发新活力

聚焦重大标志性成果建设,"数智化"升级迸发新动力,成效凸显。服装设计与工艺专业群紧盯杭州女装产业发展方向,与行业发展共生共融,重点服务杭州经济

都市圈的纺织服装企业的"数智化"转型升级。企业以人、财、物等形式参与专业群"数智化"人才培养，近两年，仅企业捐赠的全成型电脑横机等纺织服装行业当前最先进的智能制造设备就达到210万元。目前，达利（中国）有限公司的"数智化"版房主管和技术人员全部为服装设计与工艺专业毕业生。针织服装与针织技术的毕业生已经成为濮院镇（全国最大的毛衫产业集群）毛衫企业"织可穿"智能制造技术人才的首选。时装零售与管理专业的毕业生更是成为周边纺织服装企业的香饽饽，达利女装学院被共青团杭州市委授予"中国（杭州）青年电商主播培训基地"。

（二）专业群"数智化"转型呈现新格局

杭职院围绕"数智化改造"的要求，开展工作任务与职业能力分析，全面梳理专业转型路径，参照中职、本科的新专业目录，结合高职新专业目录，形成"中职—高职—本科"一体的数智化专业体系，按照"增、转、强、停"的原则，"十四五"期间计划至少完成30%的专业数智化转型。结合华为云学院和安恒信息安全学院的发展，强化大数据应用技术、信息安全技术等数字类专业建设，开设智能控制技术等新专业7个，调整旅游管理（智慧旅游）等专业方向5个，优化专业定位13个。

（三）校企共同体实现迭代升级

杭职院与杭州钱塘新区管理委员会、联想（北京）有限公司共建"联想工业互联网研究院"，立足区域产业经济发展，重点服务区域企业数字化改造，促进区域产业数字化发展，共同打造国内工业互联网人才培养高地；与上海腾科教育科技有限公司签订"华为认证培训中心"共建合作协议，积极面向社会提供所需培训服务，规模化培养符合华为云生态需求的高层次人才；与杭州安恒信息技术股份有限公司（以下简称"安恒信息"）达成共建"杭州数智工程师学院"的战略合作，培养数字转型与安全领域需要的紧缺人才，发挥职业教育在数字经济发展、数字中国建设中的作用。学校与浙江省嘉兴市平湖市教育局、独山港经济开发区、平湖市职业中等专业学校四方合作共建"独山港新材料产业学院"，与海宁市许村镇人民政府、海宁市职业高级中学、海宁市家用纺织品行业协会正式签署战略合作协议，建设杭海龙渡湖国际时尚产业学院，通过校地行企协同共建育人平台，创新校地"政产学研"合作机制，探索产业学院建设新路径，实施5年制长学制人才培养新模式，打造全国一流、特色鲜明的产教融合职教样板。

（撰稿人：潘建峰　曹　瑜　戴凤微）

课程思政全校开花，引领学生素养教育

2021年12月，《杭州日报》以半版篇幅报道杭职院的"课程思政"情况，力赞杭职院为中西部12省精准培养"电梯卫士"的做法。

达利女装学院章瓯雁教授负责的"服装立体裁剪"课程，接收近200个院校的师生和社会学习者超万人线上选课学习。2020年2月，浙江新闻客户端等多家媒体发布"服装立体裁剪"在线课程实施案例，发稿2小时后阅读量即突破10万+，课程的平台浏览点击数位居全国前列，社会反响强烈。

对于如何实施、推广专业课的课程思政，杭职院建立了一套完整的机制。

一、实施举措

（一）顶层设计、制度先行、大会落实

杭职院顶层设计课程思政建设"六统格局"（图1-2-1），制定《杭州职业技术学院课程思政建设实施方案（2021—2025年）》《中共杭州职业技术学院委员会关于加强马克思主义学院建设的实施方案》《杭州职业技术学院关于深化"三全育人"综合改革的工作任务清单》《杭州职业技术学院"融·善"工匠成长学分制度实施办法（试行）》等系列文件，并由学校党委牵头召开党建与思政工作专题会议认真落实。

"六统格局"

- **党委统一领导**：党委总负责；党委书记为第一责任人；党委班子成员分工负责
- **行政统揽指导**：行政为主实施；校长统揽整体工作；分管副校长牵头主抓
- **学院统筹谋划**：制订课程思政工作方案；统筹谋划推进课程思政教改；指导制订/修订专业人才培养方案
- **教师统贯落实**：落实人才培养方案和工作计划；做好课程整体设计和单元设计；思政教育融入课程教学各环节
- **专业统管实施**：制订课程思政工作计划；修订专业人才培养方案；制定/修订课程教学标准
- **部门统合共管**：宣传、教务、人文社科部等部门既明确分工，又相互协作，齐抓共管课程思政教学改革

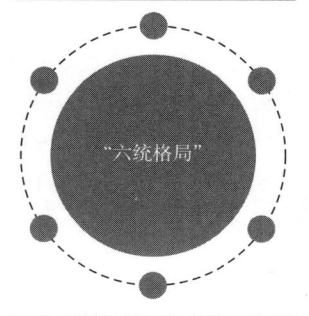

图1-2-1 课程思政建设"六统格局"示意图

（二）明确路径、项目引领、聚焦任务

杭职院以体现"中国特色、类型特征、杭职特点"为课程思政改革主线，积极构建课程思政"4433"改革路径（图1-2-2）。

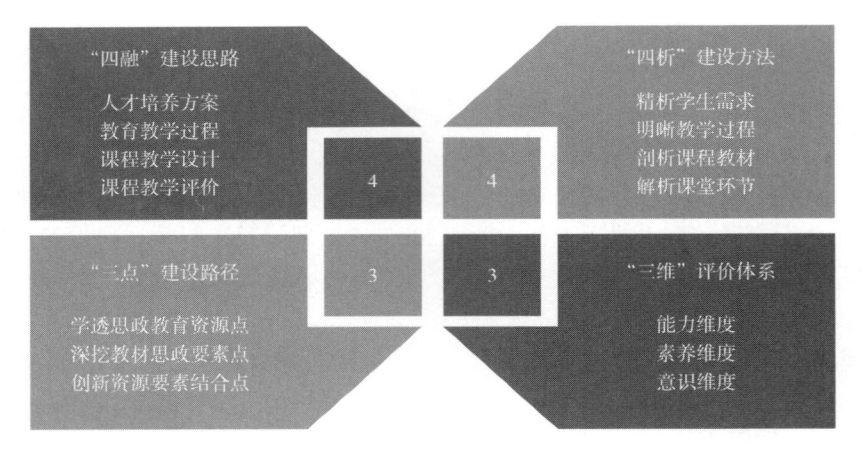

"四融"建设思路
- 人才培养方案
- 教育教学过程
- 课程教学设计
- 课程教学评价

"四析"建设方法
- 精析学生需求
- 明晰教学过程
- 剖析课程教材
- 解析课堂环节

"三点"建设路径
- 学透思政教育资源点
- 深挖教材思政要素点
- 创新资源要素结合点

"三维"评价体系
- 能力维度
- 素养维度
- 意识维度

图1-2-2 学校课程思政"4433"改革路径示意图

修订完善《杭州职业技术学院人才培养方案制订原则意见》，推动专业思政，将思想政治教育内容融入专业建设、贯穿人才培养全过程。推出第一批"百门课程思政示范课"建设，遴选、立项第一批51门课程。建立课程建设、课程教学组织实施、课程质量评价体系，注重将"价值引领"功能的增强和发挥作为首要因素；在教学过程管理和质量评价中将"价值引领"作为一个重要监测指标。依托马克思主义学院成立学校课程思政研究中心，搭建课程思政研究平台，针对课程思政建设重点、难点及前瞻性问题开展研究，成功申请立项省教育厅课程思政专项课题6项。组织开展以课程思政、职业素养教育融入专业教学为主题的教学能力大赛，明确大赛教学设计、总体教学效果的评价打分指标及其所占比重。

（三）纳入考核、出台激励、充分调动

一是纳入二级学院年度考核。把课程思政建设实效情况纳入考核评价体系，作为二级学院目标责任制考核的主要指标之一。二是纳入教学质量评价体系。把课程思政建设成效纳入二级学院教学质量评价体系，根据考核结果（优秀、良好、合格、不合格四个等级）分别给予教学改革"创新项目"加分。

二、主要成效

（一）多门课程获省级和国家级立项

"电梯检测技术""服装立体裁剪"2门课程获教育部课程思政示范项目，成功立项省级课程思政示范课程9门、教学研究项目6项、示范基层教学组织1个。

（二）多位教师在省高校思政微课大赛斩获佳绩

教师杨叶青"初心可鉴，匠心永恒"项目荣获浙江省高校思政微课大赛教师组二等奖；叶莲"爱国者治港"是必须坚守的政治规矩"、李志强"共同富裕，

"浙"里为什么先行"项目荣获浙江省高校思政微课大赛教师组三等奖。

（三）白志刚教授受邀在省高职院校课程思政现场推进会传授经验

2021年5月，在浙江省高职院校课程思政现场推进会上，杭职院作为五所高职院校代表之一，达利女装学院白志刚教授以"解析传统图纹符号，讲好时尚中国故事"为题，结合所授的"印花面料花型设计"课程，向与会专家和教师分享学校课程思政建设典型经验。

（四）学生素养全面发展，职业素养不断提高，体面就业基本实现

在校园，学生路遇教师主动问好随处可见，听讲座时来宾入离席必有热烈掌声致意，实训课后清洗场地和器皿已成习惯，上课主动把手机置于"手机袋"已成自觉，就餐时自觉排队、不大声喧哗已是常态，晚上11点就寝以免影响室友休息已成规范，学生礼仪行为明显规范。企业社会对学生的综合评价高。数控技术专业毕业生徐金泉工作后，连续几年被评选为"绩优人员"，企业负责人说："像徐金泉这样的学生，多少我都要。"达利女装学院毕业生朱慕芳，第二年开始月薪已达5000元，达利国际集团有限公司主席林富华评价：达利中国是制造丝绸制品的业内一流企业，达利需要职业能力强、上手快、综合素质高的员工，而杭职院的这些高职生都完全符合。

（撰稿人：童国通　曹　瑜）

现代学徒制，育人模式改革的"杭职新作为"

针对"政府行政推动、学校热情主动、企业冷漠被动"的校企合作现象，杭职院依托校企共同体体制机制优势，构建利益驱动、沟通协商、教师合作、课程开发四大机制，实现学校招生与企业招工、学习内容与工作任务、学习时空与工作环境、学校教师与企业师傅、学生评价与学徒成长"五融通"，有效提升技术技能型人才培养质量，为高职院校人才培养模式改革提供了可借鉴的范式。

一、实施举措

（一）标准先行，多方推进，健全协同高效的运行机制

一是名校名企联合成立试点工作领导小组，优化现代学徒制校企合作运行机制，建立院长与企业厂长、专业负责人与车间主任、教师与师傅的三对接制度，构建现代学徒制特征的协同育人机制。二是建立和完善基于"校企共同体"现代学徒制试点的各类标准，出台《杭州职业技术学院现代学徒制教学管理实施办法（试行）》《现代学徒制课程标准》《岗位标准》《毕业出师标准》等制度，健全现代学徒制的长效机制。三是实施"招生即招工""先招生、后招工"等多种联合招生机制。通过各种激励措施提升"学徒留任率"。如参与现代学徒制培养、毕业后正式入职企业的学徒，分三年返还两年学费；毕业后服务企业满三年的学徒，可以享受企业提供的无息住房贷款等。

（二）岗课融通，双元育人，构建能力导向的教学体系

一是校企共同确定人才培养规格，将职业技能等级标准融入现代学徒制人才培养方案，开发现代学徒制课程，实现"课证融通、书证融通"。二是实施小班化、班级订单式、现代学徒制、导师制、实训环节分组分批实施、双师合作授课等形式多样的课堂教学，将课程教学融入企业项目，小班化比例超过45%。三是采取灵活多样的考试和考核形式，突出过程性考核。将知识掌握、工作成果、技能操作、比赛获奖、职业技能等级证书等多样化的内容作为考试考核评定依据。

（三）真实环境，跟岗培养，建设产教融合型学徒培训平台

按照"产学结合、校企联动、资源共享"原则，建立人才共育、过程共建、成果共享专业实训基地12个，打造集产、学、研、创、服于一体的实战育人平台。一是设立了学徒培训中心，确保现代学徒制中"教与学"主要在企业真实的生产环境中进行。二是开辟了"0号工位"。如西子航空工业学院的"0号车间"，电梯学徒培训中心在跟岗培养阶段的每个生产车间都设置了一定数量的"0号工位"。

（四）互兼互聘，双向交流，锻造双导师队伍

一是出台《现代学徒制师资管理办法》《现代学徒制师傅标准》等制度，建立

健全现代学徒制育人双导师选拔、培养、考核和激励制度，形成校企互聘共培共享的管理机制。二是将学校教师和企业能工巧匠与岗位师傅等优质资源高度整合，建立了行业师资库，教学任务由学校专业教师和企业师傅共同承担，目前在库师傅超过1000人。三是明确师傅的责任和待遇，定期考核，分金牌师傅、银牌师傅和铜牌师傅三档享受带徒津贴。

二、主要成效

（一）企业认可：学徒培养成为企业争相合作的"首选路径"

培养质量得到合作企业的高度认可，学生留企率均达50%，企业争抢毕业生。学校与西子航空共同培养的学生直接参与C919国产大型客机101架机的重要零部件生产，其中一名学生受邀参加C919国产大型客机首飞现场观礼，成为全国唯一有学生参与C919大型客机项目的高职院校，该案例入选《中国高等职业教育人才培养质量年度报告》。

（二）学生认可：学徒班成为学生和家长的"第一选择"

校企共同育人的"现代学徒制"人才培养模式有效地发展学生适应社会和企业环境、企业文化的能力。经过现代学徒制培养的学生，其职业技能、职业素养以及工作经验方面都有了大幅的提升，明显优于非学徒制班的学生，薪资水平居同类学校前列。体面就业引得学生与家长争相报名参加现代学徒制试点班，将其作为"第一选择"。

（三）同行认可：现代学徒制人才培养模式改革成为"一面旗帜"

学校领衔发起成立全国现代学徒制研究中心（作为秘书长单位），承担全国教育科学规划课题"现代学徒制运行机制的国际比较与中国路径优化研究"、教育部哲学社会科学研究重大课题攻关项目"现代学徒制理论研究与实践探索"等课题超50项。出版专著3本，公开发表学术论文34篇，其中中文社会科学引文索引（CSSCI）期刊5篇，带动15所高职院校完成现代学徒制研究案例46个。《现代学徒制试点实施路径审思》获第六届全国教育科学研究优秀成果奖三等奖（高职唯一）。学校以"现代学徒制"为主要研究方向的"现代职业教育研究中心"被确立为杭州市重点哲学社会科学研究基地；现代学徒制"杭职模式"在全国高职高专校长联席会议年会、山东省现代学徒制工作推进会等会议做报告百余场，累计接待全国200余所院校前来考察学习。

（四）内涵提升：现代学徒制倒逼"三教"改革，专业建设全面提升

近三年，学生获省级及以上技能大赛奖项超过150项。开发校级以上在线精品课程98门，建有省级以上在线开放课程22门；建设智慧课堂40门，其中8门被评为浙江省高职院校"互联网+教学"优秀案例；培育开发新形态教材100本；获省部级（行业）以上教学成果奖20项；常驻学校企业兼职教师近100人。

（撰稿人：潘建峰）

深化教育评价改革，助推学校高质量发展

作为国家"双高计划"B档建设单位，杭职院高度重视《深化新时代教育评价改革总体方案》的学习和贯彻，围绕浙江省高质量发展建设共同富裕示范区战略目标与杭州市"数智杭州·宜居天堂"的发展导向，提出学校"十四五"时期"数智杭职·工匠摇篮"的发展目标，以立德树人为根本任务，围绕"双高计划"建设，创新体制机制，在部门评价、学生评价、教师评价等方面探索深化改革，不断提高教育评价改革的系统性、整体性、协同性，学校教育评价改革取得实质性突破。

一、优化考核机制，突出"三重"激发教学工作活力

创新"校企共同体"高职教育特色办学模式，建立友嘉智能制造学院、达利女装学院、特种设备学院等八个"人财物融通、产学研一体、师徒生互动"的校企共同体。修订《部门目标责任制考核办法》，优化《二级管理改革实施意见》，完善《经费划拨办法》等制度，放权强"院"。给二级学院在物理空间、资源使用、人才引进、考核激励等方面更大自主权。

（一）重视产教融合，坚持类型发展

对接杭州"十四五"新兴产业发展，建立健全专业群产教融合发展机制，完善专业动态调整，专业布局持续优化，推动政行企校等优势资源集聚校园，推进基于产教融合与科技创新的校企合作迭代升级。学校与华为、杭州西奥电梯有限公司（以下简称"西奥电梯"）、浙江方圆检测集团股份有限公司、安恒信息、联想等一流企业在基地建设、平台建设及课程建设方面形成了紧密合作关系。同时，进一步丰富基于校企共同体的校企合作新生态，构建了"政园企校"中高职长学制独山港新材料产业学院和"政行企校"中高职一体化杭海龙渡湖国际时尚产业学院，开展了混合所有制二级学院杭州数智工程师学院和基于钱塘区产业平台的杭州医药港学院建设。

（二）重视人才培养，深化"三教"改革

考核方案中重点评价各教学单位在教学改革中的成效，引导专业全面落实立德树人根本任务。学校"三教"改革不断深入，获教育部首届全国优秀教材奖二等奖1项；第六届全国教育科学研究优秀成果奖1项；2门课程获教育部课程思政示范项目；在省高职院校教师教学能力中，7项作品全部获奖，其中一等奖3项；2支团队入围全国赛，斩获二等奖、三等奖各1项；在省第十二届高校青年教师教学竞赛中，2名参赛教师分别获文科组一等奖和工科组二等奖，学校荣获"优秀组织奖"；在2021年浙江省高职教育类教学成果奖中，学校斩获2项特等奖、2项一等奖和3项二等奖。

（三）重视社会服务，突出成果转化

学校举行了两届科技成果转化拍卖会，推动职业院校科技创新资源落地转化和产业化，引导教师"把论文写在产品上、研究做在工程中、成果转化在企业里、效果体现在市场上"。在2021年浙江科技成果竞价（拍卖）会杭州职业技术学院专场会上，共推出35项科技成果进行拍卖，起拍总价1236.5万元，成交总价1736万元，溢价率40.4%。

二、完善培养机制，注重"四融"激发学生成长活力

落实立德树人根本任务，强化类型教育思维，推进"四融"——大思政、大实践、大劳动、大工匠融入校园生态建设，出台《"融·善"工匠成长学分制度实施办法》，建立学生综合素质评价体系，构建德智体美劳过程性评价指标，不"唯分数"全面综合评价人才培养质量，构建新型高职校园生态，切实引导学生坚定理想信念、厚植爱国主义情怀、加强品德修养、增长知识见识、培养奋斗精神、提升综合素质。

（一）深化课程思政改革，将"大思政"全面融入育人过程

构建"大思政"工作格局，建立健全思政工作岗位责任制，把思想政治工作和课程思政改革纳入领导班子、领导干部及基层组织工作考核，实施"大思政"育人综合改革，构建融合课程思政、文化思政、网络思政、日常思政"四位一体"的立德树人体系。

（二）推进实践育人模式，将"大实践"全面融入学业生涯

深化现代学徒制育人模式改革，营造"是校非校，似企非企"的实践育人环境，每个二级学院建设1个以上"校中厂"（生产性实训基地）和"厂中校"；开展"社会实践+专业实践"的志愿者服务活动，专项支持20个创业实践项目。

（三）深入开展劳动教育，将"大劳动"全面融入大学生活

每个专业创设劳动学分（不低于5个学分），列为学生素养学分的重要组成部分，设立校园劳动服务岗，面向在校学生，免费开展园艺、编织、电工等劳动技能培训，开展劳模宣传月等活动，引导学生牢固树立以劳动为荣的坚定信念。

（四）开展工匠培育工程，将"大工匠"全面融入技能培养

学校牵头主持浙江文化研究工程项目"浙江工匠精神研究"，高规格举办新时代工匠精神高峰论坛，实施"工匠精神"融入课程计划，系统开展校级专业技能大赛活动，实施技能大师、大国工匠进课堂。2021年学生参加技能大赛获省级以上奖项48项，其中国家级4项；参加浙江省"互联网+""挑战杯"、大学生职业规划大赛，获一等奖3项、二等奖5项、三等奖14项；一名同学跻身第46届世界技能大赛十进五种子选手。

三、改革评价机制，聚焦"五维"激发人才创新活力

坚持"人才强校"战略，改革"优绩优酬"教师考核评价制度，将教师评价的重心转移到教书育人的本职工作上，从师德师风、教学改革、学生工作、社会服务、工作实绩五个维度形成教师评价的综合指标体系。

（一）把牢人才引培质量关，注重能力以德为先

严把教师招聘引才的第一道关口，发挥改革指挥棒作用。第一，不拘一格引人才，对于学校急需的紧缺人才、特别优秀的技术技能型人才适当放宽学历、年龄等条件。对于在职研究生、应届毕业生等一视同仁。第二，改革引进形式。对高层次、高技能人才以直接考察的方式公开招聘，采用技能测试、试讲的方式考察引进，高层次、高技能人才不设考察比例限制，按照1∶1的比例进行考察，力求人尽其才。第三，进行周期性评价，高层次人才引进后建立以品德和能力为导向、以岗位需求为目标的人才使用机制，通过三年或五年的周期进行约定培养，不"唯指标"，不急功近利，潜心学问，真正培育优秀人才，力求人尽其才。2021年学校出台《人才强校战略三年行动计划》，为引才育才"保驾护航"，学校全年新引进高层次领军人才、青年博士等30人。

（二）改革优化职称评聘方案，注重教育教学实绩

第一，打破"唯论文、唯课题"限制。修订专业技术职务方案，丰富对论文课题要求的形式，采用"业绩当量替代"的方式，具备相应成果的可相当于相应等级的论文或课题。第二，扩大直聘范围，对取得标志性成果的高层次人才实行直接聘任。对学历（学位）或任职年限未达到申报要求，但业绩显著突出的，允许破格晋升。对取得学校"卓越教学奖"的教师可以直聘。第三，实行分类评聘。鼓励教职工各展所长、错位发展，对不同系列、不同类型、不同层级的专业技术人员实行分类评聘。第四，破除单一化评聘标准。除了论文课题要求，还从参加教学能力比赛、指导学生竞赛、发明专利等方面进行考察，突出学科特色、质量和对学校的贡献等。第五，成立常设委员会。对新引进高层次人才根据其业绩情况，可给予直接聘任。2021年学校通过线上线下结合形式，顺利完成职称评聘工作，共有13人晋升正高，21人晋升或转评副高，25人晋升或转评中级。

（三）改革教师评优评先机制，注重师德及贡献

第一，在进行人才项目申报或评奖评优时，不把称号或荣誉当作限制性或优先性条件，面向广大教职工发布通知，公开遴选，保证评优评先的公平性，使称号回归其荣誉性，破除"唯帽子"限制。第二，健全师德师风建设机制。将思想品德素质和教书育人实绩作为教师年度考核的重要内容，实行师德一票否决制，使师德师风成为贯穿教师教学科研过程的硬约束。第三，重视正面激励。每年评选优秀教师和教育工作者，评选师德标兵，进行鼓励表彰宣传，起到良好的舆论导向作用。实施专业（群）领军人才培育工程，分层次培育名师名匠。2021年学校成功入选第二批国家级职业教育教师教学创新团队立项建设单位，新增国务院政府特殊津贴、国家"万人计划"教学名师、国家"万人计划"科技创新领军人才、全国五一劳动奖章、全国技术能手、省"教学名师"等系列荣誉。

"十四五"期间，杭职院将以教育评价改革为抓手，高质量、高水平完成国家"双高计划"建设，全力建设"数智杭职"，奋力打造"工匠摇篮"，为职业教育贡献更多的杭职力量。

（撰稿人：龙　艳　戴凤微）

立足创新，多维共创人才协同培育"新平台"

产学协同育人致力于培养具有家国情怀、人文情怀，能够钻研技术技能、引领产业技术创新、技能拔尖的高职技术应用型人才，杭职院以"三教"改革为突破口，把握人才培养改革方向，在课程建设、教学方法、学生考核方式等方面开展改革并取得较好的成效。

一、实施举措

（一）整合各类优势资源，多方共建新型人才协同培育和技术创新服务的"新平台"

一是协同整合各类资源，共建一批"新平台"。建立以"教师工作室"为特征的工程教学创新中心，工作室既是教室，也是研究所，破除教学与科研之间的阻碍；联合行业技术领先企业，汇聚本科高校（浙江大学），依托公共实训基地、工程教学创新中心等，多方共建企业研究院等共享技术创新与服务平台资源，开展拔尖人才培养，服务区域中小企业发展。

二是充分运用教学资源，拓展服务功能。面向区域中小企业提供技术开发与攻关、产品检测等产业化真实项目服务，面向学生、企业运用教学资源库，开展线上线下培训活动，按照"项目引入—平台实施—成果产出—成果转化（企业投产、反哺教学）"递进式运行方式，拓展人才培养、技术研发、产品检测、成果产业化、企业培训等服务功能。

（二）基于企业真实项目，多元联合构建新型人才培养方案和资源集成的"新体系"

一是重构校企合作课程体系，多元协同开发各类资源。校企联合制订人才培养方案，优化课程与教学内容，研究开发培养教材等，注重教学、科研、技术服务和培训资源相互转化，如将创新成果转化为教学资源，把课程模块提炼成培训资源，将社会服务项目转化成教学特色资源，从而反哺更新教学资源。以试点"1+X"证书为引领，优化课程体系。对接"X"证书，以行业实际需求与专业发展为导向，改革课程结构，处理好通识课程与专业课程、核心课程与选修课程、理论课程与实践课程、课内教学与课外活动的关系，构建跨学科专业交叉融合、加强人文素质培养、重视实践与创新能力训练的课程体系。

二是对接企业真实项目，与产业技术同频共振。依托"行校企共同体"多方资源，对接企业真实项目，引入新工艺、新方法、新技术、新标准、新规范、新案例，建立项目任务单、活页式项目指导书，持续优化课程教学资源。充实行业信息库、专业信息库、课程资源库、职业培训库、社会服务库等多位一体式资源库，运用"互联网+"技术手段实现线上线下交互，增强资源实用性，提高使用效率，助推职业教育与产业技术发展同频共振。

三是以学期项目课程为抓手，开展"教学研"融合教学改革。根据学期项目课

程总体规划，按年级分层次依次开展基础项目课程、专业项目课程和企业专项项目课程。从一年级第二学期开始经过选拔，组建25~30人的"拔尖人才班"，根据项目情况，分成若干个攻关小组。学生在校企混编教学团队的联合指导下，协同开展"教学研"活动，不断增强学生的理论知识运用能力、技术开发与创新实践能力。坚持以市场认可度（成果转化）为主体，综合考量专利申请、论文发表、科技创新项目参与、技能学科竞赛获奖等方面，建立健全元评价体系，量化评价卓越人才的综合实践创新能力。

（三）立足创新大胆尝试，多维共创"教学研"全过程全方位交互融合的"新机制"

一是共建项目团队，互兼互转，合作探究。针对企业关键技术难题，依托工程创新中心等平台，组建教学、科技创新、检测服务等方面的"教学研"融合创新团队，师生和企业工程师常驻，企业专家、培训师流动入驻，教师、企业工程师、企业专家、培训师等身份互兼互转，面向企业开展新产品开发、工艺分析、技术培训等，师生联合出产品、出人才、出标准、出专利。

二是创新成果交互转化，促进资源反哺更新。依托新平台引入企业真实项目，企业注入项目、师资、技术和资金等资源，学校提供场地（教师工作室、学生创新中心）、设备和师生创新团队等资源，打通资源流通渠道；科研成果反哺支撑教学资源，学校培养拔尖人才，拔尖人才、技术成果、专利等返流企业，推动企业高新产品开发、新工艺优化、新标准研制等，不断提升企业的核心竞争力。

三是探索绩效管理方式，加快创新成果转化。针对融合创新项目、创新成果等，以科研奖学券、投产转化券、技能培训券和学业学分奖励券等方式进行计量，探索实施绩效管理，实施持券优先转化兑换交易，出台优秀学生可通过学分奖励券提前选择预就业等激励政策，加快创新成果转化。

二、主要成效

自实施拔尖人才培养计划以来，学校开设了"金顶针"计划、"英创"冠名班和"数字商贸"创新班等"拔尖人才班"10余个，仅2022年学生人数已达500人，学生获得各类成果成效明显，如学生作品专利申请超50件；人才培养质量持续提高，国家级技能大赛获奖17项，省级学生竞赛获奖162项，获"全国青年岗位能手"称号7人，获浙江省高职高专院校国家奖学金特别奖1人，《从金属雕刻到高层次人才——杭州职业技术学院"宝藏男孩"刘明杰成长之路》等4项案例成功入选职业教育提质培优增值赋能典型案例。

（撰稿人：童国通　何　艺　干雅平）

毕业生留杭就业率居在杭高职院校前列：
钳工刘明杰的留杭之路

近年来，来杭职院招聘的企业岗位数量都在 2 万个以上，是毕业生数的 6~7 倍，毕业生的初次就业率都在 98% 左右。据杭州市人才管理服务中心统计，杭职院毕业生的留杭比例超过 55%，位居在杭高职院校前列。这傲人的成绩，是因为杭职院的学生掌握了超高的技能水平，得到了企业的充分肯定。下面就请看看毕业生刘明杰的成长故事。

炎暑七月，在杭职院的林荫道上，学生的身影稀稀落落，大多数教室也关着门，而钳工实训室仍然传出锉削不锈钢板的声音，钳工刘明杰正在备战第十六届"振兴杯"全国青年职业技能大赛。2019 年，他凭借出色的钳工技术，获得了第十五届"振兴杯"全国青年职业技能大赛学生组钳工赛项第一名。

1997 年出生的他，2019 年还是一名大三学生，如今已经是二级学院普车维管的一名老师，也是模具设计与制造专业学生留校任教的第一人。他说："因为技能大赛，我的人生轨迹发生了变化。"

一、大赛点亮人生

刘明杰四岁随父母离开老家广西玉林，来到绍兴生活，由绍兴的一所职业高中考入了杭州职业技术学院。在参加"振兴杯"之前，他对未来曾有过清晰的规划——毕业后在杭州工作两年，然后回广西老家。"西部的相关人才比较稀缺，我觉得工作机会也会更多一点。"刘明杰坦言，虽然来杭州第一天就爱上了这座城，但在过去，他从未想过自己将扎根杭州。

"振兴杯"全国青年职业技能大赛的举办，改变了刘明杰的人生轨迹。这一场被称为青年技能界"华山论剑"的比赛，在 2019 年第一次设立学生组，并将决赛地点定在杭州。杭州不仅准备了丰厚的助学金，还出台了一系列配套政策，包括人才引进、购房补贴、现金奖励等。

刘明杰和同学一起报名了"振兴杯"全国青年职业技能大赛学生组的杭州选拔赛："这些政策，说明我们国家越来越重视职业技能人才的培养和输出，而杭州正肩负着这光荣的历史使命，实在是太令人兴奋了！"市赛第一，省赛第一，国赛第一！凭着过硬的专业技能，刘明杰一路过关斩将，最终获得了第十五届"振兴杯"全国青年职业技能大赛学生组钳工赛项第一名。

"早在比赛期间，就有许多企业直接来到比赛现场进行招聘，给出的年薪均在 20 万元以上，就我们应届生来说已经很优厚。"大赛之后，刘明杰的职业道路更加宽阔了，对于未来，他也拥有了更多的选择。

二、技能改变命运

"机会永远只会留给有准备的人。都说'越努力,越幸运',在'振兴杯'备战过程中,我深刻体会了这个道理。新的一年,我会更加努力,继续做一个幸运儿!"这是 2020 年新年伊始,刘明杰接受媒体采访时说的一段话。

"钳工技能大赛不但考查选手的理论知识,而且重点考查选手对工、量、刃具的正确熟练操作和以此解决实际问题的能力,考查的是全面的技艺。"刘明杰回忆,"市赛和省赛的精确度要求非常高,要将误差控制在 0.02 毫米以内,到国赛时,标准就更加严格,在精确度标准不变的情况下,要求模块平面上的所有点都控制在这个误差内。"

"前功尽弃在毫分,对于钳工工作,手稳是非常重要的,手臂力量必须达标,这需要大量的练习和锻炼。"在 2019 年杭职院"不忘初心 匠心传承"主题分享会上,刘明杰向大家分享了他的获胜"秘诀":每天坚持一百个俯卧撑、一千个跳绳。这看似机械而重复的运动,就是为了锻炼手臂力量。

然而,这样大量的锻炼只是一个基础,刘明杰每天都会练习模块的制作。他举了一个例子,制作模具时会用到 45 号钢的圆棒料,他每天都要练习用锯子将它锯断,再用锉刀锉平,整个过程耗时 1 小时左右。

备赛时,刘明杰每天要完成 4~5 根圆棒料的练习。一个平面是否平整,他只要把手放上去,就能很精确地判断出来。这是大量训练带来的"肌肉记忆"。

"我们是专科毕业,拼学历已经拼不过大部分人了。只能拼技能,在技能方面领先,我们才有另外的出路。"刘明杰坦言,自己赶上了这个重视技术人才的好时代,他凭借技术的优势和坚持不懈的努力,在高速发展的杭州获得了自己的一席之地。

杭职院始终重视技术技能人才培养,通过校企合作金字招牌,吸纳行业主流企业参与教育改革,学校搭建学生创新中心等平台,在能工巧匠的指导下,培养了一批批高素质的技术技能人才留在杭州,服务杭州。刘明杰的经历,是许多新杭州人的写照:杭州容纳下他们的梦想,他们为杭州增添蓬勃的活力,人与城市互相成就、一同成长。

(撰稿人:童国通 张 杰 陈 楚)

第三章　打造技术技能创新服务平台

科技成果拍卖：杭职院打通科技成果转化"最后一公里"

科技成果只有转化才能体现其价值属性。高职院校科研成果转化的"最后一公里"是否顺畅，既关系到教师科研团队的积极性与自信心，也关系到科研成果的产业应用。杭职院以"研究型高职"为目标，结合地方产业发展需求和学校专业优势，定期征集、筛选优质科技成果举办专场拍卖活动，加快打造科技成果"杭职拍"品牌，进一步促进学校科技创新成果转化，更好地服务地方经济发展。

一、实施举措

（一）强化科研顶层设计，朝"研究型高职"迈进

"研究型高职"成为杭职院双高建设的重要突破口。一是结合"双高计划"建设与"十四五"发展规划，制订以关键性成果研究为中心的中长期方案，出台多项研究成果激励制度，营造利于研究开展的文化氛围。二是与行业企业共建技术协同创新中心、技术工艺和产品研发中心、技能大师工作室等研发平台，在技术创新、产品开发、科研攻关、课题研究、项目推进等方面深度合作，鼓励教师进企业研发中心、下企业找课题，建立"厂中校"或研发工作室，为企业解决技术难题，提供企业员工培训。三是系统规划重要研究领域。杭职院通过科研创新团队建设，鼓励教师以研究团队为整体，系统规划研究课题，形成研究合力，以取得重大突破。四是杭职院鼓励教师创新，努力为教师开展科研创造宽松自由的环境。

（二）组建科研精准服务团队，推动科研服务职能转变

一是专人专门服务，杭职院科研处在科研项目申请、经费统筹、专利申报、著作权知识产权保护、成果保护等各方面提供专人专门管理与服务。二是强化科研宣传和推广，将科研及成果开发工作的支持、优惠、奖励政策宣传落实到位，依托科研管理系统实施教师的科研进度把控，切实提升研究效能。三是创造科研条件，学校为教师参与科研在经费、图书资料、实验设备使用时间安排、信息交流等方面提供便利，以期早出成果、出好成果、产生科研效益。

（三）改革协调工作机制，强化成果转化的支撑配套

一方面，由主管校领导牵头，相关部门各司其职、密切配合。从科技成果的产生到科技成果的转移转化，从管资产、管人才、管经费到合规性审查，各相关部门边界清晰、分工协作，形成完整的职能体系。另一方面，相关职能部门密切联动，提供科技成果转移转化的组织保障。其中，科研处负责科研项目管理，办理知识产权申请、登记、备案等与科技成果形成有关的事务。法务室负责科技成果转移转化过程中有关合同的审核、纠纷解决、诉讼仲裁等法律事项。资产部门负责科技成果作价入股形成稳定的经营性国有资产的监督管理，包括产权登记、入股企业的监管等。人事处负责建立符合科技成果转化工作特点的专业技术职务评审与聘任、岗位

管理和考核评价制度，完善收入分配激励约束机制。财务处负责科技成果转化过程中技术转让、授权许可、作价入股等相关奖酬金的支出及转化收入的核算。

（四）健全成果转化政策，推动形成鼓励竞争和强化绩效的科研资源配置机制

为了服务好科技成果转化，学校及时出台了《科技成果转化管理办法》等相关制度文件，基本涵盖了比较完整的转化管理流程，明确了成果转化的收益分配与奖励等。另外，学校还出台了《科研经费使用补充规定》《教师工作业绩考核管理办法》《教师职称评聘实施办法》等制度文件，将技术技能创新和服务作为教师工作考核、职称聘任的重要指标，加强对关键研究成果、技术转化的资源配置，将绩效奖励与团队业绩挂钩，鼓励竞争，提升科研创新活力。

二、主要成效

（一）打响科技成果"杭职拍"品牌

2020年12月16日，浙江科技成果拍卖会杭州职业技术学院专场暨产学研合作签约仪式在杭职院举行，吸引了来省内外的数十家企业代表共300多人参加，杭职院拍卖出15项科技成果，总起拍价678万元，总成交价958.5万元，溢价率41.37%。科技成果拍卖所得的资金，校方只留5%，其他95%一律返还给科研团队。这场拍卖会是浙江省首次以高职院校为专场的科技成果拍卖会，央广网、《光明日报》《中国日报》、浙江卫视、《科技金融时报》等20余家媒体进行了专题报道，社会反响强烈。

（二）教师成果转化积极性大幅提升

"杭职拍"的每一项科技成果拍卖所得资金的95%都返还给科研团队，即使是职务发明专利也享受95%的分成待遇，这项政策创新彻底改变了过去高校科研院所普遍存在的"重发明创造，轻成果转化"的痼疾，极大提升了学校教师和其他科研人员开展技术应用研发的积极性。此次科技成果竞拍进一步拓展了科技成果与产业市场对接的渠道，有利于提升杭职院科技成果转移转化效率，激励广大教职工将更多科技成果从实验室推向生产一线，对加快科技成果产业化、突破科研成果落地转化障碍、提升学校教学科研和社会服务水平具有重要意义。

（三）区域中小微企业获得技术支持

此次拍卖会成果涉及智能制造、健康医疗、教育、新材料、农林畜牧等技术领域，参会企业对感兴趣的科技成果争相举牌竞价。与中国科学院、高等学校相比，高等职业院校的科技成果更注重应用及满足企业现实需求，更接地气。杭职院充分发挥自身资源优势，联合浙江知识产权交易中心的平台优势与钱塘新区的区位优势，积极开展技术合作，打造技术技能创新服务高地。

（撰稿人：郑永进　姚　瑶　王世锋）

深化科研治理，打造技术技能创新高地

习近平总书记在党的十九大报告中指出："我国经济已由高速增长阶段转向高质量发展阶段。"高校拥有学科资源、知识人才及科研基础优势，在推动创新驱动发展、建设创新型国家、实现经济社会高质量发展方面发挥着特殊重要的作用。高职院校在服务国家发展战略、区域科技创新和产业转型升级中，对接科技发展趋势，以技术技能积累为纽带，建设集人才培养、团队建设、技术服务于一体，资源共享、机制灵活、产出高效的人才培养与技术创新平台，在促进创新成果与核心技术产业化等方面肩负着重要的历史使命。

一、实施举措

（一）搭建"金字塔式"技术技能创新平台体系，让所有人都有适合自己的科研平台

一是校企共建产教科平台，搭建基础平台。学校积极与行业企业共建技术工艺和产品研发中心、校中厂、技能大师工作室等研发平台，努力推进与企业在技术创新、产品开发、科研攻关、课题研究、项目推进等方面合作，鼓励教师进企业研发中心、下企业找课题，建立"厂中校"或研发工作室，为企业解决技术难题，为学生和企业员工进行培训。

二是建设省市级专业发展支撑平台，打造中坚平台。打造校企共建、共管、共享的高水平开放式实训基地，集实践教学、社会培训、企业真实生产和社会技术服务于一体，辐射区内学校和企业。与温岭市科技局共建技术成果转化中心，提升学校的产学对接成效和师生技术成果转化率。与杭州市钱塘新区共建高职科创园，吸纳、集聚在杭大学生来校创业。发挥学校特色专业群资源优势，提升专业群对产业的贡献度。依托学校的电子商务、服装设计与工艺、信息安全与管理、电梯工程技术等专业群，打造专业发展支撑平台。

三是建设国家重点平台，打造顶尖平台。建设国家级职业教育研究智库——校企命运共同体研究院，打造国内具有相当影响力的现代职业教育发展研究中心、合作交流中心和决策咨询研究中心。通过从基础、中坚到顶尖平台的搭建，形成了"金字塔式"技术技能创新平台集合，让学校所有教师都能找到适合自己的科研平台。

（二）打造"倒金字塔式"科研治理体系，放权松绑，贴心式服务

一是构建了全员激励制度引导教师参与科研。通过制定《教科研配套及奖励办法（2020年修订）》《科研经费使用补充规定》，激励教师参与科研，给科研松绑。二是制定分类引导机制实现各类成果齐头并进，通过修订《科技计划项目管理办法》《科技合作项目管理办法》《科技成果转化管理办法》，规范引导各类项目、成果的管理，为学校教师的各类科研成果管理落实制度保障。三是提供点对点精准服

务，为科研专门人才消除后顾之忧。通过出台《技术技能大师工作站管理办法》《协同创新中心管理办法》《科研创新团队建设与管理办法（试行）》和《院士工作站管理办法》，并配备专人专门提供点对点精准服务，把科研管理工作落到实处，形成良好的科研环境与氛围。通过完善科研激励制度，努力为教师科研创造宽松自由的环境，营造良好的科研条件。

二、主要成效

（一）产出了一批高水平科研项目和成果

自"双高计划"建设以来，学校立项纵向科研项目295项，其中国家级2项、省部级34项，省部级以上立项数年均增长44%。获专利授权1000余项，获发明专利79项，其中国际发明专利5项。获省部级以上科研成果奖2项。促成5项国家（省市）层面政策法规方案出台。牵头研制了国家职业技能标准、职业技能等级标准、教学标准18项。牵头、参与研制国家、技术规范、行业（地方、团体）标准、行业协会从业人员培训规范等12项。

（二）打响了技术成果转化"杭职拍"品牌

学校与杭州市钱塘新区共同主办，钱塘新区经发科技局、温岭市科技局、浙江知识产权交易中心及中国计量大学科技处联合承办的两届科技成果拍卖会，共成交53项科技成果，拍卖金额达2700万元。成果转化拍卖会的成功举办，引起了媒体的广泛关注和社会的良好反响，央广网、《光明日报》《中国日报》、浙江卫视、《科技金融时报》等20余家媒体进行了专题报道，打响了科技成果拍卖"杭职拍"品牌。

（三）建成了区域技术技能创新高地

"双高计划"建设期内，学校服务中小微企业793家，承担企业技改项目336项，科研和技术服务到款5500余万元，技术成果转化和技术服务产生经济效益1.56亿元。学校与科技领军企业、专精特新企业等联合攻关，解决轻工造纸自动化成套设备中同步纸机的运动控制系统、高铁轴承和掘进机轴承钢切割等"卡脖子"技术难题15项，突破关联产业发展瓶颈，有力推动产业高质量发展。其中，学校牵头申报的重大科技项目"大气关键污染物监测装备与智能综合管控技术研发及示范"获2021年浙江省科技厅"尖兵""领雁"研发攻关计划项目立项支持，研发经费1000万元。该项目的立项成为杭职院主持"尖兵""领雁"项目的历史突破。

（撰稿人：王世锋　曾巧灵　张胜楠　李　政）

搭建平台、创新模式，多渠道助推科技成果转移转化

2022年，杭职院与杭州市科技局、浙江知识产权交易中心等联合组织举行第三届科技成果竞价（拍卖）会，共推出23项科技成果，涵盖物联网、环境监控、装备制造、新能源汽车等多个技术领域，总成交价1316万元，溢价率达28%。近年来，学校以科技成果拍卖会为抓手，积极搭建科技成果转化平台，不断创新模式，多渠道推进科技成果转移转化，全面助推区域产业转型发展，技术服务社会影响力不断提升。

一、实施举措

（一）聚焦平台建设，高质量打造科技成果转化体系

围绕杭州产业优化升级的重大技术需求，学校整合行业、企业、高等院校等优势创新资源，共建各类技术技能服务平台33个，2022年学校与浙江大学化学工程联合国家重点实验室和英创新材料（绍兴）有限公司共建英创新材料杭州研究院，与浙江省花卉苗木产业创新服务综合体共建技术转移中心。经过多年建设与运营，各平台成效显著，技术创新和服务能力不断提升，与浙江方圆检测集团股份有限公司共建的生物安全检测研究中心被省市场监管局认定为省级重点实验室，与联想集团共建的工业互联网研究院被省经济和信息化厅认定为省级产业数字化服务机构。

（二）围绕模式创新，多渠道拓展科技成果落地应用

为切实推动科技成果转化落地，进一步服务区域经济社会发展，学校积极创新模式，拓宽科技成果转移转化渠道。一是参与浙江省职务科技成果转化"安心屋"数字化场景应用建设，为科技成果转化提供政策保障。二是成为杭州市首批科技成果赋权试点单位之一，与杭州钱塘科学城一同为中小微企业开展专利开放许可及科技成果转移支付服务，积极探索科技成果转移转化的新途径和新方式。三是与浙江知识产权交易中心共建高职院校科技成果转移转化服务平台，与台州市温岭市、金华市金东区等地方政府共建技术转移中心，开展科技成果推广、技术技能培训等服务。

二、主要成效

（一）"杭职拍"社会影响力显著提升

自"双高计划"建设以来，学校连续3年组织科技成果专场竞价（拍卖）会，累计成交科技成果76项，总成交金额4000余万元，吸引了省内外近300家企业参与竞拍。学校科技成果转化工作得到市、区政府的高度认可，于2022年得到市区科技局的支持，牵头组建钱塘区科技成果转化联盟，成为杭州市构筑科技成果转移转

化首选地的重要力量。在"浙江拍"大背景下，学校打造了"杭职拍"品牌，引起了社会的广泛关注，也极大地激发了广大教职工的科技创新和社会服务热情。

（二）技术服务和成果转化能力逐年提升

学校积极联合企业开展关键技术攻关、新产品开发、技术技能培训等，自"双高计划"建设以来，累计服务中小微企业1203家，承担企业技改项目556项，为企业解决生产环节"卡脖子"难题15项，科研和技术服务到款8600余万元，技术成果转化和技术服务收益2.09亿元，其中2022年新增科研和技术服务到款超3000万元，实现了3年3倍的快速增长，技术服务转化企业收益5300万元，科技成果转化助推区域经济发展的间接效益显著增长。

（撰稿人：王世锋　曾巧灵　张胜楠　李　政）

第四章　打造高水平双师队伍

创新机制，引育并举，全力打造专业群领军人才培养工程

为加快建成一支师德高尚、素质优良、技艺精湛、结构合理、专兼结合的高素质专业化的"双师型"教师队伍，匹配学校规模扩大与内涵提升，杭职院高度重视师资队伍建设，依托校企共同体，努力探索政企校三方合作加强师资队伍建设的新思路，优化机制，灵活手段，丰富方法，共享资源，优势互补，搭建"校企互通、人才共享"平台，扎实推进高水平教师队伍建设，取得了显著成效。

一、实施举措

学校坚持党管人才原则，统领人才建设，规划人才发展，激发人才活力，着力推进"1234"师资引培工程，即树立"人才是第一资源"理念，实施"内培""外引"两大策略，完善"引才、用才和留才"三大机制，探索"立体化、标准化、全员化、靶向化"四化并举（图1-4-1）。

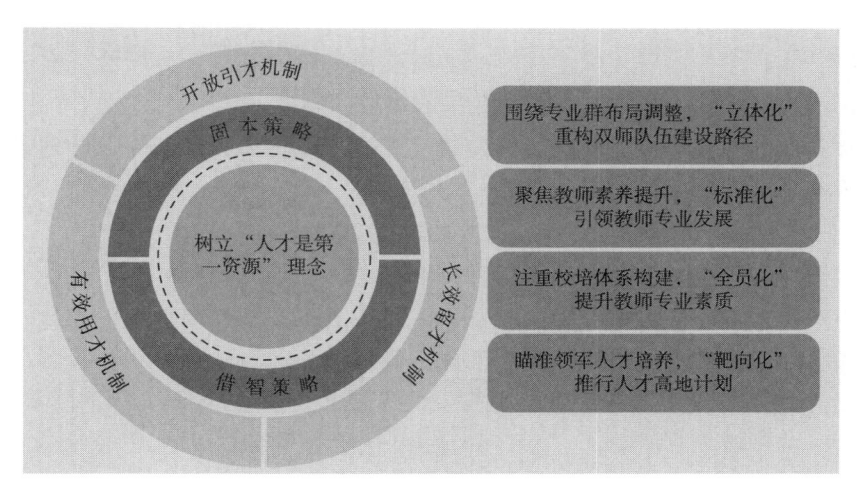

图1-4-1 全力打造专业群领军人才培养工程体系图

（一）树立"人才是第一资源"的理念

学校成立党委人才工作领导小组，由书记、校长担任"双组长"，每学期专题研究人才工作，对全校人才工作进行统筹谋划。设立党委人才办，与人事处合署，人事处处长兼组织部副部长。建立校院两级领导班子，服务高层次人才联系制度、年度人才工作述职制度和人才工作目标责任考核制度，召开年度高层次人才中秋茶话会，从组织领导、政治引领、沟通联系等方面全方位做好对人才的关心关爱。

（二）实施"内培""外引"两大策略

实施"固本"和"借智"双轮驱动，内培为主，外引并重，着力打造"高层次人才培养工程"。在内培方面，依托教师教学发展中心和企业双师培育基地，以教学科研能力为重点进行提质培优和拔尖培养。在外引方面，丰富人才引进手段，加大博士及高层次人才引进力度，充实专业群人才队伍，提升专业教学科研及服务产业的能力。

（三）完善引才、用才、留才三大机制

1. 建立开放引才机制

用好用足杭州市"人才生态37条"等高含金量的政策举措，敞开怀抱吸引招揽全球优秀人才来校，修订《高层次人才引进管理办法》，实行一事一议、一人一策。

2. 探索有效用才机制

出台《教学创新团队建设与管理办法》《科研创新团队建设与管理办法》，以专业群领军人才为核心，以标志性成果为导向，整合校内外人才资源，组建科研创新、教学创新团队，其中1支团队入选首批国家级职业教育教师教学创新团队。实施专业群领军人才能力提升计划，通过职业生涯规划、校本培训工程、企业经历工程、海外研修工程，助推专业群领军人才加速成长。

3. 完善长效留才机制

修订绩效工资方案，突出价值导向、业绩导向，建立以业绩考核为核心的分配激励机制，实现多劳多得、优绩优酬。在职称评审中，细化分类评价，推进标志性成果直聘制度，完善论文课题与业绩成果的可替代制度。落实高层次人才相关待遇，协助办理高层次人才认定，集聚购房补贴、生活补贴和租房补贴等，持续激发教师内生动力。

（四）探索四化并举路径

1. 围绕专业群布局调整，"立体化"重构双师队伍建设路径

推进与产业、职业岗位群对接的专业布局改革，以专业群带头人为核心，重构跨专业教学团队。依托校企共同体，整合企业资源，实施校企人才共引共享，校企共建以培养教师实践能力与研发能力为核心，以教师服务企业、反哺教学为目标，产教研合一的师资培育基地。

2. 聚焦教师素养提升，"标准化"引领教师专业发展

坚持"四有"好教师标准，完善基于教学、课程开发、技术研发等的多元教师评价体系。制定专兼职教师任职和素养标准，重建"双师型"教师标准，修订兼职教师准入标准，为人才引进、校本培训等工作提供指导。

3. 注重校培体系构建，"全员化"提升教师专业素质

依托教师教学发展中心线上平台，推进教师职业生涯规划，建立教师个人发展档案，教师教学发展中心被认定为省级示范性单位。持续实施教师企业经历工程和学生工作经历工程，2020年共有329位教师参加企业经历工程，青年教师对学生工作的参与率达100%；举办校本培训之"名师沙龙"，惠及教师200余人。充分发挥双师培育基地功能，以项目为抓手，要求专业教师5年中连续6个月、每年至少1

个月在企业开展技术研发和科技攻关。

4. 瞄准领军人才培养,"靶向化"推行人才高地计划

实施"5315"人才高地计划。"5"即培育行业有权威、国际有影响的专业群领军人才5名;"3"即培育行业内有一定影响力的专业带头人和专业群带头人后备人才30名;"1"即培育具有教育教学能力或技术研发能力突出的名师名匠100名;"5"即培育教育教学、技术服务等能力突出的教师团队50支。

二、主要成效

(一)重构跨专业教学团队,双师队伍结构进一步优化

以专业群建设为起点,调整专业归属,推进了与产业、职业岗位群对接的专业布局改革,实施以群建院,重构了跨专业教学团队。推出科研、教学创新团队培育项目,电子商务专业团队入选首批国家级职业教育教师教学创新团队。

(二)两大教师发展平台运行良好,教师培养培训体系进一步健全

遴选建设服装设计与工艺、电梯工程技术等6大双师培育基地,其中服装设计与工艺基地被教育部认定为国家级职业教育"双师型"教师培养培训基地;电梯工程技术、绿色制药技术与健康安全、智能制造等3个基地被授予杭州市首批职业技能等级认定试点社会培训评价组织。打造了集教学培训、交流咨询、教改研究等功能于一体的教师发展中心,其被认定为"浙江省高校教师教学发展示范中心"。

(三)标准化引领教师发展,教师队伍整体水平提升

围绕落实"立德树人"培养"德技并修"的有用人才的要求,完善人才引进工作实施办法,规范人才引进工作。修订新教师助讲制度,推进以老带新的帮扶机制;推进教职工职业生涯规划,完善校本培训、进修培训、博士工程、海外研修制度,推进教师培训,促进教师能力提升;完善教师企业经历工程、教师学生工作经历工程,促进双师建设;推出教学、科研创新团队、名师名匠、专业带头人、专业群领军人才建设,促进教师阶梯式成长;改革职评、绩效工资方案,突出业绩导向,进一步激发教师活力。

(四)实施"5315"计划,高水平领军人才取得突破

实施"5315"人才高地计划,遴选领军人才培育对象,开展个性化培养,取得国家级人才的突破:近两年,培养全国优秀教师1人、享受国务院政府特殊津贴专家2人、全国技术能手1人。聘任7名行业企业专家担任杭职院的杭州市"钱江特聘专家"。新增省级及以上高层次人才4人,浙江省有突出贡献中青年专家2人,浙江省"万人计划"科技创新领军人才、教学名师2人。

(撰稿人:王 飞 于 潇 楼睿斐)

深化评价改革，激发教师职业发展内生动力

为全面落实《国家职业教育改革实施方案》《深化新时代教育评价改革总体方案》等精神，杭职院深化人才强校战略，开展"师德为先，质量导向"的教师评价机制改革，从目标、制度、标准、流程上不断优化教师评价工作，构建了一套涵盖教师任职标准、考核、岗位聘任、职称评审、绩效分配的评价改革制度。通过"成果导向、注重实绩、分类评价"打造了一支高素质、专业化、创新型教师队伍，激发广大教师教书育人、干事创业的积极性和主动性（图1-4-2）。

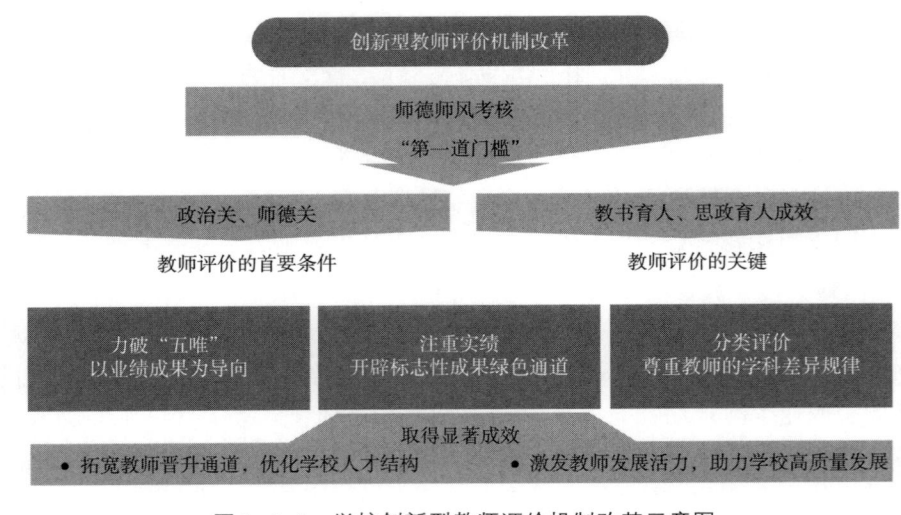

图1-4-2 学校创新型教师评价机制改革示意图

一、实施举措

（一）坚持严把师德师风考核，落实立德树人根本任务

学校始终将思想政治与师德师风考核作为教师评价的"第一道门槛"。一是将政治关、师德关作为教师评价的首要条件。构建校院两级思想政治与师德师风考核评价体系，对违法违纪、学术造假等品行不端行为实行"一票否决"。二是将教书育人、思政育人成效作为教师评价的关键。加强评价指标的导向性设计，强化教师思政教育要求。

（二）坚持正确的用人导向，推进人才分类评价机制改革

1. 力破"五唯"，以业绩成果为导向

坚决破除"五唯"顽疾，教师评价以基于岗位的业绩成果为重点。在职称评审中，一是扩大代表作的范围。代表作不限于论文、发明专利、成果鉴定、艺术作品、

专著、教材等均可作为代表作送审。二是实施成果当量替代政策。发明专利、国家（行业）标准、专业教材、专著、横向到款、教学能力竞赛等业绩成果均可替代。三是注重其他业绩要求。增加教师在专业建设、指导学生、服务企业等方面的业绩要求，充分体现职业教育特色。

  2. 分类评价，尊重教师的学科差异规律

科学设置岗位和评价标准，健全分类评价体系，充分尊重教师在学术场域的学科差异，促进科研和教学协调发展。对不同类型的教师根据学科差异制定不同的评价标准，以教师的业绩贡献为基点，淡化量的要求，对于不同岗位、不同学科的教师分别实行不同的评价方式，从根本上杜绝用一把尺子评价所有教师。

  3. 注重实绩，开辟标志性成果绿色通道

打通专门人才的职称晋升通道，在具备特定业绩的情况下，教师可不受论文、项目、业绩成果等条件限制，直聘高一级职称，直至正高职称。设立"卓越教学奖"，在教书育人方面做出突出贡献的教师，在职称评审中可不受论文、项目、业绩成果等条件限制，直聘高一级职称，直至正高职称。

（三）创新人才激励机制，激发教师队伍活力

完善绩效工资分配制度，以教师分类管理为前提，以业绩贡献和能力水平为导向，优化重实绩、重贡献的薪酬体系，更多体现以岗定薪，充分体现多劳多得、优劳优酬。结合高层次人才引进及名师培育计划，探索实施年薪制改革，设立特聘岗位，按能力水平定底薪，按岗位要求定津贴，实现多劳多得、优绩优酬。

二、主要成效

（一）团队发展，构筑教师专业成长"快车道"

由领军人才引领，凝心聚力分类打造双师型教师团队。学校培育了国家级职业教育教师教学创新团队2支、国家级课程思政教学团队2支、浙江省高校黄大年式教师团队1支、浙江省职业教育教师教学创新团队2支、杭州市优秀创新团队1支、校级教师团队60支，形成了"国家级引领、省级示范、市校辐射"的三级团队建设体系。通过团队建设，促进教师摆脱单兵作战的局限，实现成员间优势互补、相互借鉴和共同提高，实现"1+1>2"的倍增效应，构建教师成长成才的进阶式发展模式。

（二）快速成长，形成教师队伍建设新格局

教师干事创业积极性高，成长迅速。2019—2021年，学校教师入选国家"万人计划"科技创新领军人才、国家"万人计划"教学名师各1人、全国五一劳动奖章1人、全国优秀教师1人、全国技术能手1人、国家级课程思政教学名师11人，浙江省"万人计划"教学名师2人、省有突出贡献中青年专家1人、省劳动模范1人、浙江工匠1人等。新增正高职称教师33人，副高59人，博士教师31人，专任教师为"双师型"教师的比例达到90.62%，形成了"高端人才引领、存量师资激活、新生力量增效、兼职教师添色"的师资队伍新格局，学校入选2021年高职院校教师发展指数100所优秀院校。

（撰稿人：龙　艳　郑崇盈　曹莹莹）

领军人才引领,结构化打造高水平双师团队

为全面落实《国家职业教育改革实施方案》《深化新时代教育评价改革总体方案》等文件精神,提升教师团队协作能力,打造高水平结构化的教师队伍,杭职院立项建设了60支教学创新团队、科研创新团队、人生导师团队,分别围绕"三教"改革、解决实际科研(技术)难题、学生思想引领等方面,开展攻关研究,提升人才培养质量(图1-4-3)。

聚焦"四个核心" | 组建四类团队

- 以"教学名师"为核心
- 立项15支教学创新团队
- 首期经费投入150万元

教学创新团队 | 科研创新团队

- 以"学术带头人"为核心
- 立项20支科研创新团队
- 首期经费投入200万元

- 以"技能大师"为核心
- 立项15支学术竞赛指导团队
- 首期经费投入150万元

技能竞赛指导团队 | 人生导师团队

- 以"专家型辅导员"为核心
- 立项10支学生人生导师团队
- 首期经费投入100万元

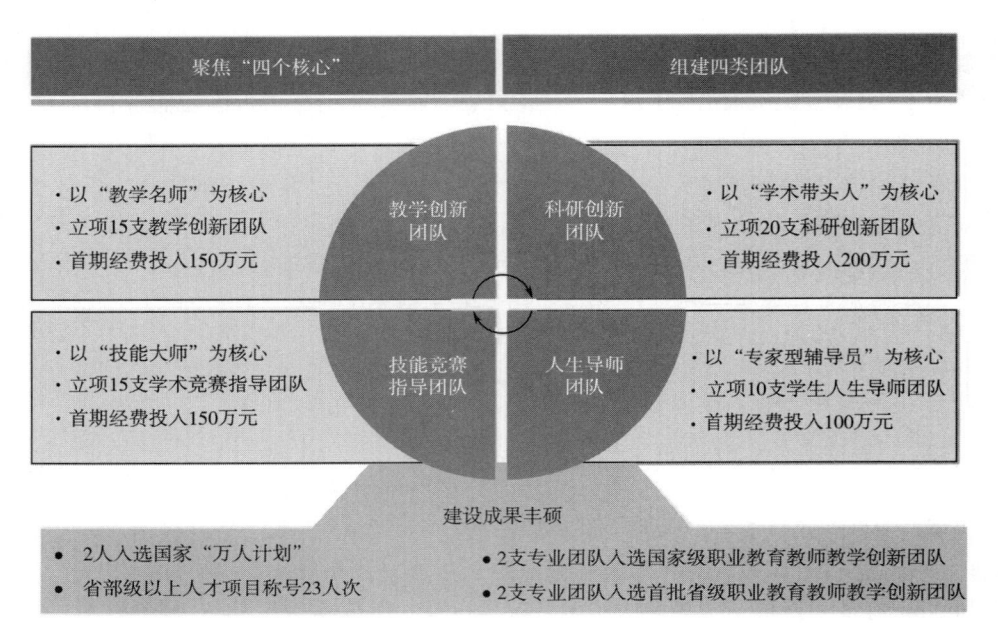

建设成果丰硕

- 2人入选国家"万人计划"
- 省部级以上人才项目称号23人次
- 2支专业团队入选国家级职业教育教师教学创新团队
- 2支专业团队入选首批省级职业教育教师教学创新团队

图1-4-3 学校打造四类教师团队示意图

一、实施举措

(一)以"教学名师"为核心,打造教学创新团队

聚焦专业建设、课堂创新、专业交叉融合等教改热点,立项15支教学创新团队,围绕平台课程教学、"三教"改革等开展教学改革与研究工作,首期投入经费150万元支持团队建设。

(二)以"学术带头人"为核心,打造科研创新团队

聚焦技术服务转化、科技创新、前沿领域探索等职教科研方向,立项20支科研能力突出和能解决实际科研、技术难题的科研创新团队,首期投入经费200万元支持团队建设,提升学校自主创新能力和服务社会能力。

（三）以"技能大师"为核心，打造技能竞赛指导团队

围绕学生技能竞赛、科技竞赛、创新创业竞赛等领域，立项15支学生竞赛指导团队，首期投入经费150万元支持团队建设。

（四）以"专家型辅导员"为核心，打造人生导师团队

聚焦立德树人根本任务和学生成长成才，立项10支学生人生导师团队，从思想引领、职业规划、心理咨询等方面对学生进行全面教育引导，深化"三全育人"综合改革，首期投入经费100万元支持团队建设。

二、主要成效

（一）高水平业绩成果量质齐升

在教学创新方面，获浙江省教学成果奖特等奖2项、一等奖2项、二等奖3项。在职业院校教师教学能力大赛中，获得国赛二等奖1项、三等奖1项，获得省赛一等奖3项、二等奖2项、三等奖2项。在科研创新方面，立项纵向科研项目国家级2项，省部级34项，2019—2021年科研到款总额5599.24万元。在技能竞赛方面，在2021年全国职业院校技能大赛中获得全国一等奖1项、二等奖1项、三等奖2项，省赛一等奖7项、二等奖9项、三等奖25项。

（二）创新团队建设成效得到认可

2支专业团队入选国家级职业教育教师教学创新团队，2支课程团队入选国家级课程思政教学团队，2支专业团队入选首批浙江省职业教育教师教学创新团队，1支教师团队入选首批浙江省高校黄大年式教师团队。

（撰稿人：楼韵佳　吴友娟　郑崇盈）

实施"五大"培育工程，全面提升教师队伍整体水平

学校高度重视高水平师资队伍建设，持续深化"人才强校战略"，按照"弘扬师德、分类施策、专兼职教师两手抓"的建设思路，实施"五大"培育工程，全面推进高水平双师队伍建设，为实现"数智杭职·工匠摇篮"战略目标，加快建设国内一流、国际上有较大影响力的"高职名校"，提供强有力的人才支撑（图1-4-4）。

全面提升教师队伍整体水平实施"五大"培育工程		
领军人才攀登工程	▶ 国际级人才取得突破 • 国家"万人计划"科技创新领军人才 • 全国五一劳动奖章 • 省"万人计划" • 国家"万人计划"教学名师 • 全国优秀教师 教学名师
创新团队培育工程	▶ 七个团队获得国家级、省级立项 • 国家级教学创新团队 • 首批省级教学创新团队 • 国家级课程思政教学团队 • 首批黄大年式教师团队
学历职称提升工程	▶ 教师队伍学历职称结构得到优化 • 近三年新增博士学位数教师50余人 • 正高职称18人，副高35人
教师能力跃升工程	▶ 教师队伍整体水平得到提升 • 分类校本培训覆盖全体教师 • 分级培训打造师资梯队
教师海外研修工程	▶ 教师国际化视野明显增强 • 海外中长期研修经历的教师比例达10%，拓展了教师国际化视野

图1-4-4 实施师资队伍建设"五大"培育工程示意图

一、实施举措

（一）瞄准一流，实施领军人才攀登工程

按照瞄准一流、强化培养、提高层次、占领高地的思路，培育教学科研成果突出、学术造诣深、德才兼备、能引领本专业（群）发展的专业群领军人才。培育理论基础厚、创新意识强、有发展潜力和培养前途的专业带头人或后备领军人才。

（二）整合资源，实施创新团队培育工程

建设满足职业教育教学和培训实际需要的高水平、结构化、跨专业的平台课程教学、试点教材教法研究等不同层级的教学创新团队；建设在各级技能竞赛、学科竞赛、创新创业竞赛等领域的学生竞赛中取得突破的金牌指导团队；建设科研能力突出，能解决实际科研、技术难题的科研创新团队；建设能在思想引领、职业规划、就业指导等领域对学生进行全面教育引导的人生导师团队。

（三）分层分类，实施学历职称提升工程

实施博士学位提升计划，鼓励教职工在职攻读博士学位，按期取得博士学位的，给予最高 20 万元奖励。实施教师职称提升计划，增加职称评审名额，完善职称评聘方案，构建以促进人才开发使用为目的、以职业分类为基础、以科学评价为核心的职称制度。

（四）结合专业，实施教师能力跃升工程

建立教师个人发展档案，实施教师职业生涯规划，分类实施校本培训。推进教师企业经历与学生工作经历工程。

（五）创新形式，实施教师海外研修工程

多途径推行"海外访问工程师"计划、专业访学等项目，以创新的形式拓展教师国际化视野。

二、主要成效

教师队伍职称学历职称结构得到优化。2019—2021 年，新增正高职称教师 33 人、副高 59 人、博士研究生教师 31 人，打造了由 952 人构成的行业企业兼职教师库，构建了以"高端人才引领、存量师资激活、新生力量增效、兼职教师添色"的师资队伍新格局。教师队伍整体水平得到提升。学校教师入选国家"万人计划"科技创新领军人才、国家"万人计划"教学名师各 1 人，获全国五一劳动奖章、全国优秀教师、浙江省"万人计划"教学名师、浙江省有突出贡献中青年专家等省部级以上人才项目及称号 23 人次。2 个专业团队入选国家级职业教育教师教学创新团队，2 个课程团队入选国家级课程思政教学团队，2 个专业团队入选首批浙江省职业教育教师教学创新团队，1 个教师团队入选首批浙江省高校黄大年式教师团队。教师国际化视野明显增强，海外中长期研修经历的教师比例达 10%，拓展了教师的国际化视野。

（撰稿人：王　飞　吴友娟　郑崇盈）

校企共建双师培训基地，打造高质量师资培育平台

为深入贯彻党的二十大精神，落实《关于推动现代职业教育高质量发展的意见》《关于实施职业院校教师素质提高计划（2021—2025 年）的通知》等文件精神，杭职院高度重视师资队伍培养培育工作，与企业共建双师培训基地，整合校企优势资源，打造高质量师资培育平台，学校成为国家级职业教育"双师型"教师培训基地。

一、实施举措

（一）坚持师德师风教育，落实立德树人根本任务

学校出台《中共杭州职业技术学院委员会关于建立健全教师思想政治和师德师风建设长效机制的意见》，始终将思想政治与师德师风作为教师评价的"第一道门槛"。一是将政治关、师德关作为教师评价的首要条件。构建校院两级思想政治与师德师风考核评价体系，对违法违纪、学术造假等品行不端行为实行"一票否决"。二是将教书育人、思政育人成效作为教师评价的关键。加强评价指标的导向性设计，强化教师思政教育要求。

（二）立足培育基地，构建高水平师资培养体系

1. 构建全生命周期教师培养体系

基于教师职业生涯规划，构建全生命周期的教师培养体系，真正做到将每一位教师都纳入培养体系（全员），贯穿教师整个职业发展周期（全程），全方位提升教师的能力素质（全面）。一是帮助新教师迈好职教第一步。针对新教师，开展入职培训、青年教师助讲培养、青年教师训练营等。新教师入职培训是通过系统、科学的培训，以提高新教师岗位胜任能力为目标，帮助新教师尽快了解学校基本概况、规章制度和办事流程等，及早融入学校、进入角色，更好地履行职责。青年教师助讲培养是针对新入职青年教师，以老带新、师带徒的形式，进行一段时间相对集中的培养培训，提高青年教师教学水平与能力，不断提高学校教育教学质量。青年教师训练营是通过专家指导、朋辈互助、观摩交流等形式，帮助新入职教师快速站稳讲台、融入职业教育，不断提高教学能力。二是助推教师实现个性化发展。面向专业教师、管理人员、辅导员等群体，开展校本培训、专题培训、名师沙龙等。校本培训采取集中与分散相结合的方式进行，通过专题培训班、工作坊、交流研讨会等形式，分不同群体开展针对性培训。专题培训针对个性发展教师群体，开展课程思政、信息化、教学法等主题鲜明的专题培训活动，帮助教师提升专项能力。名师沙龙主要发挥校内名师的引领、示范作用，促进教师间的深度交流、学习，为教师搭建思想交流、教育研究等的学习平台，创设提升专业水平及理论素养的空间，提升教师专业发展能力。三是推动专业教师提升产学研能力。针对专业教师，持续开展

企业实践经历工程、学生工作经历工程等，增强教师产学研能力。教师企业实践经历工程是依托校企共建教师企业流动工作站、双师培养培训基地等，帮助教师每5年至少有半年的集中时间到企业挂职并承担与专业和岗位发展高度匹配的项目，校企协同提升教师的实践能力。学生工作经历工程是为了让广大教师更好地了解学生、关爱学生，使其真正做到既"教书"又"育人"，从而有力地推进教师的成长成才，同时使教学工作与学生工作"两张皮"紧紧地贴到一起。

2. 构建教师专业发展支撑体系

为加强教师教学实践能力，学校通过聘请产业导师、校企共建教师发展中心、建立企业实践流动站和双师型名师（名匠）工作室等方式，构建教师专业发展支撑体系。通过聘任一批企业家、行业专家、高技能人才、能工巧匠担任产业导师，旨在进一步强化产教融合，促进教育和行业、企业和科研院所等资源要素集聚、优势互补，进一步增强学校服务经济社会创新发展能力，助推教师成长。校企共建教师发展中心主要解决教师专业发展多样化需求，为不同专业、不同工作经历背景的教师提供专业成长机会，企业通过共建教师专业发展实践基地，为企业技术创新升级、人力资源储备与技术队伍建设创造有利条件。企业实践流动站是通过企业为教师提供专业实践岗位、教师为企业提供技术技能服务的方式，建立学校服务产业转型、企业发展的产学研一体化途径，找到企业、学校、教师三方利益的契合点，最终形成企业和学校技术共享、合作研发、成果转化的多赢效应。名师（名匠）工作室由在教育教学和行业企业相关技术领域有一定影响力的校内专任教师领衔，建设"双师型"名师工作室，积极开展"三教"改革、课题研究、技术研发等，提升教师教科研能力。

（三）依托优势资源，实施高规格培养计划

聚焦教师教科研能力，以专业发展趋势、技术技能升级等为引领，重点选拔支持一批水平较高、具有领军才能和团队组织能力的高层次人才，构建定位明确、梯队清晰、相互衔接的人才培养体系。一是以培育突破国家级、省部级重点人才项目、教科研业绩为目标，凝聚并稳定支持一批领军人才。二是重点支持和培养一批教学名师，突出教育教学研究和实践成果、培养学生的产出成果。三是重点支持和培养一批技能大师，突出在领衔的专业领域取得高技能人才培养、教科研、技术技能攻关创新成果，领衔建立技能大师工作室。四是重点支持和培养一批青年拔尖人才，突出教科研创新潜能，研究方向和技术路线有创新前景，具有成长为领军人才的潜力。同时，根据培养对象的类别、发展目标、培养任务和要求，制订个性化的培养计划，在各类人才选拔、专业技术职务评聘、项目成果申报、荣誉授予、访工访学、海外研修等方面倾斜和重点支持。根据需要聘请相应领域的专家作为学术导师，鼓励培养对象承担重大科研（人文）项目、成果转化项目，促进人才快速成长，培养一批在国内、省内具有较大影响的领军人物、教学名师、技能工匠，提升学校教科研水平。

二、主要成效

（一）获批了国家级双师培训基地

在第二批全国职业教育教师企业实践基地遴选中，学校推荐的杭州西奥电梯有

限公司获省级推荐。在国家级职业教育"双师型"教师培训基地（2023—2025 年）申报中，学校申报的电梯"双师型"培训基地在省级遴选脱颖而出，获得国家立项。

（二）打造了高水平教师教学团队

信息安全技术应用、服装设计与工艺入选首批浙江省职业教育教师教学创新团队；特种设备智造与智慧管控技术教师团队入选首批浙江省高校黄大年式教师团队，高职院校仅 4 个。通过团队建设，促进教师摆脱单兵作战的局限，实现成员间优势互补、相互借鉴和共同提高，实现"1+1>2"的倍增效应，构建教师成长成才的进阶式发展模式。

（三）形成了特色师资队伍新格局

教师干事创业积极性高、成长迅速，近三年学校教师入选国家"万人计划"科技创新领军人才、国家"万人计划"教学名师、全国五一劳动奖章、全国技术能手、省"万人计划"教学名师等省级以上人才项目 30 余项，入选杭州市政府特殊津贴、钱江特聘专家、"杭州工匠"等市级人才项目 50 余项，形成了以"高端人才引领、存量师资激活、新生力量增效、兼职教师添色"的师资队伍新格局。

（撰稿人：吴友娟　曹莹莹　楼韵佳）

第五章 提升校企合作水平

聚焦类型特色，打造校企命运共同体"杭州样板"

为了解决校企合作体制机制不健全、校企合作停留于表面、校企合作协同性不强、合作目标不明确、质量监控不完善、企业参与积极性不高等诸多校企深度合作的问题，杭职院提出"以企业的生产实际引领学校的教学，明确培养目标和人才培养规格，推进专业建设，实行工学结合"，发挥校企资源优势，以"资源共享、优势互补、互利互惠、共同发展"为愿景，在校企合作的标准、体制机制、联合攻关等方面续写校企共同体的精彩篇章，为职业教育校企合作树立典范。

一、实施举措

（一）打造校企命运共同体研究智库

1. 建立高水平智库，引领校企共同体高位发展

与教育部职业技术教育中心研究所签订战略合作协议，共同建立"产教融合研究基地"，联合杭州市发改委成立"杭州市产教融合研究院"，建立高水平专家团队，参与《浙江省深化产教融合推进职业教育高质量发展实施方案》《浙江省职业教育"十四五"发展规划》《浙江职业教育改革亮点》等文件编写，开展校企合作、"双高计划"建设、现代学徒制、人才培养模式改革等研究，学校的"杭州市产教融合研究院"入选杭州市哲学社会科学研究培育基地，智库作用进一步发挥。

2. 研制三类标准，引领校企共同体规范运行

研制贯穿校企合作全生命周期的、可复制推广的序列化操作标准。一是准入标准，即合作对象选择、合作主体的权利义务及调整适用规则、风险防控机制等。二是运行标准，即企业方各类资源投入、校企共管的制度、企业参与人才培养的师资，以及教学标准、校企合作质量评价、企业方履约绩效评估等标准。三是退出标准，包括合作各方合约期满、友好协商中止等正常退出标准，合作各方或单方违约中止、合作绩效未达约定要求等非正常退出标准。

（二）集聚多方优势资源，共建产教融合平台

1. 围绕技术攻坚，共建技术技能研究平台

与杭州西奥电梯有限公司共建"杭职院西奥电梯产业技术研究院"，联合开展科技研发，进行技术难题攻关；与濮阳惠成电子材料股份有限公司共建"惠成新材料杭州研究院"，捐赠设立"惠成基金"，为学校教师课题研究提供支持；与友嘉实业集团共建"友嘉智能制造中心"，开展基于"工业4.0"应用的教育教学和科研运用；与西子航空、奥的斯电梯（中国）有限公司（以下简称"奥的斯电梯"）、东忠集团等大企业共建共享3个高水平的产教融合实训基地；高起点建设全国跨境电商综试区职教集团，联合政行企校成立信息安全职教联盟，共筑行业领先的技术创新高地。

2. 围绕人才培养，搭建人才共育和人才交流平台

2020年，围绕大数据、物联网、云计算、AI等领域，杭职院与华为技术有限公司合作培养基于鲲鹏生态链的高端技术技能人才；与联想工业互联网研究院达成合作协议，共同打造国内工业互联网人才培养高地；与中国纺联纺织人才交流培训中心共建"国家毛针织人才培训中心"，搭建产教创融对接和人才交流平台；与浙江省嘉兴市海宁市许村镇人民政府共建人才培养基地，校地协同共建育人平台，探索校地"政产学研"合作机制。

（三）升级多元化"校企命运共同体"

1. 不断创新校企共同体的体制机制

在产学对接上，创新管理共同体领导机制、产学研共同体融合机制和专业共同体建设机制；在工学结合上，创新资源共同体互助机制和文化共同体交融机制；在双师共育上，创新师资共同体互补机制。围绕产业链、创新链、人才链、教育链融合，综合实现人才培养、技术创新和产业发展等功能，建设与杭州主导产业主流企业深度合作的特色产业学院，探索构建"校企命运共同体"多元发展模式。

2. 科技服务企业升级转型纳入合作重点，提升校企合作层次

为了有效纾解中小企业创新能力不足，资金设备短缺的困境，助力企业自主创新、不断提高其核心竞争力，助力企业的发展，同时提升学校科技成果转化效率和服务社会能力，推动学校的一流专业建设，学校将以科技服务作为校企合作新的内容，打造工业研究院、协同发展中心、技能大师工作室、开展科技成果拍卖等。

二、主要成效

（一）类型特征鲜明，"校企共同体"办学模式成为高职整合办学资源的典范

学校的达利女装学院、友嘉智能制造学院等校企共同体已成立10年以上，校企双方在人才培养、课程开发、师资提升、技术攻关、教学改革等方面真正做到了深度合作，"友嘉模式""达利现象"等影响不断扩大，形成了引领全国校企合作的"杭职路径"，学校不断深化"校企共同体"体制机制办学模式，探索形成了"专企融合"（西子航空工业学院、安恒信息安全学院）、"政行企校"（杭州动漫游戏学院）、"行企校"（特种设备学院）、"企业托管"（彩虹鱼康复护理学院）等9个校企共同体，共整合行业企业投入5000多万元（2019—2020年行业企业支持资金达1900万元），常驻学校企业兼职教师达78人。

（二）校企共育人才成效明显，校企合作标准化进入实践

一是区域主导产业的主流企业的生产实际引领了学校技术技能人才培养。校企共同确定专业人才培养目标，结合专业教学标准、顶岗实习标准要求，引入行业企业技术标准与规范。二是教师和师傅结对，共同开发课程、编写教材，共同探讨教学进程，使课程内容与岗位能力要求衔接。三是学习内容与产业技术同频共振。企业的真实项目经过教学化改造后，形成项目任务单、活页式项目指导书，将新工艺、新方法、新技术、新标准、新规范、新案例全面引入教学中。四是实现了全企业化顶岗实习教学模式。企业将学生作为企业"准员工"进行管理，将企业生产管理要素融入顶岗实习内容，真正实现毕业生技能与企业岗位需求的"无缝"对接，提升

了学生的专业技能和职业素养。五是建立校企合作多元模式的操作标准，规范校企合作秩序，提升了职业教育的标准化建设水平。

（三）校企共同体的"杭职模式"获得了同行和社会高度认可

截至 2020 年 8 月，全国 1400 多所高职院校，有 900 多所来杭职院参观学习校企合作经验。《新华社内参》《光明日报》《中国教育报》《中国青年报》《浙江日报》《杭州日报》和中央电视台、浙江电视台、杭州电视台等 30 余家主流媒体，都对杭职院"校企共同体"的先进办学理念和办学成就进行报道。2020 年 6 月 5 日的浙江省高职院校"双高"建设工作座谈会上，浙江省教育厅党委书记、厅长陈根芳现场表扬学校的产教融合和校企合作，认为杭职院"四两拨千斤"地撬动行业企业投入大量资源，协同培养技术技能人才的做法值得肯定和学习。

（撰稿人：应雅璐　何兴国）

杭职"金字招牌":打造校企共同体升级版

职业教育的生命力和活力在于校企合作,没有深入的校企合作,就没有真正意义上的职业教育。随着产教融合、校企合作的不断深入,杭州职业技术学院逐步认识到"校企共同体是校企合作的一种绝佳模式,但非唯一模式"。基于此,结合多年的思考与实践,杭职院提出了基于校企共同体的多元发展模式,推进校企共同体迭代升级,打造校企共同体升级版,走出了一条"校企共同体"探索与创新之路。

一、实施举措

校企共同体是指在政府的引导下,高职院校和区域主导产业的主流企业,通过相互开放、相互联系、相互依赖、相互促进,以协议的形式缔结的利益实体(二级学院),其主要特征是共同规划、共构组织、共同建设、共同管理、共享成果、共担风险,如图1-5-1所示。

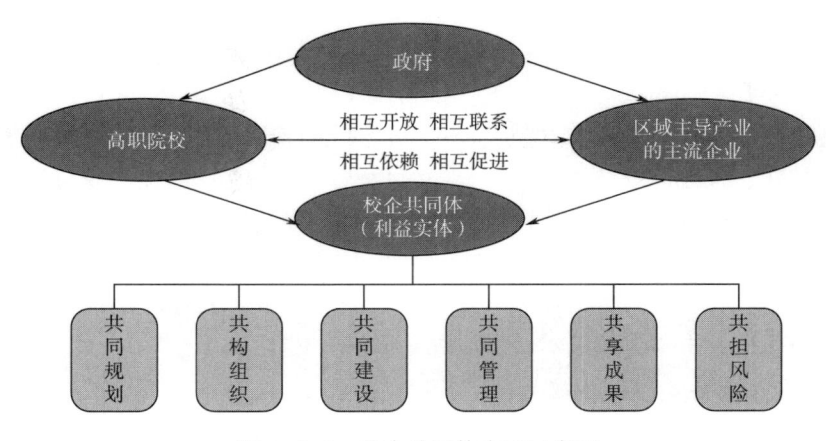

图1-5-1 校企共同体内涵示意图

按照这样的理论架构,学校已与杭州主导产业的主流企业共建了达利女装学院、友嘉机电学院、吉利汽车学院等一系列"校企共同体"。这些"校企共同体"既是学校的二级学院,也是企业的事业部门。"校企共同体"以合作双方的共同利益为基础,以资源共享优势互补为前提,以文化共融为抓手,以师资共育为核心,以课程共建、教学共管、基地共建为依托,探索出了一条校企"共建、共管、共育、共融、共进"的创新发展之路。新时代、新发展、新征程,落实立德树人根本任务,以增强职业教育适应性和提升技术技能水平为目标,以适应产业发展需求和服务民生改善为导向,增值赋能高质量发展,推进校企共同体迭代升级。

（一）完善校企共同体"六大运行机制"

坚持深研"友嘉模式""达利现象"，完善校企共同体"六大运行机制"，即共同体领导机制、产学研共同体融合机制、专业共同体建设机制、资源共同体互助机制、文化共同体交融机制和师资共同体互补机制。完善多元治理结构，引入产业链、创新链等主体参与理事会，完善理事会领导下的院长负责制，形成人才共育、过程共管、成果共享、责任共担的合作局面，发展多元模式的"校企共同体"（图1-5-2）。

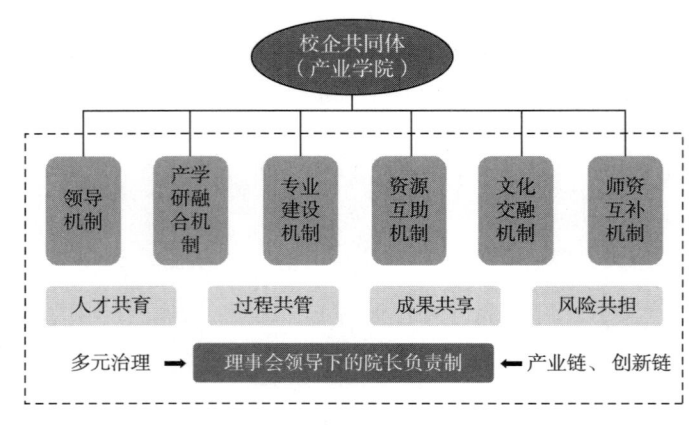

图1-5-2　校企共同体"六大运行机制"示意图

（二）推进校企共同体跃迁升级

为增强职业教育适应性，学校在校企共同体的合作对象、服务对象和主要功能等方面进行跃迁升级：校企共同体的合作对象从主流企业到主流企业与头部企业并重；服务对象从市区政府到市区政府和乡镇政府并重；拓展技术创新和文化传承功能，将科技服务企业升级转型和工匠文化传承等纳入校企合作新的内容，将科技创新链、人才链、教育链的关键环节有机衔接，促进技术、人才、设备、资本等优势资源互补与共享利用，促进技术研发激励及成果转化。

（三）探索产教融合办学新路径

创新构建了"一体两院"高素质技术技能人才培养生态，创新实践"实战共同体"人才培养模式，通过政行校协同共建育人平台，创新校地"政产学研"合作机制，通过课程和教材改革、教学创新团队建设、产学研训基地建设等举措，统合社会资源，协同开展高素质技术技能人才培养，将学生由学校单一培养的"学校人"转化为多主体在实践情境下共同培养的"实践人"，打造"政、行、企、校"高度融合助推产业创新发展的新典范、新标杆。

二、主要成效

（一）产教融合校企合作呈现百花齐放

学校在"双高计划"建设期间，校企共同体的"金字招牌"被不断擦亮，形成了引领全国校企合作的"杭职路径"，与友嘉实业集团、达利（中国）等企业开展新一轮深化共同体合作的续约。在校企共同体的基础上，结合产业、行业、企业和专业特点，探索发展了多元模式的"校企共同体"，即"专企融合"（西子航空工业学院、安恒信息安全学院）、"政行企校"（杭州动漫游戏学院）、"行企校"（特种设备学院）、"企业托管"（彩虹鱼康复护理学院）等合作模式。

（二）成立研究院助力产学研协同发展

2021年，学校与杭州钱塘新区管理委员会、联想（北京）有限公司共建"联想工业互联网研究院"，共同打造国内工业互联网人才培养高地，推动产业链资源精准对接、要素优化配置、运转高效协同；与杭州西奥电梯有限公司共建电梯产业技术研究院，以"产教深度融合，校企协同育人"为抓手，进一步深化专业设置与行业需求对接、课程体系与岗位技能对接、教学过程与生产实践对接、科研培训与企业一线对接，进一步提升人才培养质量和服务行业企业发展水平。

（三）政行企校合作打造产教融合职教样板

与浙江省嘉兴市海宁市许村镇人民政府、海宁市职业高级中学、海宁市家用纺织品行业协会签订《关于共建"时尚产业学院"的战略合作框架协议》，并依托许村镇和海宁市家用纺织品行业协会的产业优势和产业升级发展对高素质技术技能人才的强烈需求，合作共建杭海龙渡湖时尚产业学院，以此积极助推两地产教融合深入发展，构建高职院校多元化的现代职业教育体系，为地方经济发展提供了充分的智力支持和人才保障。

（撰稿人：童国通　应雅璐　陶启付）

专企融合，构建高水平产教融合实训基地

杭州职业技术学院信息安全技术应用专业，培养了一大批高素质数字经济安全卫士，其中5人获得全国大赛一等奖，4人获得杭州市D类人才，1人获得全省"十佳大学生"，受到时任省委书记袁家军亲切接见，事迹刊发于《人民日报》；学生专业志愿者为世界互联网大会、G20杭州峰会、西湖论剑·网络安全大会等提供坚实的信息安全保障，多次获得政府嘉奖和表彰。

一、实施举措

（一）专企融合，构建校企协同育人模式

在深化产教融合、校企合作的大背景下，实践了"一个专业立足一个龙头企业、服务整个行业"的"专企融合"实践实战模式。"专企融合"是从专业与企业合作层面建立的一种校企合作组织形式，有利于形成校企协同育人机制，推进校企深度合作；有利于专业精准对接产业需求，深化产教融合，缔结校企合作的利益共同体。

（二）产教融合平台，构建实战育人模式

实践是技术技能人才培养的逻辑起点，实战是实践的根本属性和本质要求。构建以"实战组织、实战师资、实战平台、实战教法和实战课程"为主要特征的实战育人模式。强化实境培养，共建新型网络"攻防一体"实训室、"校中厂"（网络安全检测中心）、"厂中校"（护网网络靶场和网络攻防演练基地）；强化实战操练，共建"实践教学、实训与生产"融为一体的实训课程体系，形成"寓赛于教、赛教结合、以赛促教、以赛促学、赛教相长"的一体化实训教学模式。引入安恒信息公司威胁情报分析、态势感知和大数据安全三大平台，实现了网络安全最新动态的实时联动。

（三）实践演练，构建职业素养育人模式

在经济增长方式由粗放型向集约型转变的大背景下，技术技能人才培养需要由学校单一培养的"学校人"转化为多主体在实践情境下共同培养的"职业人"。"职业人"的培养需要构建基于实践共同体的实践场，构建基于工匠精神的实践文化，构建基于合作共赢的实践机制。"实践人"培养的有效实施，需要通过行政部门之间权利的让渡实现实践空间的融合，通过政策综合改革实现观念的转变，通过调动职业教育综合改革实现实践工具的优化。

二、主要成效

（一）育人模式示范全国，理论成果丰硕

杭职院与省教育厅职成教教研室联合发起成立浙江省信息安全产教融合联盟，联盟会员近100家，推动浙江省中高职院校开展校企合作。发表相关学术论文100

余篇，其中一级、SCI、EI 检索期刊论文 10 余篇，核心期刊 40 余篇，专著 5 本，1 篇论文在国内顶级期刊《教育研究》发表。

（二）学生培养国内领先、省内一流

5 人获全国大赛一等奖，4 人获杭州 D 类人才资格，1 人获全省"十佳大学生"，受到时任省委书记袁家军亲切接见，事迹刊发于《人民日报》。近五年，专业群招生录取分数线全部在本科线以上；专业对口就业率超 80%，毕业起薪近 6000 元。学生获国家级技能大赛奖项 16 项、省级奖项 60 项，技能竞赛成绩在浙江省名列前茅；第十五届"振兴杯"全国青年职业技能竞赛（学生组）计算机程序设计员赛项和第十六届"振兴杯"全国青年职业技能竞赛（学生组）计算机网络管理员赛项，杭职院分别包揽前三名（金奖），获 1 金 2 铜，被授予"全国青年岗位能手"荣誉称号。

（撰稿人：应雅璐　陈云志）

奏响产教融合新乐章，"政园企校"共建长学制产业学院

"推进职普融通、产教融合、科教融汇，优化职业教育类型定位。"党的二十大报告对职业教育发展作出新的部署。杭州职业技术学院深入贯彻落实党的二十大精神，不断深化产教融合、校企合作，促进学校教育链、人才链与产业链、创新链的有机衔接和深度融合。长学制产业学院是深化创新校企合作的重要载体，杭州职业技术学院与浙江省嘉兴市平湖市独山港经济开发区、平湖市教育局、平湖市职业中等专业学校四方签订合作协议，以"政园企校"合作模式成立了独山港新材料产业学院，实施"一体化"运行机制（图1-5-3）。

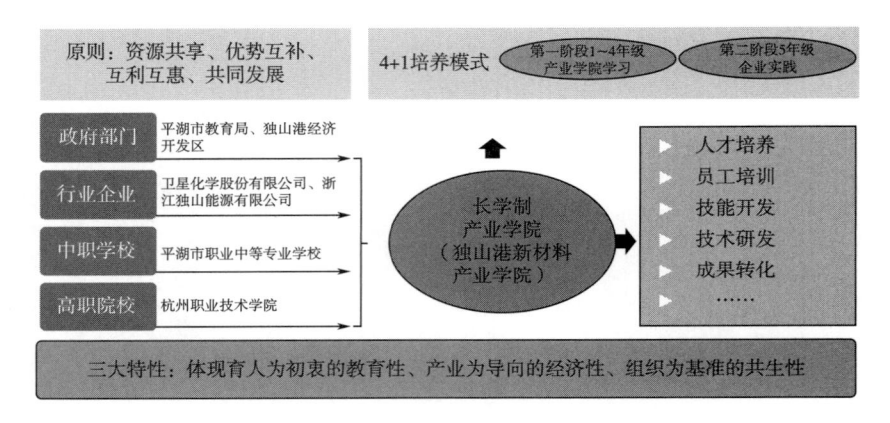

图1-5-3 长学制产业学院示意图

一、实施举措

（一）多方协同，优化治理，实施理事会领导下的院长负责制

政园企校四方协同，遵循"资源共享，优势互补，互惠互利，共同发展"的原则，由各方各派人员成立"产业学院理事会"，组成领导机构，制定《产业学院理事会章程》，实施理事会领导下的院长负责制。产业学院日常管理委托平湖市职业中等专业学校负责，派学校校长担任院长，杭州职业技术学院相关二级学院院长、独山港经济开发区主要负责人、产业主流企业负责人兼任副院长。成立由院（校）领导、职能部门负责人、专业负责人和行业企业专家组成的工作小组和专业建设指导委员会等，建立健全管理、教学、社会服务等工作制度，形成共同治理的日常运行机制，保证产业学院高效运行。

（二）学校主导，企业主体，实施"一体化"协同创新运行机制

1. 源头管理，健全"一体化"招生与学籍管理

在独山港新材料产业学院的招生计划方面，当地教育局单列计划，与普高同招，

充分体现对生源的高度重视。学籍管理采用中高职一体化、双方共同管理模式。前三年，中职学校根据当地教育局学籍管理要求，学籍档案以中职学校统一管理为主；后两年，根据高职院校学籍管理要求，由杭职院进行学籍管理。

2. 对接产业，实施"一体化"专业衔接布局

重点围绕嘉兴港区，以化工新材料产业集群升级和优化布局为发展目标，以独山港绿色新材料为发展重点，开设精细化工技术、化学工艺等专业群，服务当地企业发展；根据各专业发展情况，对年度招生计划进行动态调整，动态控制专业规模，不断优化专业动态调整机制。

3. 育训贯通，优化"一体化"人才培养模式

对标国际，采用5年一体化"整体设计、分段递进"的思路设计长学制办学模式，分两个阶段实施：第一阶段1~4学年，在产业学院完成基础课程和专业课程的教学，期间实行多阶段的工学交替，其中第7~8学期，每学期安排1~2周到杭州职业技术学院本部开展专业创新能力提升训练；第二阶段即第5学年，优化实践教学体系，职业技能训练贯穿培养全过程，第9学期在港区企业进行专业实习，第10学期进行顶岗就业实习。

4. 高职引领，强化"一体化"课程教学改革

按照化工新材料相关岗位工作任务和职业能力，共同制定长学制一体化衔接的专业课程体系，教学内容与职业岗位能力、职业技能等级证书等，融入德国海外商会（AHK）化工操作员证书要求，开发符合区域石化、新材料产业发展的课程内容、考核方案与标准，实现课程内容衔接的连续性、逻辑性和整合性。"重组内容、突出关键"，共建模块化课程教学资源体系，将先进过程控制（APC）、制造执行系统（MES）、实验室信息管理系统（LIMS）等新技术纳入课程体系，将绿色生产工艺、最新安全环保标准等新工艺、新规范融入课程内容，与创新研发、技能竞赛等拓展课程相结合，实施"教学研"融合创新教学改革，服务学生创新能力和职业技能培养。

5. 双域带头，打造"一体化"教学创新团队

共建"创新型、高技能"省级教师培养基地，建立教师企业工作站，实施教师企业经历工程和技术服务能力提升工程等，构建教师技能培养体系。实施教师"四层六向"培养工程，横向按专业带头人、骨干教师、青年教师、产业导师四个层面，纵向分教师专业发展能力、实践创新能力、信息技术应用能力、教学研究能力、社会服务能力、国际交流合作能力六个向度，实施有针对性的按需培养、分层分类技能提高计划，建设若干个教学创新团队、科研团队、技能竞赛指导团队等。

（三）全面开放，合作共赢，打造协同创新利益共同体

长学制产业学院同时作为服务区域产业发展的资源平台，借助行业协会的桥梁作用，通过多方力量合作共建产业园人才培养联盟、应急管理学院、企业研究院、"化工安全生产VR体验中心"等，制定相关开放、管理制度，实现资源开放与共享，完成职业学历教育、技术服务支撑、企业人员培训等任务。政府、中高职院校和企业发挥好各自的主体作用，共同推动基于共同利益发展为导向的长学制产业学院的建设，推进基于服务区域和人才培养质量整体提升的自治与完善。

二、主要成效

一是中高职长学制试点办学获浙江省教育厅批准，设置精细化工、环境工程等专业招生，实现高职对中职的引领；二是 2022 级首批联合订单培养学生获企业高度认可，企业设置专门奖学金等优厚政策，激发其参与职业教育的积极性；三是撬动政府每年向产业学院投入专项建设、日常运行经费 100 万元，并在场地改造、设施设备添置上安排专项资金。

（撰稿人：何　艺　吴　健　应雅璐）

第六章 提升服务发展水平

锚定"精准",全面助力脱贫攻坚、乡村振兴战略

一、精准发力脱贫攻坚

"这个黄精种在山核桃林地中,既通风又遮阴,具备良好的野生生长环境,从叶子的轮廓和颜色上看得出来下面的根茎长势良好,你们可以放心培育。"在浙江省杭州市淳安县屏门乡圭川村的黄精种植基地,来自杭州职业技术学院生态健康学院饶君凤教授的一席开场白,仿佛给在场的农户吃下了一颗定心丸。为了精准帮助农户们解决中草药的种植问题,饶老师带着学生们,走进田间地头、钻进种植大棚,手把手地教农户们解决实际困难,帮助农户亩产增收2650元以上。

杭州职业技术学院以习近平总书记脱贫攻坚战略思想为引领,锚定"精准"作为抓手,找到"贫根",对症下药、靶向治疗,精准整合政行企校优质资源,精准搭建定向帮扶平台,全力助推高质量共同富裕示范区建设。

二、精准助力乡村振兴战略

有了精准脱贫攻坚的基础,2020年杭州市中华职业教育社联手杭州职业技术学院、腾讯·大浙网、杭州市余杭区径山镇禅茶第一村,社校企村签订四方战略合作协议,共建"乡村振兴领航学院径山分院"。社校企村打造具有全国影响、成效显著的乡村振兴公益共同体。精准实施人才振兴、产业振兴、文化振兴,集聚职教优势资源,创新机制,敢为人先,通过社校企村合作,打造"新技术、新业态、新农人、新乡村"的未来乡村实验室,为乡村振兴贡献杭州智慧,展现头雁风采。

除了开展乡村基层干部、技术技能培训、创新创业培训和帮助小微企业解决技术难题,杭职院还组织了193个志愿小分队下乡实践,走进乡村大礼堂开展文艺表演,给老人免费检查身体,给留守儿童上兴趣课,鼓励从乡村出来的学生返乡发展。这一系列精准举措,全面提升了乡村的业余文化生活。

接续"精准扶贫"的脚步,杭职院丝毫没有停下贯彻落实国家战略的步伐。随着新一轮东西部协作的启动,2021年杭职院联合贵州省中华职业教育社、遵义职业技术学院、四川水利职业技术学院,社校共建"乡村治理与发展研究院(学院)",发挥职教优势,助力新时代乡村治理与发展。在全国和三地省市中华职业教育社的大力指导和支持帮助下,发挥职业教育资源集聚优势,在人才培养、科学研究、社会服务等方面互相支持、协同共进。主动肩负落实国家战略的历史使命,强化责任担当,充分发挥职业院校的办学特色,精准落实脱贫攻坚、乡村振兴战略,成为杭州职业技术学院的又一张新的"金名片"。

(撰稿人:徐 剑 牛 静 陈玉萍)

培育师资培训品牌，输出杭职经验

2020年1月，眼看马上就要过年了，杭职院却迎来了40余名辽宁城市建设职业技术学院的骨干教师，他们将在这里开展为期一周的专业建设、课程改革培训。该校已连续三年组织人员到访杭职院，至此，该校领导、中层干部和骨干老师基本都在杭职院培训了一遍。

这是杭职院肩负全国"双高计划"建设院校的使命，在总结自身办学成功经验的基础上，面向全国职业院校开展个性化定制培训，作为学校辐射示范的品牌项目，向全国职业院校输出"杭职经验"，是助力职业教育高质量发展的具体举措。近几年来，杭职院共承接了来自全国20多个省市自治区和直辖市的5000余名职业院校骨干教师和行政管理人员，且深受好评。

说起连续三年的培训，王斌校长感受颇深，结合辽宁城市建设职业技术学院的发展实际，他认为在杭职院看到了破解自己学校发展难题的希望。

辽宁城市建设职业技术学院时任校党委书记高玉英为了几次培训下了很大的决心，虽然学校事务繁忙，但党委还是决定利用暑假和寒假前有限的时间，排除一切工作干扰，遴选组织全体校领导、核心管理骨干、专业负责人及骨干教师，参加学校治理能力、产教融合与管理能力、专业建设与课程改革等不同层次、不同主题的系列培训。高书记感慨地说，以往的培训太缺乏针对性，每个学校的校情不同、发展阶段不同、碰到的难题不同，他们一直希望有专门针对学校实际困难的个性化培训，终于在杭职院找到了。杭职院的师资培训坚持问题导向，在培训课程的设置、培训专家的邀请等方面都实现了个性化、定制化。值得一提的是，也充分发挥了中国革命红船启航地、改革开放先行地、习近平新时代中国特色社会主义思想重要萌发地的优势，安排了参观革命纪念馆、重温入党誓词等系列党建活动，既提升了业务能力，又提高了党性修养。

"我们从丰富的课程库和专家库中选择最需要的课程，其中的授课专家大部分是来自杭职院的部门领导，通过与一线领导干部的交流，学习先进的理念，了解杭职院改革的具体做法，听听在改革过程中碰到的实际问题，对症下药，作为我们学校今后改革发展的重要参考。"整个培训项目既有国内顶尖专家的职教发展前沿报告，也有杭职院发展的经验交流，更有实地参观和小组讨论，最后还安排3位学员进行学习经验交流。参训学员纷纷表示，这次培训更接地气，完全针对他们实际工作中遇到的问题，能精准提高对职业教育的认识，对后续实际工作的开展有非常重要的指导意义。

杭职院将继续锚定职教改革发展前沿，不断充实个性化定制培训方案，带动全国中高职院校协同发展，助力职业教育高质量发展，贡献"杭职力量"。

（撰稿人：徐 剑 牛 静 陈玉萍）

锚定乡村振兴战略，助力共同富裕，全方位贡献"职教力量"

杭州职业技术学院深入贯彻落实中央统战部办公厅关于《统一战线巩固脱贫成果助力乡村振兴2022年项目计划》工作，以高度的责任感和使命感，贯彻落实国家和省市战略部署，充分发挥职教优势，助力乡村产业发展，持续为乡村企业和农户创业提供技术支持和智力支持，提升农村精神文明建设，为高质量建设社会主义新农村及乡村振兴贡献"职教力量"。

学校通过依托中华职业教育社和乡村振兴学院平台，精准对接贵州省毕节市，立足乡村振兴带头人培训，组织志愿者赴乡村开展文化活动，选派专业教师走入田间地头，山海党建结对帮扶，持续推进职业教育，助力乡村振兴战略，助力共同富裕示范区建设。

一、实施举措

（一）立足乡村培训主阵地，助力专业干部培养

乡村要振兴，关键在干部。2022年7月25日，由中华职业教育社主办，浙江省中华职教社协办，杭州职业技术学院、毕节市中华职教社承办的乡村振兴带头人（社会主义新农村建设带头人）主题培训班在杭州职业技术学院开班。有来自贵州省毕节市相关行政村党组织书记、村委会主任、产业合作社负责人、民营经济优秀企业家代表共46人参加本次培训。

本次培训班得到上级领导的高度重视，中华职业教育社党组成员、副总干事付强，浙江省委统战部副部长、省中华职教社常务副主任王利月，贵州省毕节市政协副主席、民革毕节市工委主委、市中华职教社主任肖远福，杭州职业技术学院校党委书记金波等各级领导到会参加开班仪式。

培训紧扣解放基层干部的思想、开阔视野、不断提升工作能力的目标，诚邀多位业界专家进行授课，围绕习近平总书记"两山"理论解读、党建引领乡村振兴综合治理水平和能力提升、乡村文化资源挖掘及品牌内涵建设、"互联网+"背景下的乡村振兴途径等专题，聚焦人才振兴，服务乡村建设，助力毕节试验区巩固拓展脱贫攻坚成果同乡村振兴有效衔接，建设贯彻新发展理念示范区。

由于首次培训班取得了良好的效果，时隔三个月，毕节市中华职教社再次找到学校，希望能再次帮助举办"乡村振兴带头人培训班第二期"，本次培训班采取线上授课的方式，累计128人参加了二期培训。贵州省毕节市委常委、市委统战部部长潘发勇出席并作了重要讲话，勉励学员抢抓学习机遇、彰显良好形象、锤炼过硬本领、发挥示范引领，更好地为毕节探索新时代乡村振兴道路，为建设贯彻新发展理念示范区贡献智慧和力量。

(二)丰富乡村志愿者活动,助力乡村文化建设

学校组织志愿者小分队开展乡村振兴实践活动。师生走进乡村大礼堂开展文艺表演,给老人免费检查身体,给留守儿童上兴趣课,鼓励从乡村出来的学生返乡发展,一系列精准举措,全面提升了乡村的业余文化生活。组织志愿小分队下乡实践,从传承非遗技艺、寻访老党员、追忆党的故事,到乡村老人数字化生活、生姜营销策划方案、大手拉小手共筑新未来、智能物联网赋能乡村振兴、民宿调研等,为乡村振兴贡献力量。

从践行"两山"重要思想的余村浙江省湖州市安吉县天荒坪镇,到浙北地区第一个党支部诞生地孝丰镇老石坎村,再到新四军天目山反顽战役先烈长眠的孝丰革命烈士陵园,志愿者们感受乡村新发展,助力乡村新振兴,心系共同富裕,不断走入乡村、深入实践,努力为"浙"里共同富裕贡献一份能量。

(三)走进乡村田间,助力解决技术难题

浙江省杭州市淳安县临岐镇有"百草临岐"之称,近年来重点扶持中药材黄精产业发展。杭职院的饶君凤教授与吕伟德教授从事中药材种植、科技开发等研究工作多年,多次下沉至淳安当地乡镇,指导学生调研黄精产业发展情况。结合"三下乡"暑期社会实践活动,两位教授带领学生团队深入临岐镇,围绕当地黄精产业的现实困惑与难题,提供解决思路与方法。

在与当地黄精产业相关人员交流会上,拥有33.33公顷(500亩)黄精种植基地的里口村种植大户刘小牛向两位教授反映了基地黄精产量不稳、质量下降等突出问题;吴峰村种植大户占勇根针对如何将多花黄精的种植规范化、生态化、高效化提出疑问;黄精精加工龙头企业浙江淳六味黄精市场管理有限公司总经理洪长江提出企业面临的多花黄精特色产品开发与销售的困惑。

吕教授针对种植问题给出"良种+良法"的解决思路,未来会选送优良品种,提供种子破眠快速育苗技术,帮扶当地构建多花黄精药材林下栽培生态群落模式,从源头上保证多花黄精药材质量安全、有效、稳定、可控(图1-6-1);饶教授在研制改进多花黄精炮制加工产品上给出专业中药学建议,并现场牵线搭桥,为龙头企业引荐中小企业投资渠道,解决终端销售困境。

图1-6-1 吕伟德教授现场演示育苗技术

（四）开展定向培养输送，助力解决人才传承

为全面贯彻落实党中央、国务院和省委省政府关于高质量发展建设共同富裕示范区的重大决策部署，进一步深化校内合作，共同服务乡村振兴，助力共同富裕，促进毕业生充分就业，2022年5月31日下午，杭职院商贸旅游学院与安吉县山川乡等四个乡镇共同举办校地人才培养合作与专场招聘会。11家招聘单位均为主办乡镇辖区具有一定影响力且有大学生用工需求的企业，共带来150余个岗位。安吉县四个乡镇领导亲自上阵，为学生们分别就各自乡镇概况、发展特色、人才需求等情况进行介绍，真切希望通过此次洽谈深化和推进本地政府、乡镇企业与学校的进一步的合作，资源互补，为乡镇地方经济发展输送人才。

招聘会现场既吸引了大量的2022届毕业生，更有大一和大二的学生提早为自己的实习和就业做好规划和准备，前来咨询和学习。学生们积极与应聘单位交流，秩序井然。专门设置了就业咨询和简历指导，为全体学生提供就业辅导和职业规划服务。

此次人才培养洽谈会和专场招聘会的圆满举行，进一步彰显了杭职院服务地方经济社会发展、助力乡村振兴建设共同富裕示范区的责任担当，对不断深化校地合作体制机制和人才培养模式改革，加快培养高素质技术技能人才奠定了坚实基础。

二、主要成效

（一）紧贴实际需求，培训针对性强

新组建乡村旅游发展培训中心、生物制药与安全生产培训中心、全国服装高技能人才培训中心3个高水平行业培训中心，开展各类技术技能培训，鉴定10.53万人次。积极开发线上课程资源，全年完成新建、更新各级资源库课程资源152个，完成市民培训3.06万人次。

（二）学以致用，专业实践融入乡村振兴建设

围绕习近平总书记"两山"理论和浙江实践，聚焦人才振兴服务乡村建设等重点内容，开展乡村振兴带头人培训，培训包含党组织书记、村委会主任、产业合作社负责人等各类群体共174人。开展对口技能培训327人次，创业培训2期共60人。组织1029人组成130支服务队，开展乡暑期社会实践活动，开展科技创新、企业走访等活动，助力乡村文化建设。

（三）发挥党建优势，山海党建结对帮扶

持续推进高水平退役军人服务中心建设，开展退役军人学历教育及技能培训，完成退役军人培训510人。依托中西部人才培养联盟，开展中西部学生培养116名，接收组织中西部院校2名管理干部来校挂职，完成中西部183名教学管理人员或专业带头人来校交流，以及中西部58名交流生来校学习。

（撰稿人：徐 剑 牛 静 陈玉萍）

第七章 提升学校治理水平

数字赋能，打造"掌上杭职"

对标杭州打造全国"数字经济第一城"发展目标，聚焦高质量发展，深化供给侧结构性改革，推进办学治校"最多跑一次"改革和数字化转型，打造"掌上杭职"，以数字赋能治理能力和治理水平现代化发展，打造职业院校内部治理改革创新"杭州样板"。

以推进"最多跑一次"改革和数字化转型为抓手，通过建设一站式网上办事大厅，强化"互联网+校务服务"应用，深化"放管服"改革，通过掌上办事和线上办理，切实增强师生获得感、幸福感，全面提升办事效率和发展活力。截至2021年底，已实现90%的校务事项办理（特殊要求事项除外）"最多跑一次"，80%的校务事项实现线上办理。

一、实施举措

（一）改革"三张清单"，优化服务办事流程

一是完善校务服务网上的责任清单、审批清单和服务清单等"三张清单"，简化优化校务服务流程，减少申报材料、前置条件和办理环节，精简审批事项，优化办事流程，下放审批权限，推动整合归并和联动办理。二是编制发布《杭州职业技术学院办事指南（2021年版）》，优化校务服务办事流程，每年按规程对事项清单进行审核、调整和公开。

（二）完善服务平台支撑，推动掌上线上办事

一是推进跨部门网上联审联办。按照一次申请、并行办理、限时办结、统一答复的要求，推进部门协同事项网上审批办理。二是扩大网上审批办理范围。在OA行政办公平台基础上，持续扩大网上办事范围。实现校务网上事项办理全过程、全覆盖。三是创新校务服务模式。创新校务服务环境，建设掌上杭职app、企业微信和钉钉端移动门户，实现线上线下办事服务融合发展。

（三）升级融合信息平台，实现数据交换共享

建设基于"大平台、轻应用"的网上办事大厅，以碎片化服务方式整合升级财务、人事、教务、学工、科研等业务系统，通过SaaS化流程中心可视化配置部署轻应用，建成一站式网上办事服务大厅。建设移动端网上办事平台，与PC端网上办事大厅同步建设移动端，通过掌上杭职app、微信企业号、钉钉工作台等渠道提供PC移动一体化业务支持，实现校务服务事项预约、申请、审核、查询等移动终端办理。

二、主要成效

依托"最多跑一次"改革和数字化转型，赋能"绩效考核为导向、内控机制为

抓手、流程再造为主线"的治理体系变革，逐步实现学校治理体系和治理能力现代化。

（一）多方协同，"最多跑一次"改革举措有力度

形成多部门协同机制，重点围绕"OA行政办公系统"管理运行，完善了校务服务责任清单、审批清单和服务清单，通过精简审批事项、优化办事流程、下放审批权限，实现了业务整合归并和线上联动办理。扩大掌上线上办理，新增线上办理事项68项，实现80%高频事项网上办理。引入掌上杭职app，实现了师生办事线上线下业务融合发展，师生获得感、幸福感显著增强。

（二）多网融合，"掌上杭职"办事服务有特色

建成包括统一数据中心、统一身份认证、统一信息门户、一站式网上办事大厅的智慧校园公共服务平台。依托"互联网+校务服务"，建好用好"掌上杭职"，打破信息孤岛，实现行政、教务、学工、财务、科研等多网融合、业务协同，通过"网上办""掌上办"，使办事程序进一步简化、材料进一步减少、服务进一步优化，实现了业务线上办理、审核和评价全覆盖，校务服务事项办理更加灵活、更加高效、更高质量，为学校高质量发展注入新活力、新动力。

（三）多点发力，内控体系一体化运行机制有效果

建成内部质量保障体系业务平台和"预算—绩效—内控"一体化财务运行平台，完善预算编制有目标、执行有监控、完成有评价、评价结果有反馈、反馈结果有应用的预算绩效管理运行机制。在决策上，完善了包括党代会、教代会、党委会、校长办公会、各类领导小组等的决策机构；在执行上，将国家规定的预算、支出、合同、基建、资产、采购六大方面业务和学校"双高计划"建设、校企合作等"X"项业务纳入平台管理，实现"管理制度化、制度流程化、流程岗位化、岗位责任化、责任表单化、表单信息化"；在监督上，实现对学校决策和业务执行进行全方位、全过程、全覆盖监督。通过构建数字化管理平台，实现决策、执行和监督的数字化转型与可视化管理，达到资金安排直观、运行权责匹配、岗位职责清晰、管理规范高效的效果，进一步推动了学校治理能力和治理水平现代化。

（撰稿人：张　杰　郝阜平　陈俊君）

对标对表，打造"双高计划"高质量发展财务治理体系

《中华人民共和国国民经济和社会发展第十四个五年规划和2035年远景目标纲要》（以下简称"十四五"规划）提出，"更好发挥财政在国家治理中的基础和重要支柱作用"。杭州职业技术学院主动创新求变，对照国家"双高计划"绩效评价管理办法，绩效目标紧扣对接国家战略，响应改革任务部署，突出改革发展的贡献度。

"更好发挥财政在国家治理中的基础和重要支柱作用"主要有三方面内容：一是把握"大财务观"的发展理念，二是树立"绩效引领"的战略思路，三是实施"精细管理"的建设目标。

一、实施举措

（一）制定"三大体系"：财务治理标准体系、财务统计与监测体系、绩效管理体系

1. 制定财务治理标准体系

通过主持中国教育会计学会《预算绩效管理视角下的高职院校生均成本结构与绩效关系研究》《职业高等院校财务治理影响因子与作用机理分析——基于全国双高院校的现状》，提出"财务治理标准体系、财务统计与监测体系、绩效管理体系"。为此，学校制定了《高质量发展财务治理标准体系》。

2. 打造财务统计与监测体系

通过搭建"大数据"监测平台，实时动态获取各类资金收支信息，直观掌握全校资金运行情况，为后续开展财务大数据运用和价值挖掘、辅助领导决策等提供可靠的数据支撑。

3. 实施绩效管理体系

建立贯穿项目全生命周期的动态项目库管理机制。项目全生命周期管理的关键是"事前定目标、事中扣目标、事后评目标、结果有应用"的一体化闭环管理。针对不同类型的项目采取不同的管理方式：A类属政策类项目资金，实行全生命周期绩效管理；B类属日常运行项目资金，实行一般性全过程绩效管理；C类属其他项目资金，实行简化绩效管理。

（二）搭建"一体化平台"："预算—绩效—内控"一体化平台

学校以国家"双高计划"建设为契机，通过个性开发"预算—绩效—内控"一体化平台，实现了"孤岛"向"协同"转变，促进融合共享。通过汇聚学校内部业务数据与财务数据的共享，实现了"左右数据"、跨层级的"上下数据"、跨系统的"内外数据"有机融合，逐步满足校内联网监督、财务审计检查、会计核算、电子校验、系统自动对账等"大数据"无缝衔接需要，实现了"从跑单到点鼠标"的深刻改变，从"领跑"向"零跑"转变，切实做到服务速度"零等待"、服务环

"零空缺"、服务质量"零差错"、服务态度"零投诉"。

（三）实施"一套保障组合拳"：出台系列促推高质量发展的财务管理制度

学校按照业务类型、定岗定责、流程控制、细化风险、固化节点、绩效评价等基本原则，制定了《项目库实施细则》《绩效评价管理办法》《教科研管理办法》《内部控制实施办法》等，严格预算、绩效、内控管理，形成全程封闭运行，构筑起防范业务和廉政风险的坚固"屏障"。

二、主要成效

学校始终坚持对标"高质量发展目标"，坚持"绩效引领"的战略思路，建立结构分层、项目分类的项目全生命周期管理体系，形成系列"标准体系""平台保障体系""政策保障体系"，突出理论创新、制度创新和实践创新的结合，为"双高计划"建设保驾护航。

（撰稿人：童章成　郎朝晖　杨莉丽）

五位一体，全程管评，数据循证——杭州职业技术学院内部质量保证体系的创新实践

高职院校诊断与改进工作的核心是完善内部质量保证体系建设。杭州职业技术学院以立德树人为根本任务，按照深化新时代教育评价改革总体方案要求，遵循"学生中心、产出导向、持续改进"原则，将质量主体的业务过程性管理与质量管理结合、制度设计和信息化开发同步，通过数据分析诊断，改进结果评价、强化过程评价、探索增值评价、健全综合评价，构建了五位一体、全程管评、数据循证的具有职教特色的内部质量保证体系，服务学校"双高计划"建设，全面提升办学水平和人才培养质量。

结合国家相继出台的系列提高教育质量的政策性文件、"双高计划"建设、大数据时代、产业转型等高职面临的发展变化，以及"职教本科"的未来趋势，杭职院认为新时代质量保证体系应具有如下特征：一是符合学校内外部评估的需要。内部能有效开展各类评价和诊改，形成质量闭环，同时也能满足未来高职的专业认证，以及本科层次职业学校本科教学工作合格评估等外部评估工作的要求。二是符合学校过程质量管理的需要。能提升质量管理水平，落实重点工作，将过程管理、质量监控、绩效考核融为一体，用数据说话，能有效满足结果评价、过程评价、增值评价、综合评价等新时代教育评价改革的要求。三是符合学校数字治理改革的需要。制度设计与信息化设计能同步进行，业务过程性管理和质量管理能合二为一，形成稳定的内部质量管理长效运行机制，将产教融合、三全育人等职教特色工作用信息化精准落地实施。

一、实施举措

学校质量管理体系从学校、专业、课程、教师、学生五个方面整体设计，梳理出8项质量相关的核心工作，分别出台相应的质量管理制度和考核制度，根据制度开发对应的应用系统进行过程管理；8大应用系统既是内部质量管理过程性工作平台，又可以实现数据采集、数据分析、数据评价和数据反馈；所有系统统一入口，底层数据打通，相互独立又可相互关联。同时，通过设置各层面诊改KPI指标，对学校、专业、课程、教师、学生的情况进行数据分析和比较，实现导航画像功能，最终构建"过程管理+质量监控+绩效评估"的内部质量管理与诊断分析平台。

（一）实现学校层面目标管理和绩效监控

学校层面质量管理的重点是工作目标的分解落实、重点任务的管理与督办，以及目标绩效考核。学校年度《党政工作要点》明确学校每年重点工作，通过目标任务过程性管理系统对"双高计划"项目在内的重点工作全程信息化管理，实现注重过程管理、协同、及时反馈优化的诊断改进工作模式。学校出台《部门目标责任制考核办法》等考核制度，通过目标责任制考核管理系统，对核心指标进行动态监控，提供数据分析为部门考核和工作诊改提供依据。

（二）实现专业层面专业认证和过程监控

专业层面质量管理的重点是专业的标准化建设管理、评价和诊改。学校出台《关于专业认证工作的实施办法》，通过专业认证与诊断改进系统记录专业过程性的建设成果，根据专业建设质量标准，对专业建设质量进行标准化诊断考核评价，通过 KPI 指标对质量关键值进行常态监控比较，开展"专业认证+专业核心 KPI 常态监控"的专业质量管理工作。各专业根据每一轮专业认证结果，提出并落实具体的专业建设质量改进措施，内驱专业质量不断提升。

（三）实现课程层面课程认证和常态监控

课程层面质量管理的重点是课程的教学资料管理、课程的标准化建设管理和课堂的教学质量的评价和诊改。学校出台《关于课程认证工作的实施办法》，通过课程认证与诊断改进系统，采集课程教学资料，由专业和分院进行逐级评价，课程资料评级优良的教师可申请课程认证。学校组织专家根据专业建设质量标准，评选出"金课"和"优质课程"，通过指标评价数据分析，引导教师有针对性地改进课程建设，对通过认证的教师在绩效、职称评审等方面的倾斜，引导教师积极参与认证。

学校制定《课堂教学观察及评价指标》等课堂教学评价指标体系，通过教学质量测评与诊断分析系统，建立过程性学评教测评、课程教师自诊、督导听评的多元教学质量评价，并基于多元测评大数据，实施教师教学质量数据画像，反馈教学结果，督促诊断改进提升。定期发布《课堂教学质量测评报告》《学评教数据报告》等各类分析报告。

（四）实现教师层面绩效评价和成长监控

教师层面质量管理的重点是对教师的工作业绩和成果进行管理、评价和诊改。学校出台《教师工作业绩考核办法》《标志性成果业绩清单》等促进教师发展的考核制度，以教师分类管理为前提，以业绩贡献和能力水平为导向，建立年度教师评价考核体系，考核结果与年度奖励、职称评审等挂钩。教师发展评价系统及时记录教师的业绩情况，通过信息化系统形成数据分析报告，用于教师诊断改进、绩效考核及教师发展评价。同时将系统各位教师的成果按照团队汇总后，还可用于学校进行团队的管理与考核。

（五）实现学生层面成长管理和全程监控

学生层面质量管理的重点是对学生在校和毕业的全过程管理和监控，建立新生入学即匹配导师的制度，一直跟踪到毕业三年后。学校出台《"工匠摇篮"实施方案》《"融·善"工匠成长学分制度实施办法》，通过融善工匠成长学分管理系统，采集学生活动数据，进行量化评价，形成综合素质档案，并结合课程学分，建立起完善的学生成长管理与评价体系，通过数据分析，评价学生发展的目标达成度，进行学生成长分析与指引。

学校建立毕业生跟踪机制，通过毕业生跟踪系统，及时跟踪毕业生三年内职业成长和发展信息，记录学生就业企业的相关信息。同时可以对学生提供明确的学习指引，入学后即可浏览同专业毕业生的就业信息，明确学习目标。通过产教融合数

据分析模块，评价分析人才培养的社会需求适应度与人才培养的满意度，通过数据反馈优化人才培养方案，促进专业发展良性循环。

二、主要成效

（一）通过将体系建设和平台建设紧密结合，增强了学校的治理能力

实现内部质量保证和常态监控数据的动态管理，做到数据有分析、过程有预警、要素有对比、诊改有报告，目前平台有上千条任务在系统上实现数字化过程性管理。通过KPI指标可视化监控预警，精准支持领导决策，进一步推动学校质量文化建设。

（二）通过将质量管理与业绩考核紧密结合，激发了学校的办学活力

学校"双高计划"建设以来，获国家"万人计划"科技创新领军人才、全国五一劳动奖章、国家级职业教育教师教学创新团队、全国学生技能大赛一等奖等国家级成果70余项；省教学成果特等奖、省高校黄大年式教师团队、省有突出贡献中青年专家等省部级成果400余项，入选2021年高职院校教师发展指数100所优秀院校。学校举办职教本科被列入浙江省"十四五"时期高等学校设置规划。

（三）通过将成长管理与三全育人紧密结合，提升了学校的育人水平

导师全程跟踪学生从入学到毕业成长的全过程，通过信息化实现学生全生命周期的过程管理，用数据精准落实学校的融善工匠培养，入选2021年高职院校学生发展指数100所优秀院校。

（撰稿人：龙　艳　钱卫星　陈晓川）

第八章　提升校园信息化水平

数智财务:"业—财—效—控"一体化财务治理与综合应用

"十四五"规划提出"更好发挥财政在国家治理中的基础和重要支柱作用"。杭州职业技术学院主动创新求变,打通财务与业务数据"孤岛",实现财务服务与管控方式的整体"智治",实现"服务做加法,流程做减法,活力做乘法"。

一、实施举措

(一)管理提效:牵住预算牛鼻子,实现发展战略与财务战略相匹配

在探索"发展战略与财务战略"并行的财务治理现代化前提下,重点关注以下四个方面:一是职业院校发展战略与财务战略是否相符;二是财务资金投入能否实现预期的绩效目标;三是财务治理过程与项目建设结果是否有效;四是评价"业—财—效—控"一体化是否有效。

(二)方法提质:牵住绩效牛鼻子,以链条化模块化推进项目全生命周期管理

一是组织,建立分层的项目管理组织。二是机制,建立贯穿项目全生命周期的动态项目库管理机制。三是方法,采取 ABC 项目分类管理方法:A 类属政策类项目资金,实行全生命周期绩效管理;B 类属日常运行项目资金,实行一般性全过程绩效管理;C 类属其他项目资金,实行简化绩效管理。

(三)服务提速:牵住内控牛鼻子,实现信息互联互通、资源共享

通过"业—财—效—控"一体化管理平台,把预算管理向业务前端延伸。业务部门与财务部门分工合作,实现业务管理、项目管理和预算管理的有效衔接,绩效预算申报审批、调整拨款、执行绩效评价等业务环节的闭环管理。

(四)监管提档:牵住信息化牛鼻子,打造数智"云卫士"

持续创新监管模式,将数智监管平台的触角深入全校各个经费监管领域。数智"云卫士"具有"一体四翼",即一个"大脑"加上"千里眼""顺风耳""照妖镜""紧箍咒",可以 24 小时在线监测经费执行情况,自动生成预警信息,引导监管人员进行现场核查。

二、主要成效

通过将项目的绩效目标与双高校长期发展建设任务(学校中长期发展规划)匹配,实现学校长期发展战略引领各部门的业务发展,确保方向一致、目标一致;建立结构分层、项目分类的项目全生命周期管理体系,实现"事前定目标、事中控目标、事后评目标、结果有应用"的预算、绩效、内控一体化闭环管理;通过总体规

划、划清系统边界,结合学校个性化现状,以项目库为抓手,打破相关系统间的数据孤岛,实现数据一体化管理和应用。

(撰稿人:林春树　张　杰　郝阜平)

校企合作、实践实战，师生共筑网络安全"防火墙"

一、实施举措

（一）校企合作以学生为主体实施校园网络安全监测

杭州职业技术学院与杭州安恒信息技术股份有限公司合作成立安恒信息安全学院，共建网络安全检测中心，并组建了一支由企业专家、专业教师、优秀学生组成的技术服务团队。服务学校智慧校园建设，积极开展技术服务与人才培养工作，为学校提供网络安全监测、网络安全风险预警、网络安全信息通报等安全服务。

（二）学生全程参与校园信息安全等保测评工作

学校先后组织对基础网络、门户网站、各类应用系统开展信息安全等级保护测评（等保测评），并依据测评完成整改。在整个测评过程中，信息安全技术应用专业的学生全程参与等保测评过程，在提升校园网安全性的同时，学生也得到了实战历练和经验积累。

（三）师带徒方式参与真实场景应用实践

由信息中心和二级学院教师作为导师，组建学生安全卫士团队参与校园网络安全防护体系建设，完成了下一代防火墙、堡垒机、网站应用级入侵防御系统（WAF）、入侵防护系统、弱点扫描系统、数据库审计等设备设施的配置上线，实现全方位安全检测和闭环管理。

二、主要成效

（一）学校网络和信息安全防护体系进一步得到加强

通过完善学校网络安全体系建设、及时开展基础网络及重要系统的等保测评和整改，学校整体安全防护水平得到进一步提高。在杭州市组织的"护网2020"网络安全攻防演练工作中整体表现良好，未出现安全漏洞和系统被攻破等事件。

（二）通过实战培养了首岗适应的网安人才

安恒信息安全学院网络安全检测中心自运行以来，共对学校门户网站、教务系统、站群系统等46个资产进行全面检测与监控。发现各类漏洞42个，其中紧急2个、高危6个、低危34个。通过检查、复核、通报、终结等一系列流程，完成相关漏洞修补。通过中心建设，专业培养了一支技术能力强、职业素养高的安全运维队伍。这支学生队伍先后参与了G20峰会、世界互联网大会、北京2022年冬奥会、西湖论剑·网络安全大会、省市两级网络安全保障服务等多项大型活动和工作的安全保障及志愿者活动，为探索校企共育信息安全专门人才提供了有效的路径。

（撰稿人：郝阜平　张　杰　陈云志　宣乐飞）

第九章 提升办学国际化水平

践行"技能+文化"走出去，助力浙企扎根非洲

随着我国与共建"一带一路"国家的合作提质扩面，国际产能合作中面临着严峻的跨境技术技能人才短缺问题，作为与产业、行业和企业联系最为密切的教育类型，高职教育"走出去"不仅是解决企业"走出去"过程中跨境技术技能人才严重短缺等问题的重要抓手，也是推进中国优质职业教育资源对外输出共享，提升中国特色职业教育国际影响力，促进中外文化交流的重要载体。

中国和非洲都是发展中大国和新兴市场国家，在重大国际事务和热点问题上有着广泛共识，在经贸合作和文化交流上有着深度合作。通过中非合作论坛和"一带一路"等合作平台，中国和非洲国家有着特殊情谊和共同的未来，双方职业教育合作大有可为。作为以技术技能培养为特色的公办高职院校，杭职院主动融入国家战略，积极服务国际产能合作和国家"一带一路"建设。

一、实施举措

依托校企合作的体制机制创新、资源聚合优势，推动"产业+职教"联动"走出去"，搭建"一学院一工坊一学堂"的"走出去"办学新平台，构建"技能+文化"的校企双元协同育人培养模式，解决"走出去"企业对跨境技术技能人才的需求问题。

（一）开展属地人才培训，应对企业"走出去"用工难题

2018年，学校依托专业优势，与杭州海兴电力科技股份有限公司、南非工业与制造业培训署合作培养电梯工程技术人才。创新实施"技能+文化"的校企双元协同育人培养模式，以企业生产实际引领教学，将岗位标准转化为课程标准，学生部分时间在学校学习专业和文化知识，部分时间在合作企业实习实践，在提升岗位技能的同时，熟悉了中国企业文化，掌握了汉语沟通交流能力，毕业后直接签约杭州海兴电力科技股份有限公司南非分公司，实现从来华留学到就业的"直通"，既有效解决了留学生的就业问题，也解决了在南中资企业境外员工用工难、文化融合难等问题。项目获南非工业和制造业培训署署长亚当斯的高度评价。

（二）建设海外"丝路学院"，助力优质产能输出

2019年9月，杭职院作为浙江省唯一一所高职院校陪同时任省长袁家军出访南非，出席"一带一路"浙商行（非洲站）系列活动之中国（浙江）—南非（东开普省）经贸交流论坛。在袁家军和东开普省长奥斯卡·玛布雅尼的共同见证下，杭职院分别同南非东开普中心技术职业教育培训学院、南非沃特苏鲁大学签订合作备忘录，启动"丝路学院"建设。双方高校围绕汽车检测与维修、机械制造、电气自动化、市场营销、旅游管理等专业开展合作，推动职教人才培养模式、岗位标准输出，实现办学经验国际共享。

（三）承接援外培训项目，提升国际服务水平

积极承接商务部、国合署、省商务厅等援外培训项目，制定相关管理制度，完善援外培训运行机制，逐步将援外培训打造成对外服务品牌项目。面向肯尼亚共和国、赞比亚共和国等非洲"一带一路"国家产业界、教育界官员和院校教师开展技能培训，累计承办培训人数600多人，广受好评。通过实施援外培训项目，为共建"一带一路"国家的经济社会发展和"走出去"中资企业培养了一批本土化人才。

（四）承办"丝路学院"校企对话会，共商校企合作新模式

2019年5月，杭职院承办了浙江省教育厅、浙江省商务厅召开的共建"一带一路"丝路学院校企对话会，与会单位共商校企合作新模式，探讨发挥浙江特色优势，通过政府、院校、中介机构和企业多方协作，从"走出去"到共建"丝路学院"，共同搭建"一带一路"国际化人才培养平台，有效缓解当前浙江企业"走出去"水土不服、跨国经营管理能力弱等问题，突破"走出去"国际化人才瓶颈。会上，浙江省教育厅、浙江省商务厅共同签署了《省教育厅省商务厅合作共建"'一带一路'丝路学院"谅解备忘录》，学校与杭州海兴电力科技股份有限公司签订了共建"丝路学院"意向。

二、主要成效

（一）属地人才培养显成效，服务国际产能合作能力显著提升

学校主动作为，积极服务"一带一路"建设，依托校企合作的体制机制创新、资源聚合优势，积极推进对非合作，加快培养属地人才，服务中国企业海外经营、国际产能合作。学校培养的南非留学生1人获浙江省政府来华留学生奖学金，6人获杭州市政府来华留学生奖学金，80%被杭州海兴电力科技股份有限公司南非公司成功录用，真正实现了"留学+就业"的项目初衷，有效解决了在南中资企业的招工难问题。项目入选"2019中国（西安）世界职业教育大会优秀案例"。学校成为"浙非高等教育合作伙伴计划"成员单位，2020年9月14日，杭职院校长徐时清受邀参加部分非洲国家驻华使节浙江行交流会活动。

（二）着力职教成果输出，国际影响力进一步提升

学校着力推进"中文+职业技能"项目，助力中国职业教育走出去，提升国际影响力。开发了电梯、酒店管理等专业英语/双语留学生课程51门，开发了高职教育课程国际标准1项，双语课程和教材向外输出国家达2个，新增海外分校（丝路学院）境外招生25人。学校积极向海外推介学校办学优秀成果，分享和推广实践案例，2020年，学校荣获世界职业院校与技术大学联盟（WFCP）卓越奖"促进学习与就业"项目铜奖，是唯一一所入围该类别奖项的中国院校。

（撰稿人：陆 颖 王雨帆）

"校校企"联动，中菲合作培养高端酒店服务人才

作为东盟主要成员国，菲律宾第三产业在国民经济中占据突出地位，旅游产业对酒店管理等专业的应用型人才需求较大。处在"后峰会、前亚运"发展期的杭州高端酒店业高素质技术技能型人才流失严重，人才培养与旅游业、酒店业发展需求之间存在突出矛盾。2019年，杭州出台"人才生态37条"，实施全球大学生招聘计划，对国（境）外来杭实习的学生，每月给予4000元补贴。

鉴于此，杭职院与杭州君悦酒店等一批高端酒店、菲律宾八打雁国立大学等院校合作实施酒店管理专业留学生项目，"校校企"联合开展中菲高端酒店高素质技术技能人才定制培养。2021年，入选第四批"中国—东盟高职院校特色合作项目"。

以服务国家"一带一路"倡议为目标，紧扣杭州城市国际化发展战略定位，聚焦菲律宾优质劳动力资源，对接杭州"后峰会、前亚运"时期承办国际会议、国际赛事、大型会展等对高端酒店管理服务人才需求，"学校主导、企业主体"与杭州君悦酒店等国际高端酒店开展深度合作，面向共建"一带一路"国家搭建留学生培养教育平台。

杭州职业技术学院与杭州君悦酒店等一批高端酒店合作，面向菲律宾八打雁州立大学、菲律宾唐·博斯科大学等高校，开展酒店管理专业留学生教育。创新实施"文化+技能"校企联合双元定制培养模式，通过校企联合定制化的"小班化"培养，为杭州打造"国际会展之都""赛事之城"提供人才支持。

一、以促进就业为导向，创新人才培养模式

依托杭职院"校企共同体"办学体制机制优势，有效整合政府、行业、企业、学校多方资源，采用"文化+技能"的校企联合双元培养教育模式。在内容上，项目理论和实践课程按照君悦酒店岗位标准高端定制，融入中国文化、企业文化相关内容，实施精准培养。在教学上，引入君悦酒店行业标准和管理流程，由杭职院旅游酒店管理专业优质师资和君悦酒店高级培训师共同给学生授课。学生部分时间在学校接受文化、理论和技能学习，部分时间赴君悦大酒店接受顶岗实习。毕业后，学生可直接进入杭州君悦酒店工作，实现从来华留学到就业的"直通"。

二、以汉语教学为载体，建设云端教学平台

立足杭州高端酒店业高素质技术技能型服务人才需求，杭职院联合杭州君悦酒店共同制定标准、设计教案，实施"中文+职业技能"云端培训。制作酒店管理专业对外汉语（初级、中级、高级）微课系列视频，编写《酒店管理工业汉语》教材，面向菲律宾八打雁州立大学、菲律宾唐·博斯科大学等丝路学院等学生开展对外汉语教学，累计培训量达620人日。2020年11月，菲律宾留学生酒店管理汉语

云端课堂开课仪式隆重举行，菲律宾唯一覆盖全国、用三种语言制作的电视节目《菲中新闻台》播出杭职院云端课堂开课仪式的报道。

三、以文化交流为纽带，弘扬中国传统文化

依托学校国家级非遗教学资源库，开发金石篆刻、剪纸两门非遗课程双语云端教学资源，使学生感受中华传统优秀文化的魅力；搭建中菲两国青年交流学习平台，以中菲传统文化为主题，设计开展丰富多彩、多种形式的文化活动，举办中菲文化交流活动、才艺展示短视频大赛等，让中国传统文化走进菲律宾，加深两国青年间的相互理解与友谊，增进项目学生知华、友华的情怀。

（撰稿人：陆　颖　王雨帆　刘　博）

"政行企校"联动，推进国际化动漫人才培养

杭州是"动漫之都""电商之都"，引领全国数字文化创意产业发展前沿。杭职院依托动漫设计中外合作办学项目和中国国际动漫节的节展资源，探索"政府推动、行业引领、企业主体、学校主导"四方协同育人机制，通过"引进来""走出去"双轮驱动、协同发展，创新高职国际化办学，以国际化的视野、开放的办学理念，为杭州动漫游戏产业培养了一大批高素质技术技能人才，以高质量的人才输出，服务杭州"动漫之都"建设。

一、实施举措

（一）精准对接，合作办学，协同共育国际化动漫设计人才

聚焦优质资源，精准"引进来"。紧扣区域主导产业升级需求，引进职教发达国家课程体系、管理模式，打造示范性的中外合作办学品牌。随着新技术、新产品的迭代升级和新型文化业态的持续涌现，对创意设计人才培养提出了前所未有的挑战。杭职院通过精准分析区域内主导产业的转型升级需求，以动漫设计专业与新西兰维特利亚理工学院合作办学项目为抓手，引进外方先进的教育资源和职业教育办学经验，重构"创意+设计"国际化课程体系，形成兼顾本土化和国际化的先进教学方法，打造国际化人才培养高地。

（二）以赛促学，以展促教，培育崇尚创新的国际化专业文化品牌

以中国国际动漫节、米兰设计周——中国高校设计学科师生优秀作品展、中国新星杯故事型原创漫画大赛等国际性节展和赛事活动为载体，拓宽国际交流合作领域，以赛促学、以展促教，培育崇尚创新的国际化专业文化品牌。2019年参加南非旅游产品创意设计大赛，获银奖1组，铜奖2组；2020—2021年参加米兰设计周——中国高校设计学科师生优秀作品展获全国二等奖1项，三等奖4项。

（三）项目驱动，产教融合，推进校企合作的国际化进程

着力引领共享，精准"走出去"，紧扣中资企业"走出去"和国际产能合作发展需求，以翻翻动漫集团等企业的国际化项目合作为契机，引进国际标准与规范，让师生的作品"走出去"；通过国际化动漫人才培养、国际合作项目输出、海外专家访问交流、节展服务等助力杭州"动漫之都"建设。

二、主要成效

依托动漫设计中外合作办学项目，11名中方教师赴新西兰培训获得课程认证；与8名新方教师组建国际化教学团队，形成集体备课、线上+线下授课、作业批改和个性化指导等课堂教学模式创新，三年期间编写新形态教材4本、专著1本，举

办中新课程成果展 4 场。依托政府、行业和企业资源，聘请《黑猫警长》导演戴铁郎、《铁臂阿童木》导演月冈贞夫教授先后担任学院名誉院长；定期为师生开设论坛和学术讲座，指导国际化专业建设工作；聘请合作企业 50 余位一线插画师、动画师、漫画家、平面设计师作为专业群的兼职导师团队，深入推进产教融合。

（撰稿人：黄　璐　施丽娜　王玉珏　汪端文　张王哲）

汉语为桥、技能引领，打造"中文+职业技能"融合新模式

2022年11月，杭州职业技术学院"汉语桥"线上团组交流项目——踏上"汉语桥"开启中国旅游文化开发与管理之旅、踏上"汉语桥"开启中国传统面点制作与文化之旅成功举办。项目以"中文+职业技能"为特色，围绕汉语教学、技能提升和文化体验，通过"线上+线下"相结合的云端数智教学模式，多角度、全方位、立体化地呈现中国旅游文化开发和管理、中国传统面点的做法和经验。项目共吸引了来自柬埔寨、菲律宾、越南、缅甸、希腊、日本等国家的380多位海外学员参加，为"中文+职业教育"融合发展、传播中华文化、讲好中国故事提供杭职示范。

一、实施举措

（一）打造"三维一体"云端教学模式

学校结合"汉语桥"线上团组生源特征及学习需求，立足"中文+职业技能"理念，设计包含汉语教学模块、职业技能模块、中国传统文化模块的"三维一体"云端教学资源，促进海外学员语言、技能和文化三者的融合提升。

"中文+旅游开发与管理项目"以杭州著名景点白堤、苏堤、大运河等为例，采用生动活泼的形式讲述浙江、杭州旅游发展现状和管理水平，帮助学员结合自身地区的独特资源和风貌发掘旅游优势产业，提高其汉语水平和旅游管理相关业务技能。

"中文+中国传统面点制作"项目以中国二十四节气为顺序，结合传统节日，聚焦卷、团、条、糕、饺、粥、粽等传统食品的制作方法和饮食文化，带领学员一起领略中国面点的博大精深，体验中国饮食的独特魅力。

（二）组建"五元育人"的特色国际化师资团队

线上团组秉持"中文+职业技能"理念，按照项目学科、专业特点，组建产教融合协同的特色云端教学团队，包括国际汉语教师、行业企业专家和技术能手、专业技能教师、英语（双师资质）教师、非遗大师等。

汉语教师从汉语听、说、读、写的语言技能和交际技能出发，围绕问路、购物、点餐、美食等日常生活引出话题，通过创设情境展开任务对话，使学员在轻松愉快的氛围中逐步学会运用汉语进行交流；专业技能教师围绕培训主题，讲授专业技能原理和相关知识；行业企业专家和技术能手将行业和企业一线知识带给学员，使课堂与行业和企业实际环境紧密结合；英语教师结合课程难易梯度，针对汉语水平较低的学生，对汉语语言讲授加以一定的英文注释和阐述；非遗大师开设中国剪纸、金石篆刻等，让学员无障碍学习、体验中国传统文化和特色民间艺术，进一步领略中国文化的博大精深。

（三）建设"双向联动"的数智云端教学基地

打造"线上线下"双向联动的数智化教学环境，依托校内的浙乡非遗馆、杭州

市公共实训基地、酒店管理实训室、茶艺实训室等优质教学资源，搭建线下培训基地平台，同时，充分利用新媒体技术，实地走访杭州著名景点白堤、苏堤、大运河等，邀请杭州及浙江省传统面点和特色餐饮文化产业名家名厨拍摄中国面点制作过程，学员足不出户即可真实感受东方风光和餐饮文化的神韵之美。让学员在掌握专业知识之余，对课程内容有更真实的体验感，大大提高学员对课程的参与度与获得感。

二、主要成效

"中文+职业技能"培训项目在课程参与度和教学效果两方面都收获了好评，学员们纷纷表示，通过培训认识了中国、爱上了中国，在学习过程中，不仅提升了职业技能、领略了中国文化魅力、拓宽了国际视野，也增进了对中国日新月异发展的了解。

近年来，学校依托专业优势，积极开展"中文+职业技能"教育探索与实践。先后获批教育部中外语言交流合作中心"汉语桥"线上团组交流项目3项，"中文+电梯安装与维修保养（初级）（英语版）"项目获教育部中外语言交流合作中心"中文+职业技能"教学资源建设项目立项。开发"中国旅游文化开发与管理""中国传统面点制作""金石篆刻""中国剪纸"等系列双语视频微课33期，累计时长达560分钟。面向柬埔寨、菲律宾、尼日利亚等共建"一带一路"国家官员和院校师生开展"中文+职业技能"培训，累计培训量达1.3万人日。

（撰稿人：陆　颖　王雨帆　刘　博）

第十章 培育青少年职业启蒙"杭州模式"

打破职业教育内循环,形成职业启蒙"杭职模式"

职业启蒙教育是落实立德树人根本任务的客观需要,肩负着培养青少年职业兴趣、职业认知,引导青少年树立职业理想与职业价值观的重任。习近平总书记在党的十九大报告中提出"培养担当民族复兴大任的时代新人",在全国教育大会上提出"构建德智体美劳全面培养的教育体系"。《中华人民共和国职业教育法修订草案(征求意见稿)》明确指出,支持和鼓励普通中小学增加职业教育的教学内容,开展职业启蒙教育。职业院校是职业启蒙教育开展的法定主体,如何聚集社会办学资源,推进职业启蒙教育,引导学生选择适合个体多样化成长的教育类型,营造人人成才、人人出彩的氛围,是职业教育发展进程中一个亟待解决的问题。

杭职院联合政府、职业院校、行业、企业等多方资源,持续壮大青少年职业启蒙"杭州联盟"。依托"杭州联盟"整合国内外专家,开展"人职匹配"理论研究,夯实"职业规划与生涯发展指导中心"建设内涵;聚焦城市特色产业和未来科技发展,不断扩大职业启蒙教育基地;突出职业教育类型教育特色,开发符合青少年多元发展的职业启蒙课程;全面加强青少年职业启蒙和职业体验教育,职业启蒙教育成效明显。

一、实施举措

(一)系统总结,提炼杭职院青少年职业体验的经验

建设了一批融职业启蒙、职业体验和职业规划指导于一体,聚焦城市特色产业和未来科技发展的优质职业启蒙教育基地和职业启蒙课程。从课程开发、师资力量、教学实施及机制保障等方面,构建职业生涯规划课程、职业体验活动课程等逐层递进的职业启蒙教育课程模块体系,加强职普常态化交流合作,实践总结出一套完整的职业启蒙教育实践操作方案,形成了具有鲜明"杭职特色"的"杭职模式"。

2022年,学校启动职业体验(启蒙)专著研究申报工作,经专家评审公示,立项4本职业体验(启蒙)专著研究。专著系统总结了职业教育发展方向、职业院校服务青少年职业启蒙、人职匹配与"杭职模式"实践,为其他职业院校开展青少年职业启蒙教育提供思路、方法和路径;立足于理论基础,分析了职业教育发展方向、研究现状和政策,总结和提炼了职业院校服务社会的必然要求及主要做法、历程和成效,为全国职业院校开展职业体验(启蒙)教育提供"杭职经验"。

(二)兴趣为要,填补职业院校全链条人才培养空白

开展职业体验教育应符合学生的身心发展规律,根据小学、初中、高中三个阶段学生的个体认知水平、职业了解程度、职业探索能力等差异,实施与学生需求和身心水平相适应的职业启蒙教育活动内容和方式:小学阶段注重"职业启蒙",初中阶段注重"技能体验",高中阶段注重"职业探究"。形成"小学以参观和模拟为

主、中学以职场体验为主、高中以职场见习为主"的各级职业实践活动递进体系，从职业启蒙、职业认知到职业规划渐进展开，实现从职业感知、职业兴趣、职业认知、职业分工、职业理想、职业指导等层面递进发展的教育目标。

（三）产教融合，打造区域特色鲜明的职业启蒙杭州联盟

坚持公益性原则，由杭职院牵头，整合在杭职业院校与行业企业资源，共建青少年职业启蒙"杭州联盟"。一是建章立制，从职业启蒙发展趋势出发，制定《共建青少年职业启蒙"杭州联盟"协议》《共建青少年职业体验基地协议》。二是战略规划，根据国家政策指导与杭州发展规划，制定《杭州职业技术学院职业启蒙（体验）"杭州联盟"发展行动计划（2021—2025）》，确保职业启蒙"杭州联盟"紧跟杭州产业转型升级，具有鲜明的区域与产业行业特色。三是联合在杭职业院校，开发体现各自学校特色和专业特点，融"操作性、趣味性、职业性"于一体的职业启蒙基地和职业启蒙课程，引导青少年积极参与职业体验和职业劳动。

（四）共建共享、充分发挥联盟成员和学校资源

为促进职业启蒙"杭州联盟"的资源共享，丰富青少年职业启蒙项目和减少青少年各类成本，就近体验，提升职业启蒙体验感和获得感。一是学校全面开放校内各类资源，如教室、实训室等；二是联盟成员同步共享各具特色的行业企业资源，如企业生产流水线、产业及科技发展展馆、岗位操作体验岗、企业技术技能大师面对面等，近距离感受科技发展和职业的魅力；三是杭职院牵头开发职业体验课程，同步共享给所有联盟成员。学校根据各联盟成员所在产业、行业特点，组织行业专家和专业课程开发教师挖掘各自特色课程，建设融"操作性、趣味性、职业性"于一体的职业启蒙基地，引导青少年积极参与职业体验和职业劳动，培养职业兴趣。

二、主要成效

学校整合政府、学校、行业、企业等多方资源，共建青少年职业启蒙"杭州联盟"，成员单位达121个，建设68个职业启蒙基地，获评省学农基地、省职业体验基地、市中小学研学旅行基地等。启动职业体验（启蒙）研究专著申报工作，立项《青少年职业体验与职业教育发展研究》《高职学生职业发展与人职匹配分析指引》等4本职业体验（启蒙）研究专著，汇总整理职业体验教材2本。创新构建了"菜单式""进阶式"职业启蒙课程体系，共建共享职业启蒙课程480门、精品课程101门，开展青少年职业体验，服务8.5万人次。成立职业规划与生涯指导中心，建成高水平职业生涯规划专家团队，累计开展职业咨询与指导2.49万人次。

（撰稿人：徐 剑 毛宇辉）

彰显职教社会担当，助力青少年职业启蒙

作为浙江省中小学劳动实践教育基地（学农基地、职业体验基地）和杭州市中小学研学旅行基地的杭州职业技术学院，经常举办生动的"青少年职业体验开放日"活动，每次都会吸引百余位不同年龄段的小朋友及其家长积极报名参加。近年来，杭职院通过常年举办青少年职业体验活动，已经开展职业启蒙活动5万余人次。

每次活动，小朋友们都会先参观美丽的大学校园，再到承办过"振兴杯""创想杯"、金砖国家技能发展与技术创新大赛等国内外大型赛事的公共实训基地进行观摩，以及前往浙乡非遗馆领略厚重而独具魅力的浙江非遗文化。2016年至今，杭职院开放校内资源，始终秉持职业教育反哺基础教育的职业院校社会责任担当，多年来一直致力于填补职业院校在青少年职业启蒙的"空白页"。

在志愿者的组织下，所有体验的小朋友根据年龄段的不同，分成不同的体验小组。幼儿园和小学层次的孩子，主要体验插花、黏土卡通人物制作等活动，中学年龄层次的孩子体验中药香囊、手工皂活动，高中的孩子体验再生纸和手工皂。同一个体验项目，根据不同的年龄层次，活动内容和要求也不尽相同。经过几年的探索和实践，根据青少年在各个学段的知识、心理特征，为满足从幼儿园、小学、中学到高中阶段对职业体验的不同需求，已经形成系统的、分层分类的菜单式课程，更联合了一批企业和学校，开发了300余门各具职业特色的体验课程，孩子们有非常大的选择空间去选择自己喜欢的项目。

来杭职院参与过职业体验的众多孩子里，有个当年才幼儿园中班的琦琦小朋友。她在老师和大学生志愿者的示范指导下，顺利完成了职业体验。指导老师评价说，别看琦琦年龄还小，但是在插花的过程中，她完全是根据自己的喜好来完成的，没有条条框框的限制，让她充分感受到职业的趣味性，再通过老师的帮助，让她圆满完成了这次体验任务。在听、看、做、提问的过程中感受职业魅力，通过做中想、想中学、学中做的互动体验，提高青少年对职业的感性认知和个人兴趣。

结束职业体验后，琦琦拿着自己完成的插花小作品，爱不释手，比买的玩具还开心。在亲身感受职业魅力的同时，更在他们心中深深埋下了职业的种子。从小培养职业兴趣、启发职业想象、感受职业魅力、培育工匠精神。杭职院的职业启蒙活动，已经成为可复制、可示范的全国职业教育反哺教育的"杭职范式"。

（撰稿人：徐 剑 毛宇辉）

第十一章 培育高职文化育人"杭职品牌"

融以至善、德技并修，打造高职文化育人"杭职品牌"

为破解当前高职院校校园文化建设普遍存在"规划不精、立意不高、载体不足、特色不明"等困境，彰显新时代中国特色社会主义的办学本色，增强职业教育适应性的育人底色，擦亮学校德技并修培养工匠型人才的文化特色，精心打造了"融善"文化育人的"杭职品牌"。

凝练以"融"为核心、以"善"为价值取向的"融善"文化内核，秉持"学校融入区域、专业融入产业、教师融入学校、学生融入职业"理念，从理念引领、制度规范、行为塑造、环境熏陶四个维度将"三类素养"（学生素养、职业素养、公民素养）和"三大精神"（劳模精神、劳动精神、工匠精神）融入产、学、训、研、创五个环节，构筑了"融入区域文化、融合大学文化、融通企业文化"的高职文化育人体系，着力打造工匠摇篮、塑造工匠之师、培养工匠人才，实现"建善校、出善师、育善生"目标。

一、实施举措

（一）构建顶层设计机制，完善文化育人格局

一是强化组织领导。成立由学校党委书记和校长担任组长，分管领导及相关部门负责人为主要成员的学校思想政治工作领导小组和校园文化建设领导小组，健全党委统一领导、党政齐抓共管、各单位分工协作的文化育人工作机制。二是完善过程培养。将文化育人工作纳入学校综合改革方案、"十四五"发展规划和"双高计划"建设方案，确定文化育人工作年度建设任务，将文化育人纳入学校"三全育人"综合改革试点实施方案，面向全体学生实施"融·善"工匠成长学分制度、拔尖人才培养计划、"创新班"个性化培养等，实现文化育人融入学校人才培养全过程。三是深化协同育人。召开学校党建与思政工作会议，出台《中共杭州职业技术学院关于加强马克思主义学院建设的实施方案》《杭州职业技术学院关于深化"三全育人"综合改革的工作任务清单》等系列文件，完善融"大劳动""大实践""大工匠"为一体，具有杭职特色的"大思政"工作格局。

（二）强化研究实践机制，打造文化育人品牌

一是打造研究阐释品牌。发挥专家智库优势，以学校立项的浙江文化研究工程重大项目"浙江工匠精神研究"为抓手，系统开展工匠、工匠精神和工匠文化研究。校内发布党建思政、文化育人等专项课题，深入研究工匠精神、工匠文化、校园文化建设，产出一批论文、专著、咨政报告成果，全面构建"工匠—工匠精神—工匠文化"研究体系。二是打造社会实践品牌。以"一院一品"为抓手，将校园文化建设实践和理论发展的内在需要有机结合，选树一批切实可行、具有杭职辨识度的文化育人实践项目，增强师生文化自信，为落实立德树人根本任务，培养高素

工匠型人才提供文化支撑。三是打造思政教学品牌。实施思想政治理论课教学改革，将劳模精神、劳动精神、工匠精神融入思想政治教育，打造思政"示范课"。持续深化"双百双进"工程，开办马克思主义理论骨干班，新建杭州"五四宪法"历史资料陈列馆等思政实践教学基地，扎实推进"青年马克思主义者培养工程"。

（三）创新工作载体机制，健全文化育人体系

一是场馆基地渗透。依托国家职业院校文化素质教育基地，打造全国急救教育试点学校，建好校史馆、职业素养展示中心、机床博物馆、浙乡非遗馆、学生心理中心等实体文化场所和世界电梯文化、时尚女装文化数字博物馆、数智匠心馆等线上文化场所。同时，与属地政府、合作企业共建一批工匠文化博物馆、工匠培训中心、工匠科普教育基地。二是校园活动体验。办好开学典礼、毕业典礼、工匠技能节、文化艺术节、社团文化节等文化品牌活动，充分发挥重大仪式活动的育人功能，通过开展"我和党委书记面对面"、院长有约、崇德大讲堂、马克思主义理论名家大讲堂等活动，引导青年学生强化理想信念，努力成为服务国家富强和民族复兴的栋梁之材。三是红色基因传承。编写《融以至善》《活化非遗》等文化读本，加强校史校情教育，将校史文化、非遗文化有效融入思政课堂教学，将艺术思政、志愿服务、清廉校园等有机融入课程思政改革，引领学子传承红色基因，塑造精神品格。

（四）完善组织保障机制，提升文化育人实效

一是加强校园文化队伍建设。完善人才培训机制，切实增强思政教师和辅导员队伍政治素质和专业能力，使广大校园文化工作者特别是党员领导干部既懂党建又懂业务。二是提高文化育人工作与中心工作的关联度和契合度。把学校改革发展中的难点和热点作为文化育人工作的重点，把文化育人工作贯穿到学校事业发展的各环节和全过程，在部门目标责任制考核中，加大对文化育人工作的考核比重，找准着力点，实现学校事业发展与文化育人工作同频共振赢。三是加大校园文化经费投入。加大校园文化育人项目投入力度，统筹安排好资金调度，用足用好"文化育人"专项建设资金，培育了一批有特色、有品位的文化育人品牌。

二、主要成效

经过不断的创新、锤炼、实践、再创新，现如今，学校"融善"文化育人品牌成效初步彰显，学校成功入选全国首批急救教育试点学校，获评全国职业院校"传统技艺传承与示范基地"，立项浙江文化研究工程重大项目"浙江工匠精神研究"，编写《融以至善》等系列文化读本，建成电梯、女装文化等一批文化场所，培育了一批国家级教师教学创新团队、浙江省高校黄大年式教师团队，以及校级教学、科研创新和人生导师团队，培养了世界技能选手朱敏敏、全国技术能手刘明杰、浙江省"十佳大学生"陈龙等为代表的一大批高素质工匠型人才。

（撰稿人：张　杰　商雅萍　周梦圆　刘　航　袁月秋）

提升"融善"文化软实力，培育文化育人"杭职品牌"

杭职院凝练了以"融"为核心、以"善"为价值取向的"融善"文化内核，秉持"学校融入区域、专业融入产业、教师融入学校、学生融入职业"的理念，从理念引领、制度规范、行为塑造、环境熏陶四个维度将"三类素养"（学生素养、职业素养、公民素养）和"三大精神"（劳模精神、劳动精神、工匠精神）融入产学训研创五个环节。2022年，学校高质量举办了建校20周年办学62周年活动，成功入选首批全国急救教育试点学校、浙江省"三全育人"典型学校和浙江省高校红色场馆联盟单位，韵味独特的"融善"文化品牌更加深入人心，培育德技并修工匠型人才的文化沃土更加厚植，"融善"文化软实力有力提升。

一、实施举措

（一）统分结合谋全局

一是优化"融善"文化顶层设计。聚焦浙江文化研究工程重大项目"浙江工匠精神研究"，出台《"工匠摇篮"实施方案》，推进"三院一馆一中心一基地"建设，将"融善"理念与劳动精神、劳模精神、工匠精神有机融合，实现名校建设、名师引育、名生培养相得益彰，文化育人顶层设计日趋完善。二是落细"融善"文化年度任务。结合学习贯彻党的二十大精神、校庆活动等重要时机，将文化育人项目建设同二级学院目标考核挂钩，同部门职责衔接，同宣传部工作融合，落实落细建设任务。三是构筑"融善"校园文化体系。学校通过构筑"融合大学文化、融通企业文化、融入区域文化"三位一体的校园文化体系，着力打造工匠摇篮、塑造工匠之师和培养工匠人才，实现"建善校、出善师、育善生"目标。

（二）上下联动树品牌

一是选树特色文化项目。培育工匠文化长廊、友嘉"工匠文化"展示厅、工匠文化博物馆等校园文化品牌项目，通过项目建设弘扬"融善"文化，推动文化育人事业高质量发展。二是撰写文化育人丛书。出版专著《奋进六十载 匠心铸未来：杭州职业技术学院校史》《桃李馨香：杭州职业技术学院名师名匠风采录》《古为今用：良渚文化玉器纹饰艺术》，开展基于"融善"文化的课题研究，深化文化内涵研究，筑牢文化育人根基。三是举办校庆系列活动。校院两级联动举办了庆典仪式类、作品展览类、文化活动类、学术论坛类、校友活动类等系列校庆庆典活动，形成全方位、多角度、立体化格局，校庆的圆满成功举办得到了各级领导、职教专家、师生校友和社会各界的高度好评。

（三）内外结合强宣传

一是彰显独特文化意蕴。将"融善"理念、工匠精神等校园文化内核运用于新校徽、校庆主标识及系列周边产品的设计，融进开学典礼、毕业典礼、崇德大讲堂、

我和党委书记面对面、校长有约等特色活动，策划校庆宣传片、主题党课、开学思政第一课等系列视频，彰显了独特文化意蕴。二是构建立体宣传格局。发挥一网（校园网）、一报（校报）、一台（广播台）、一栏（橱窗栏）、一屏（户外LED）和一掌（掌上杭职app）做精对内宣传；发挥三号（视频号、抖音号、头条号）、两微（官方微信、微博）、一吧（百度贴吧）和一媒（媒体报纸）做亮对外宣传，构建了全方位、多角度立体宣传格局。三是提升学校美誉度。围绕贯彻落实党的二十大精神和"建功双高　献礼校庆"主题主线，全年在国家、省市各级媒体刊发稿件240余篇。《光明日报》《中国教育报》刊载学校弘扬工匠精神、探索工匠型人才培养模式主题文章，《浙江日报》《杭州日报》等大篇幅报道学校"双高计划"建设、建校20年来发展成就，扩大了学校的社会影响力和美誉度。

（四）点面结合优格局

一是发挥宣传领头雁作用。学校发起成立浙江省高职院校党建研究会宣传分会并担任理事长单位，校党委书记金波作"弘扬'融善'文化　培养德技并修的工匠型人才"经验交流。二是发挥研究主力军作用。高规格成立学校党建与思政工作研究中心，制发《全面推进"大思政课"建设的工作方案》，立项一批党建与思政专项研究课题，引导思政教师、党务干部和辅导员等投身高水平、高质量的研究和实践。三是发挥"大思政课"作用。举办长三角高职高专院校思想政治理论课建设联盟理事会专题研讨会，建成马克思主义学院"必由之路"主题馆并成为浙江省高校红色场馆联盟单位。校地共建一批理论宣讲实践基地、大学生劳动教育实践基地，组织师生深入乡村开展志愿服务、红色寻访、文化下乡等社会实践活动。

二、主要成效

（一）"融善"文化品牌愈加闪亮

开设"大国工匠"等富有特色的中华优秀传统文化选修课程，印发《课程思政建设实施方案》，打造52门课程思政示范课，2门课程被教育部评为课程思政示范课程，让文化立校与立德树人同生共长。全力推进对工匠精神的研究和弘扬，校企联合开展同台技能比武、劳模工匠进校园等活动，校企合作开发项目化课程，让人才培养和校企成长同向同行。全年开展助力杭州第19届亚运会、中国国际动漫节、急救教育等志愿服务活动177次，活动总时长18854小时，服务的志愿者达7748余人次。128支队伍广泛深入乡村、社区、企业，开展社会实践活动，彰显了学校在文化传承和社会服务中的"职教魅力"。

（二）文化项目建设更具杭职特色

推进"浙江工匠精神研究"研究成果校内转化，探索基于工匠精神特色的校园文化建设，让工匠文化、工匠元素浸润校园角落，让杭州历史文化和非遗文化丰富"工匠摇篮"内涵。建成工匠文化长廊、工匠文化展示厅、工匠文化博物馆等第二批6个文化品牌项目。推进"党建服务中心""党员之家""干部之家"建设，完成第三批先锋岗（20个）和头雁工作室（10个）建设。学校成功入选首批全国急救教育试点学校，举办全国学校急救教育试点工作推进会和第五届浙江省红十字应急救护大赛暨应急救护宣传创意设计大赛并斩获佳绩，让学校在生命健康教育和急救教育方面打响了"杭职品牌"。

(三)"融善"文化软实力显著提升

全力打造"向善向上"的校园文化生态,着力培养德技并修的工匠型人才,"融善"文化软实力建设成效明显。出版学校校史、启用新校徽、成立校友会、改建校史馆,更新校园视觉标识系统(VIS),改版校园网和二级学院网站,举办动漫学院成立十周年、达利学院毕业作品秀、"看杭职十年蝶变"展、"双高"成果展、非遗文化作品展、清廉文化作品展等100余项活动,线上线下参与逾100万人次。人民网、《光明日报》等各级媒体报道240余次,《中国教育报》刊发《以"融善"文化之光照亮学校前行之路》文章,擦亮了学校在文化育人上的"独特韵味"。

(撰稿人:伏志强　刘　航　商雅萍　周梦圆　吴　杨)

"三馆一体"打造工匠文化校园生态

杭职院重视文化场馆育人作用，深度挖掘校内外资源，精心打造线上、线下校园文化场馆，服务于学生职业素养和人文素养教育。根据学校专业设置情况、人才培养目标，打造了非遗文化场馆、数字文化场馆、工匠文化场馆三大类场馆，建设有校史馆、浙乡非遗馆、职业素养展示中心、友嘉机床博物馆、心理教育教学与咨询中心五个实体文化场馆和世界电梯文化数字博物馆、时尚女装文化数字博物馆、匠心文化数智馆三个数字文化场馆，运用新技术、展现新形式、开发新功能，打造文化场馆育人新平台，拓宽学生素养教育新空间，培养学生工匠精神。

一、打造非遗文化场馆，传承传统文化

学校在原有基础上，重新整合学校、企事业单位、民间组织三方资源，与时俱进，再凝练、再提升，更新打造非遗文化场馆。遵照"边建边用、边完善、边推广"建设模式，以"一馆一库一平台一基地"为建设核心，围绕非遗文化，打造传承平台。一是建设浙乡非遗博物馆，形成浓厚的非遗文化"展学研"氛围。二是以浙乡非遗博物馆为依托，建设非遗教育传承示范基地，创新非遗文化的学习传承和展示传播方式。三是将非遗文化融入学生课堂与社会实践，打造非遗文化传承与创新专业教学资源库，对接校内外非遗文化培训项目，唤起非遗保护的意识，营造非遗传承的校园文化环境和公共环境，探索非遗项目保护、传承与创新的新路径，促进中华传统文化传播。

二、打造数字文化场馆，培育职业素养

基于地理信息系统技术、虚拟现实技术、宽带网络技术、多媒体技术、计算机图形学等高新技术打造电梯文化、服装数字博物馆，以真实文化场馆为整体蓝本，运用高清精美图片、文字说明、声音解说、高清视频、360度全景、三维互动等多种手法，构建展现一个逼真的，集视觉、听觉、触觉于一体的虚拟数字文化场馆，并且可通过外接触摸屏、大屏投影、拼接屏，扩大展示范围。数字文化场馆的开发建设，打破了时空限制，师生可在任何时间、任何地点利用计算机网络远程访问数字文化场馆，通过浏览漫游及改变视点进行环视，突破静止画面局限，呈现多姿多彩的艺术效果，身临其境观看文化场馆呈现的所有信息。以更加生动深刻的交互体验，发挥文化场馆育人作用，提升文化场馆育人效果。

三、打造工匠文化场馆，涵养工匠精神

聚焦劳模精神、劳动精神、工匠精神培养，融合工匠文化主题景观，精心打造有品位、有特色、有影响的工匠文化校园生态。建设一个工匠文化展馆，提升改造

校史馆、友嘉机床博物馆、匠心文化数智馆内的工匠文化育人元素；设计一套工匠特色视觉标识，对学校的校徽、道旗、标识、导引牌、道路命名等进行整体优化设计，让这些元素拥有撼动人心的力量，成为展示工匠文化内涵的生动注脚；打造工匠主题文化长廊，使之成为大国工匠人物、师生匠心文化作品展示厅，让师生感受工匠之魅力，领略匠技之美、匠心之美、匠人之美；校内设置匠心石、匠心林和匠心亭，将整个校园塑造为工匠文化主题校园。

（撰稿人：周　曦　周梦圆　刘　航　吴　杨　袁月秋）

第二篇

电梯工程技术专业群建设

第一章　推进人才培养模式改革

紧跟电梯行业数智转型需求，培养电梯拔尖技术技能人才

电梯产业正由生产型制造向服务型制造转型，电梯的维保、维修、改造、加装和基于物联网的电梯故障自诊断及监管越来越受到政府的重视，行业急需具备电梯维修技能，同时掌握物联网技术、人工智能技术及大数据分析能力的复合型、创新型的电梯人才队伍。传统的电梯专业教学由于缺乏行业、企业的深度合作，教学内容不能及时反映产业的新技术、新需求，所培养的人才能力结构、技术技能水平与电梯产业的快速发展现实需求不匹配。

杭州职业技术学院电梯工程技术专业群创新人才培养模式，通过创新拔尖技术技能人才培养组织形式，构建拔尖技术技能人才选拔机制和管理机制，健全拔尖技术技能人才培养体系，培养符合数智经济转型的复合型高水平技术技能人才，同时为高职教育拔尖型技术技能人才培养提供"特种样板"。

一、实施举措

（一）构建动态的拔尖人才选拔机制，开展卓越班教学

学校电梯工程技术专业群从相关专业的大二优秀学生中，通过系统的生源选拔、学生分流制度遴选出 40 名左右（每年新增 40 人）具有潜在创新意识、创造能力、综合素质较强的"苗子"，对其进行语言能力、逻辑能力、情商、环境适应能力、思维能力、想象力、创新精神等方面的测试，结合专业方向、专业特长，组建"工程实践创新计划卓越班"，实施小班化教学与管理。卓越班采取学分制，学生需要修读相应的学分，参加学院组织的素质养成、专业核心、必修选修及实践类等课程，并参加学院组织的各类科技、创业教育实践、学科竞赛等活动。

（二）创新拔尖人才培养机制，实行个性化人才培养模式

1. 实行导师制培养

遴选德才兼备、责任心强、教学经验丰富、科研能力强、学术水平高的教师任拔尖人才培养的导师，与合作企业的教师成立卓越班导师团队，导师团队负责制订卓越班的人才培养方案和具体的实施细则，导师定期轮流对学生进行指导。

2. 学习内容与工作任务融通

打破传统的专业课程体系，校企共同构建"通识教育课程+专业大类课程+核心课程+个性化教学项目"为主要特征的专业课程体系，将源于企业的项目和教师创新团队的科研技术服务项目分解、凝练、教学化改造，设计出适应学生创新能力培养的驱动项目，以导师制形式指导学生开展创新实践活动，实现产教科融通。

3. 采用"做中学"的教学方式

以完成阶梯式企业典型案例为任务，让学生从完成简单任务开始，逐步掌握完成复杂任务所需的各项技能，直至能够完成复杂任务。通过实施难易程度不同的典

型工作任务式教学，将理论知识学习和工作岗位所需技能结合，调动学生学习兴趣。

4. 强化科研和创新实践

出台了《学生科技竞赛管理办法》《学生课外科技活动奖励及指导教师工作量计算办法》《学生专利创造活动促进办法》等一系列规章制度，为学生参与竞赛、科技创新活动及教师指导学生参与竞赛提供了强有力的支持，引导学生依托教师承担的各类科研项目，完成创新学分和毕业论文；鼓励学生参与各级各类大学生竞赛和科技创新项目等课题研究；组织学生参加"互联网+"、挑战杯、创青春等各类大型赛事；注重协同育人，聘请校内外创新创业教育知名教授、创新创业成功的企业家为导师，提供企业实训、创业仿真模拟训练等多种途径，培养学生的创新创业能力。

5. 加强学生创新创业教育国际化培养

对接合作企业"走出去"的人才能力规格要求，引进国际知名高校创新创业课程，强化学生实践应用能力，交流创新创业教育，拓宽学生国际视野。

（三）创新拔尖人才管理模式，健全拔尖人才多元评价体系

（1）卓越班不打破原有行政班级划分，学生根据学习需要，可以选择全部或部分专业课程随原班级上课，具体组班形式和授课方式由各专业导师团队制定。

（2）卓越班服从学院的统一管理，由院长领导的卓越班管理委员会组织专家制订教改方案和实施计划，协调创新班所需的各类资源，监督和指导创新班各类教学工作。

（3）卓越班导师团队成员组织授课每学期不超过200总课时（系数折算后），课时计入授课教师的工作量，课程系数按1.2倍计算。

（4）参与学科竞赛的学生，原则上优先从卓越班中选拔。参加原班级评奖评优，由卓越班班主任和原班级班主任共同给德育分；卓越班学生也要积极参加学院和原班级的各类活动；学生在卓越班结业后，除毕业证之外，学院再颁发卓越班荣誉证书。

（5）在拔尖技术技能人才评价上，实行动态淘汰增补机制，开展"全过程考核、全方位评价"，建立以技能学科竞赛获奖、大学生科技创新项目、参与导师项目的数量与质量、社会服务、专利授权、论文发表、获奖学金等方面为指标的多元评价体系，全面量化评价拔尖技术技能人才的实践创新能力。

二、主要成效

（一）人才培养成效显著，学生创新实践能力明显提升

依托"卓越班"、竞赛实验班等方式培养拔尖技术技能人才，使学生的创新能力和综合素质都得到明显提升。近年来，卓越班学员累计荣获国家级一等奖15项、二等奖13项、三等奖10项，获得省级一等奖12项、二等奖10项、三等奖8项，首次获全国大学生机械创新设计大赛全国一等奖，并在2017年中国机器人大赛中勇夺全国冠亚军。2019—2021年，学生累计获得各类技能奖项54项，其中国家级奖项13项，省级一等奖15项，人均获奖率远超同类学院。

（二）学生技术能力获企业高度认可，薪资水平远超同级

通过开展拔尖技术技能人才培养，学生的实践技术能力得到显著提高，卓越班学生受到诸多知名企业高度认可，如奥的斯电梯、杭州西奥电梯有限公司、西子航空等为卓越班学生开设工程师直升通道，平均薪资水平超同年级学生30%，卓越班已有三届学生顺利完成学业，均就职于知名企业，薪资水平高于全省平均水平5个百分点。

（三）师生的科研创新能力明显提升，科技转化成果实现突破

目前，学院在培育的第四届卓越班学生，20名已经取得共9项省级及以上学生竞赛奖项，有6名学生被国内500强吉利汽车集团研究院选为重点培养对象；电梯专业群教师积极开展科研，已完成教学科研项目59项，2019—2020年的师生授权专利达96件，在2020年杭州职业技术学院科技成果拍卖中，技术成果转让金额达120万元，师生科研服务能力明显提升。

（四）师生社会服务意识增强，受到行业社会一致好评

依托杭州职业技术学院海宁校区——全国首家特种设备安全科普教育基地，面向大中小学生、政府公务人员、企业高管和党校学员，运用新媒体、大数据和人机互动技术，通过体验VR仿真电梯下坠、扶梯逆转、应急救援等项目，开展特种设备安全警示教育、特种设备专业知识普及等科普教育活动，并举行"电梯安全进校园""电梯安全进社区"等公益活动20场以上，增强了公众防范风险意识和应急处置能力。另外，拔尖学生还在教师带领下，积极深入企业进行产品开发和生产线改造等工作，服务中小微企业，受到企业赞誉。

（撰稿人：赵龙云）

一体两院、同生共长：电梯类技术技能人才培养生态构建与实践

随着我国经济快速增长和城镇化发展，电梯产业得到井喷式发展。中国电梯产量和保有量全球第一，浙江电梯产业份额全国第一。美好生活离不开电梯，电梯事关公共安全。高素质电梯类技术技能人才严重紧缺成为制约产业发展的瓶颈。

鉴于电梯类专业面向特种设备行业，行业有法律强制持证上岗的限制，电梯企业之间技术排他性较强，导致电梯类技术技能人才培养资源难以融通，人才培养主体单一；由于院校和行业企业的育训资源相互独立，学生入行难、上手慢，培养规模小，专业服务终身职业技术技能成长的能力弱；由于高水平、多功能人才培养平台缺乏、科技引领不足，服务电梯产业高端人才培养不足。基于校企共同体，杭州职业技术学院与企业共建产业学院、技术研究院，形成"一体两院"育人生态格局（图2-1-1）。

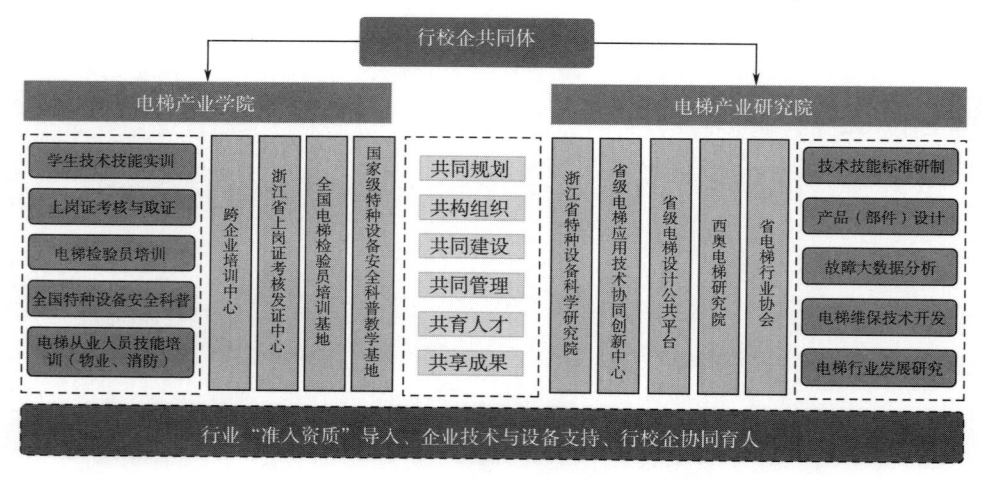

图 2-1-1 "一体两院"育人生态格局示意图

一、实施举措

（一）聚集多方资源，共建行业引领、多元协同的育人机制

杭职院与浙江省特种设备科学研究院（以下简称"省特科院"）、奥的斯电梯共建行校企命运共同体，行校企深度融合，整合六大电梯头部企业资源，在校内建成国家级生产性实训基地、浙江省电梯应用技术协同创新中心，牵头建设国家电梯专业教学资源库；20余名企业能工巧匠常驻学校任教，构建了"行业引领、企业常驻、育训并举"的育人机制。

（二）聚焦专业发展，构建三链对接、育训合一的培养模式

行校企共建产业学院，打造以电梯专业为龙头，机械设计与制造、机电一体化、工业机器人技术等为骨干专业的电梯专业群。重塑教学实施路径，实现"井道就是教室、教室就是井道"的课堂革命，围绕产业链，打造两大实训平台（专业群共享型实训平台和产教融合型实训平台），构建两大机制（基于育训结合的实践教学模块构建机制和基于"供需协调、共建共享"的资源融通机制），提升学生岗位胜任力，实现人才培养模式多样化。

（三）聚合多元主体，创新思政融入、全程贯通的培养路径

融"安全意识、工匠精神、遵章守规、创新思维"等思政元素于育人全过程，《电梯检测技术》成为特种装备领域唯一的国家级课程思政示范课程，形成了"3134"人才评价体系，即行校企三方评判，核心素养一票否决，学校学历证书、行业上岗证书、企业能力证书三证融合，与企业薪酬层级体系匹配的四级能力体系。合格毕业生以中级工资水平入职企业，实现高质量就业。

（四）聚力服务支撑，打造多维一体、科技牵引的培育平台

行校企共建集技术研发、社会服务与人才培养功能于一体的产业研究院，打造高水平人才培养平台。共建教学科研创新团队，联合开展技术攻关、技术服务、科技成果转化，丰富教师与学生实践经验，使其提升整体实践能力，为行业发展提供有力支撑。

（五）聚智谋高致远，优化螺旋进阶、循序提升的培养生态

行校企共同开发电梯维修保养"1+X"技能等级标准，将行业规范、新技术、新工艺融入专业课程，打造"书证融通"课程体系，优化螺旋进阶、循序提升的育人生态体系，共建电梯产业学院，打造可持续技术技能人才成长平台。落实5年一周期的教师全员下企业锻炼6个月制度，做到"一师一岗"（每名教师联系对接一个企业典型岗位）、"一师多案"（每名教师承担多项企业生产实践项目与技术攻关），提升一线技术人员参与教学的积极性，确保人才链与电梯产业链精准对接、人才培养和产业需求全方位吻合。

二、主要成效

（一）人才培养与社会服务引领全国，形成"技能标准出杭职、人才培养看杭职"的育训高地

一是国字号成果丰硕。入选"双高计划"建设专业群、国家教学名师和教学团队，主持国家专业教学资源库，建成国家级生产性实训基地，牵头（参与）制定国家职业技能标准7项，主编出版国家规划教材6本。学生实现体面就业。学生获国家级大赛一等奖7项，毕业生就业率达100%，专业对口率超86%，学徒班留企率超90%，企业满意度达95%，就业三年后升任主管的学生比例达30%。二是社会服务全面拓展。面向电梯行业，年培训收入超5000万元，年培训人次超4.85万人次，完成全国50%以上的电梯检验员培训，承担了全省90%以上的电梯上岗资质考核。完成老旧小区电梯改造加装5000余台，参与G20杭州峰会、世界互联网大会等电梯

安全保障工作。面向13个省市的275名贫困生开展扶贫培训，获全国职业院校决胜脱贫攻坚先进集体称号。

（二）资聚和平台建设全国领先，打造了资源高效配置的"行业窗口"

一是资源积聚能力显著。学校托管资产2.6亿、占地5公顷的省特科院海宁尖山基地；整合企业投入3500万元，建成全国一流的校内生产性实训基地。建成电梯设计公共平台、应用技术协同创新中心等省级平台，成为业内的电梯改造技术方案输出中心。二是"行业窗口"效应凸显。电梯维修保养"1+X"证书试点全国办公室、全国电梯检验员培训考证基地、奥的斯华东区培训中心、西奥电梯全国培训中心等入驻学校，打造了资源高效配置的一站式服务"行业窗口"。

（三）培养模式示范全国，在同类专业中成为"职教样本"

理论成果发表于权威期刊《教育研究》，相关成果在国家教育行政学院、全国现代学徒制交流大会等作经验交流、成果推广。实践成果辐射100余所具有同类专业的职业院校，吸引了全国900多所高职院校考察学习。承办各类师资培训100余场。时任浙江省委书记车俊来校视察，并给予高度评价；时任省长、副省长两次批示肯定。中央电视台、《光明日报》等20余家主流媒体对本成果进行了深度报道。

（撰稿人：陈军统）

现代学徒制培养航空高端制造人才新模式

西子航空是浙江航空制造龙头企业，具备国产大飞机 C919 机体一级供应商资质，主要承接辅助动力装置门（APU 门）和应急发电机舱门（RAT 门）的研制业务。作为高端装备制造的西子航空，亟须高素质技术技能人才队伍不断壮大。杭州职业技术学院在探索校企合作过程中，主动担当、锐意创新，联合西子航空、友嘉实业集团组建西子航空工业学院，进一步整合校企优质资源，推动以企为主、校企协同的航空制造技术技能人才的现代学徒制培养，解决了企业的迫切需求，为院校人才培养与高端装备制造企业发展提供了可借鉴的经验和范式。

一、实施举措

（一）实行理事会领导下的院长负责制，完善校企治理机制

西子航空工业学院实行理事会领导下的院长负责制，其中理事会确保决策的有效贯彻实施，学院院长对理事会负责。通过定期教学例会制度协调解决人才培养过程中出现的问题，可以确保培养目标顺利达成。

（二）对标"规矩严格、功夫到家"，构建四模块课程体系

西子航空工业学院建立了针对不同生源的分段培养与选拔机制，制定了考核制度和激励措施，明确责任和义务，成立了由专业教师、企业专家组成的"校企联合教研室"，全程参与教学管理和质量监控，做到"规矩严格、功夫到家"。校企双方专家共同制订人才培养方案，构建基于现代学徒制培养的四模块课程体系，分别设置了技术技能基础课程模块、航空职业素养养成模块、航空制造岗位群技术技能模块和学徒职业生涯可持续发展模块。

（三）破解招生招工一体化难题，实现校企互利共赢

招入西子航空工业学院的学生，第 1 年在学校学习基础知识。第 2 年在校企共建的零号车间边学习边实训，签订协议确立其学徒及准员工的双重身份，实现了学校招生与企业招工一体化，破解了招生与招工的难题。同时，企业提供食宿并发放 2500 元的补贴。第 3 年根据学生意愿留守企业或者进入校企高阶深造。该培养模式既重视学生职业素养和可持续发展的能力，又兼顾技术技能培养。截至 2021 年，60%的车间技术骨干毕业于杭职院，解决了航空产业人才短缺问题。现代学徒制学员留企率超 90%，实现了高质量就业。

二、主要成效

（一）填补了浙江省航空人才培养的空白

校企共建西子航空工业学院已成为航空工业"金蓝领"培养的摇篮，填补了浙

江省航空人才培养的空白。校企融合共赢的合作新模式提升了学校办学质量及影响力，解决了企业之痛，实现了毕业生高端就业，并获得了家长和社会的认可，实现了多方共赢。

（二）形成了可供复制借鉴的高端制造业人才培养范式

经过近几年的实践，西子航空工业学院培养的技术技能人才已成为西子航空装备制造部门的中坚力量。杭职院在总结经验教训的基础上，形成了一套校企协同、兼顾各方、全程定制、工学交替、严控质量的可供复制借鉴的高端制造业人才培养范式。

（三）探索实践获得了一系列丰硕教学成果

西子航空工业学院的实践探索共获得国家级教学成果二等奖1项，省级教学成果一等、二等奖各1项；主编国家规划教材5本，"1+X"证书配套教材1本，新形态教材2本；建设混合式在线学习课程8门；学生获国家级竞赛奖27项，其中刘明杰同学夺得"振兴杯"全国青年职业技能大赛第1名，荣获"全国技术能手"称号。

（四）经验推广与应用

校企融合共赢的合作模式之所以能够持续，主要得益于五个坚持：一是坚持招生用工一体化原则；二是坚持岗位匹配能力的培养原则；三是坚持校企协同、工学交替的育人原则；四是坚持全过程质量监控原则；五是坚持兼顾各方利益原则。该模式已得到充分推广，截至2021年底，已有浙江德康医疗器械有限公司、津上精密机床（浙江）有限公司等9家高端制造企业与学校开展校企深度合作，累计培养的1246名高素质技术技能人才全部实现高端就业，获得了用人单位和家长的一致好评。同时，办学经验也被国内数十所兄弟院校借鉴和推广应用。

（撰稿人：徐振宇　雷　阳）

搭建省域行企校融合新平台　构筑区域电梯人才培养新生态

杭州职业技术学院深入贯彻实施《关于深化现代职业教育体系建设改革的意见》等文件精神，立足杭州，根植电梯行业，联合浙江省特科院、电梯头部企业开展全方位、多层次行校企深度合作，将产教融合贯穿中高职一体化教学改革，以电梯行业从业人员上岗资质标准为引领，以成本折股、市场共拓、收益反哺为行校企一体的实施路径，以职前职后全要素集成融通为平台，创设了支撑行业发展的全生命周期人才培养体系，构建了省域电梯人才培养联盟（共同体）、产业学院和产业研究院"一体两院"的电梯人才培养新生态，全面提升学校产教融合、职普融通、电梯人才培养、技术技能积累、服务经济社会发展等内涵指标，不断提升行校企协同育人的可行性和推广度。

一、实施举措

（一）聚焦人才供需两端，打造示范性职教联盟新标杆

学校作为牵头单位，联合浙江省特科院、六大电梯头部企业及中高职学院等单位，按照平等自愿、优势互补、互利共赢、协同发展的原则，组建省域电梯人才培养联盟（共同体）。学校成立电梯人才培养联盟委员会，建立《电梯人才培养联盟章程》《联盟人才培养管理指导意见》等制度，构建课程共改、教学共管、基地共建、师资共培、人才共育、成果共享等"六共"机制，实施委员会管理办法，由委员单位轮流管理，同商共定，提高委员单位参与共建的积极性，形成行、校、企三方"规划、实施、服务、监管"的全方位职业教育生态圈。联盟以服务智能制造和城市公共安全国家战略为目标，坚持"行业引领、产教融合、创新改革、服务社会"的原则，打造电梯公共安全服务品牌。

联盟各成员精诚合作、协同创新，办学的集聚效应显著，办学特色显著提升，自电梯人才培养联盟成立后，建成虚拟仿真实训基地、生产性实训基地、"双师型"教师培训基地等5个国家级基地，以及1个"产业学院"、1个"产业研究院"、4个"技能大师工作站"等行校企联动平台。2022年，职教联盟内由行校企合作产生的直接经济效益近1000万元。通过联盟办学推进行校企资源共享，学院教学实训设备和校内外实训基地更新不断迭代；推进行校企师资共享，教师下企业锻炼、企业员工进修、学生顶岗实习人数大幅增长；促进招生改革，企业参与学院招生选拔，实现了学校招生与企业招工一体化，解决了招生与招工的难题。

（二）引领专业协同发展，形成首创式产业学院新特色

学校联合行业头部企业，按照"共建、共享、共管、共赢"等"四共"原则，对接电梯智能制造、电梯检测、电梯大数据等杭州市特色产业，聚焦学校电梯工程技术高水平建设要求，共建市域产教联合体——全国首创式特种设备学院（产业学

院）。学校制定了《产业学院制定管理办法》《产教融合型实训基地建设和管理办法》等制度文件，优化了行校企共同体准入标准和系列配套规章制度，对接杭州区域产业链，优化设置电梯工程技术、电梯智能制造、电梯检测、电梯大数据等专业（方向），打造以电梯专业为龙头的国家"双高"专业群，培养电梯维保、制造、检测、智慧监管等技术技能人才，推进专业链、人才链与产业链高度匹配。

依托产业学院各方主体优势，融通各企业资源。课程体系上，融通职业标准，重构"底层通用、中层共享、高阶分立、模块互选"递进式课程体系，实现中高职课程一体化衔接。教学内容上，引入真实项目，实施"岗课赛证"融通。教学路径上，实施"井道式"教学模式，实现"井道就是教室，教室就是井道"课堂革命。教学评价上，引入企业"红绿蓝黑带位"能力等级评价体系，实现学校与企业高度对接。整合电梯头部企业，共建育训合一的跨企业电梯培训中心，构建从业资格培训、技能等级培训、检验员培训、管理员培训和学历教育五育合一的全生命周期职业能力成长支撑体系，破解职前职后培养衔接不畅的痛点。

（三）围绕科创融合发展，构建行校企产业研究院新路径

学校携手省特科院、西奥电梯、中国计量大学等科研院所共建行校企产教融合共同体，共同开展电梯技术攻关课题研究、社会培训、技术交流和教科研等活动，构建以行业专家为带头人，以业务能力强的校内外教师为骨干，以高学历、高素质的青年教师为主力的高水平技术研发团队，并出台《产业研究院科技成果转化奖励和收益分配方法》《行校企工作站管理（暂行）办法》《技术技能大师工作站管理办法》等一系列管理文件，形成了行校企合作开发激励机制、资源共建共享机制和成果转化机制等，促进了行校企人才共享互通，全面提升了学校科技创新、技术服务等发展水平。

学校联合浙江省电梯评估与改造应用技术协同创新中心、电梯大数据中心等，共建集技术研发、社会服务、人才培养功能于一体的产业研究院，打造协同育人和技术服务平台。打破传统班级、专业之间的壁垒，开设拔尖人才卓越班，开展师徒制人才培养，实施学分制和主辅修制。打造"学做一体、教研合一"的电梯工程创新中心，引入企业电梯培训模块化课程，师生参与智慧维修、运行数据分析、升级改造方案制订等，切实提升学生的综合素养和技术应用水平，构建个性化育人运行机制，培养高端技术技能人才。

二、主要成效

（一）职教联盟成果辐射全国

近年来，职教联盟创建了电梯维保"1+X"证书试点全国办公室、全国电梯检验员培训考证基地、奥的斯华东区培训中心、西奥电梯全国培训中心和电梯人才培训认证中心，打造了资源高效配置的一站式服务样板窗口。相关成果辐射百余所同类院校，吸引900多所学校考察学习。时任省委书记来校视察，并给予高度评价；时任省长、副省长2次批示肯定。中央电视台、《中国教育报》《光明日报》等20余家主流媒体对本成果进行了深度报道。

（二）产业学院育人成果丰硕

近年来，产业学院牵头（参与）制定行业和职业技能标准 16 项，主编出版国家规划、中华人民共和国人力资源和社会保障部（以下简称"人社部"）培训教材 6 本，发表核心及以上论文 20 余篇。理论成果发表于权威期刊《教育研究》，获全国教育科学研究成果三等奖（高职唯一）。2022 年，学生获国家级大赛奖项 10 项；初次去向落实率连续三年超 98%，企业满意度超 98%；毕业生多数具备电梯安装维修工（高级）、绿带技师证书，毕业一年后升班组长超 1/3，三年后升任主管达 30%。联合培养的留学生，80%入职中资南非企业，受到南非工业和制造业培训署副署长的高度评价。

（三）服务区域经济成效明显

近年来，产业研究院完成全国 50%以上的电梯检验员培训，承担全省 90%以上的电梯上岗资质考核，联合开展培训 17.7 万人次、收入超 8000 万元；参与杭州亚运会、G20 杭州峰会、世界互联网大会等电梯安保工作；中标政府电梯安全隐患排查工程，协助企业完成 500 台电梯评估改造。投资 2000 万元建成国家级特种设备安全科普教育基地，开展市民电梯安全教育 6 万余人次。

（撰稿人：雷　阳　王正伟）

第二章　强化课程教学资源建设

电梯检测技术课"混合式、沉浸化"教学模式创新

混合式教学作为一种新的教学模式,是线上学习与线下学习的有机融合,强调以学生为中心,切实注重实效,满足学生的个性化需求,可以有效保障教学活动的正常进行,即教室内师生正常开课,而其他学生可以通过线上远程接入课堂,无论是在家里、宿舍或者任何有互联网接入的场所。与过去十几年广泛应用并被普遍接受的混合学习、线上教学相比,混合式教学可以被视为一种不断演进的教学模式,强调将各种数字化教学方法应用于日常课堂教学,为学生打造数字化的互动课堂氛围,同时极大地确保远程接入的学生获得如同身在课堂的学习一致性体验。

一、实施举措

(一)对标电梯国家教学标准,重构课程教学顶层设计

专业群对标电梯专业国家教学标准,聚焦电梯检测员、质检员等实际岗位要求,重构"电梯检测技术"核心课程教学顶层设计,打造"六大模块"共26个项目的课程内容体系。凝练前期的教改成果,按照认知检查、检测维保、诊断修理、综合实践等四种课程类型,将传统的教学模式打造成线上线下一体的授课模式。如"电梯检测技术"课程的模块二"安全部件检测",包含"限速器检测与调整""曳引机失效与检测""钢丝绳失效与检测""制动器失效与检测"和"门系统检测与调整"五个项目,该模块是影响电梯安全运行中最基本、最紧密、最重要的模块。在线上理论知识学习阶段,使学生掌握电梯安全部件的失效与检查的理论知识;在检测维保学习阶段,使学生掌握电梯安全部件检测与维护的实践能力,并达到企业"红带"技能等级要求;在真梯井道学习阶段,使学生掌握电梯真梯诊断与维修的实践能力,并达到企业"绿带"技能等级要求;技能大师工作室学习阶段,使学生掌握电梯层门评估与改造等综合实践能力,初步达到企业"蓝带"技能等级要求。通过线上线下有机融合,提升学生理论知识和实操能力。

(二)聚焦岗位实际需求,打造线上线下教学实施策略

以电梯岗位实际技能需求为培养目标,整合校企多方教学资源,打造线上线下一体式教学实施策略。线上课程是以理论为主的认知检查课程,充分利用主持开发的电梯国家教学资源库和自主开发的VR虚拟仿真平台等资源进行线上授课,以问题导向式,通过研、析、仿、拓的教学过程,使学生达到电梯检测理论知识要求;线下课程是以实践为主的检测维保、诊断修理、综合实践课程,依托校企深度合作、产教高度融合的优势,综合运用5G、AR眼镜第一视角可视化等信息化技术,在真梯井道中,通过忆线上知识、示范、实操、练习提升的教学过程,使学生达到合作企业"红带""绿带""蓝带"的技能等级要求。

（三）利用 5G、AR 等信息化技术，打造"沉浸化"教学实施体系

以模块二"安全部件检测"中的项目二"曳引机失效与检测"为例，分为曳引机的失效与检查（线上）与曳引机的检测与维保（线下）两个任务。曳引机的失效与检查（线上）任务，根据曳引机失效模式分为曳引轮槽磨损失效检测、曳引轮槽油污失效检测、曳引机异常振动和异响失效检测三个子任务，每个子任务均采用问题导向式教学法，引入电梯协同创新中心收到的真实案例，以解决实际问题为出发点，将每个子任务设计成课前学习-呈现问题-分析问题-解决问题-展示成果-评价反馈-巩固拓展等环节，充分利用自主开发的电梯 VR 虚拟仿真平台，让学生通过自主学习和合作探究的方法，完成曳引机相关检测标准、失效模式、检测方法等的认知，激发学生的学习兴趣，实现"学、教、做"互为相长，让学生在有趣、开放、智慧的课堂中掌握课程重点、突破课程难点。

曳引机的检测与维保（线下）任务，是在学生完成曳引机的失效与检查（线上）任务的基础上，采用双师指导的教学模式，利用信息化技术，采用任务驱动式教学法，以实际检测任务为出发点，将任务设计成导入任务—明确任务—实施任务—红带考核—总结评价等环节，利用电梯学徒培训中心部件实训室的曳引机部件，让学生通过自主学习和合作探究的方法，完成曳引机相关检测任务和考核，使学生掌握课程重点、突破课程难点，并可以学以致用。

二、主要成效

通过线上线下混合式教学改革的有效实施，多元一体化数字化教学资源的广泛使用，学生学习的积极性和主动性获得激发，整体学习效率显著提高，电梯公共安全责任意识得到内化，实践服务能力明显增强，课后测试显示学生知识、技能、素质目标有效达成。授课班级学生技能竞赛屡获佳绩，2020 年获得"一带一路"暨金砖国家技能发展与技术创新大赛电梯工程技术赛项一等奖，2021 年获得全国职业院校技能智能电梯装调与维护赛项二等奖。

（撰稿人：贾中楠）

"系统集成·开放共享"：高标准建成国家级电梯教学资源库

2015年，教育部在高职专业目录里增设了电梯工程技术专业，专业发展时间短，教学资源既匮乏又缺乏统一的标准，现有的电梯专业教学资源不能满足教学需要。基于此，杭州职业技术学院电梯工程技术专业群联合多家合作单位，共同打造电梯专业教学资源库，提升数字教育资源开发和服务供给能力。

一、实施举措

（一）行企校共建，优势资源"系统集成"

坚持课程目标对接岗位要求，教学内容对接工作任务，评价标准对接岗位能力，聘请中国电梯协会理事长李守林担任资源库建设首席顾问，联合电梯行业协会、19家企业、2家研究院所和16所职业院校，组建具有国际水准的行业骨干和学校教学骨干的资源协同开发团队，共同开发建设，确保教学资源素材取之于行业企业，用之于人才培养。国家教学资源库新增颗粒化资源超2.2万件，使用量超170万人次。整合行企校资源建成电梯国家教学资源库，搭建开放型共享共用资源库平台，建成结构化、模块化课程55门（图2-2-1）。

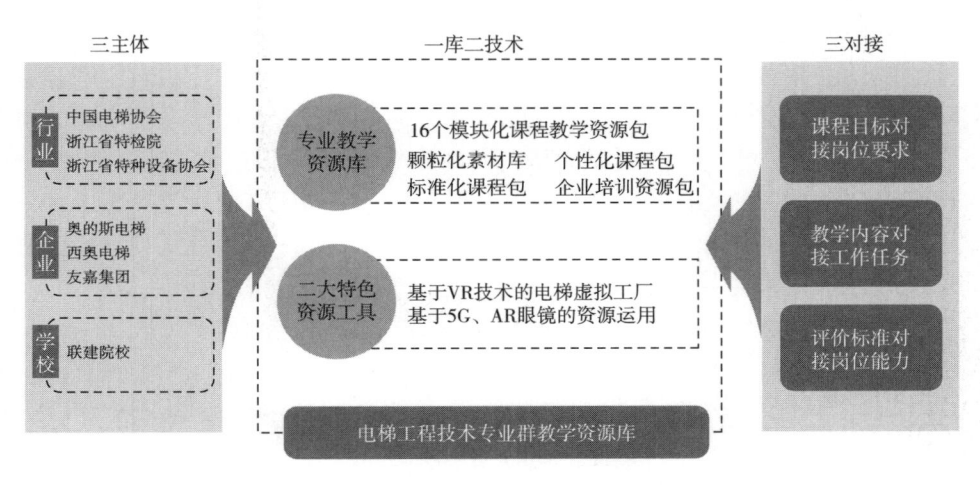

图2-2-1 电梯工程技术专业群资源建设示意图

（二）聚焦教与学，功能定位"助学辅教"

对标"助学"功能，建立和推行"规范定义学分、课程学习积累、校际自主认可、重复学分冲抵"的学分积累与转换制度，鼓励和帮助学生通过资源库进行自主学习，在线完成课前预习、课中答疑及课后作业、测评，达到一定学习效果即可获得相应学分，赋予自主在线学习与课堂学习同等效力。锚定"辅教"功能，科学设

置核心课程建设、教学项目设计、微课制作、教师技能竞赛等功能模块，满足教师教学和竞赛等使用需求。

（三）凸显服务性，面向社会"开放共享"

资源库建设除了满足学校师生"教"与"学"的需求，同时着眼于企业员工技能提升、学习成果认定等需求，开发建设面向社会、企业开放共享的功能模块，学习资源涵盖电梯曳引、控制等八大系统，制定了一套实操性强的学习成果认定标准，打造成为电梯企业开展员工培训、技能考证辅导、技能鉴定的"助力器""加油站"，在业界达成了"学电梯技术必用电梯教学资源库"的共识。

二、主要成效

（一）资源库内容不断充实，市场认可度高

以电梯工程技术专业群课程体系与教学内容改革为主线，以结构化、模块化的课程建设为重点，重视颗粒化的细分资源建设，共建成 19 门标准化课程、36 门个性化课程及 1 个世界电梯文化博物馆，资源总数超过 2 万条。资源库中的资源类型多样、分布合理，文本和图形类资源数量占比超过 50%，相关技术技能教学难点的微课超 200 个，视频超 4000 个，活跃资源占比超过 65%。为达到与行业需求的高匹配度，确保资源的时效性，资源库建立了一套动态调整机制，每年更新内容比例不低于 10%。资源库建设定位准、起点高、功能强、质量优，与之配套的部分教材未出版就已获得超千册的订单，行业内众多企业单位争相高价购买相应数字资源的使用权。

（二）资源应用开启新模式，促进课堂形态变革

资源库建设贯彻"以学习者为中心"理念，实现纸质教材与虚拟数字资源有机融合，设计体验式、闯关式学习环节，充分调动学生的好奇心，激发学生的学习兴趣，推动"探究式"课堂教学方式。依托资源库平台的"互联网+实训"功能，有效融合 AR/VR 增强现实技术，将电梯维修保养和安装调试方面所需要熟练掌握的技术技能转化为"直观化、沉浸式、可触摸、能反复操练"的虚拟实训任务，达到以课堂形态变革提升教学效果的目标。

（三）加大资源推广力度，扩大行校企受益面

通过制定资源推广应用绩效管理办法，加强资源库的推广应用。特别是针对中西部地区和共建"一带一路"国家加大推广力度，吸引更多教师、企业员工、学生和社会学习者使用，提高了资源库使用效率，扩大了受益面，最大限度地发挥资源库的作用。截至 2021 年，电梯工程技术专业教学资源库的注册用户数已达到 19192 个，已在全国各类电梯企业及 60 余所开办电梯类专业的中高职院校广泛应用，服务南非留学生 3523 人次。

（撰稿人：魏宏玲）

"浸润式融入，沉浸式学习，濡染式影响"
——构建"电梯检测技术"课程思政新路径

中国是电梯生产和使用大国。截至 2022 年，我国电梯保有量接近 1000 万台，位居全球第一，但是技术技能型电梯人才紧缺，电梯人才供给与行业发展严重不匹配等问题日益凸显。因此，培养一批肯吃苦、素质高、专业精的人才成为电梯行业发展的迫切需求。作为电梯工程技术专业核心课程，"电梯检测技术"肩负着保障人民群众生命财产安全和提高美好生活水平的重要责任。

在课程教学中发现，学生存在"政策理解不足、民族品牌认同度低、技能水平不高、职业意识淡薄"等现状，结合社会及电梯行业发展需求，将课程思政目标确定为帮助学生树立"政策自信""科技自信""专业自信""职业自信"，培养一批"厉行法规标准、坚守安全底线、保障公共安全"的电梯卫士。

一、实施举措

（一）多维度挖掘思政元素，浸润式融入专业教育

依托一流行校企共建共享资源，培训内容对标国家资格证书要求，以机房项目、井道项目、应急救援等工作任务为引领，多维度挖掘思政元素，将思政元素浸润式融入专业教育。通过深度解读国家政策，培养政策自信，厚植家国情怀；通过学习民族品牌电梯发展战略，培养科技自信，激发创新活力；通过将 VR/AR 技术融入知识及技能培养，培养专业自信，夯实专业技能；通过植入保障安全职业信念，培养职业自信，涵养工匠精神；有效落实"前沿标准"知识技能，创新"理实一体"教学模式，构建"准入考核"评价体系，将价值塑造、知识传授和能力培养贯通培训全过程。

（二）全方位打造教学环境，沉浸式学习知识技能

电梯专业群建有"一中心五基地"，分别是国家电梯产品质量监督检验中心、国家级职业教育示范性虚拟仿真基地、杭州市 96333（全国最大）电梯故障数据综合实训基地、全国电梯检验员培训考证基地、浙江省特种设备科学研究院电梯培训基地与西奥电梯产教融合实训基地，全方位打造虚拟与实践教学环境，使学生沉浸式学习知识技能，创新课程思政授课形式：电梯工程技术专业教学团队联合企业根据课程内容，自主开发了电梯 VR 虚拟仿真软件、虚拟仿真训练项目、涵盖电梯七大系统的检测项目和六大模块的诊断项目。整合行校企各方资源，按照"颗粒化资源、结构化课程、系统化设计"的组织建构逻辑，完善专业群国家级教学资源库建设。反复递进、寓教于乐的虚拟训练为开展高损耗、高风险的实践教学奠定了扎实基础；通过综合运用 5G、AR 眼镜第一视角可视化等信息化技术，真梯实检的实践教学资源满足校内学生、电梯企业员工等多元主体使用需求。

（三）高标准嵌入教师言行，濡染式影响学生品质

教学团队为行校企深度混编，由学校教师、企业技师（师傅）、行业检验师三种类型人员组成。成员主要有检验标委会委员、资深检验师、资源库课程负责人、技能大师、企业专家等，其中高级及以上职称5人，电梯检验师3人，电梯检验员3人，全国机械行业职业教育服务先进制造专业领军人才1人，中国特种设备检验协会标准委员会电梯委员会秘书长、委员各1人，杭州市电梯安装维修技能大师工作室领衔人1人，构建了一支政治素质高、精技善教的高水平双师队伍，课程思政内涵已深深嵌入教学团队成员的一言一行中，使学生的品质在对高标准的耳濡目染中受到影响，并得到提高，潜移默化地达到课程思政的培养目标，逐渐做到"安全责任内化于心、规范操作外化于行"。

二、主要成效

（一）激发学习热情，达成课程思政目标

课程激发了学生的学习热情，专业考核通过率大幅提高，学生课堂中"红带"技能等级通过率从73%提高到100%，"绿带"技能等级通过率从62%提高到89%。课程思政培育目标考核通过的学员，安全操作习惯好、操作规范更专业、法规标准执行严、行业企业评价高。

（二）增强学生自信，明确行业工作准则

学生反馈，在进行了我国电梯万台电梯死亡率与发达国家的数据对比后，对我国政策更自信；在全球领先的物联网大数据分析平台学习后，对我国科技更自信；在通过曳引系统检测技能培养及层层考核后，对自己专业更自信；在一系列的保障安全职业信念植入与涵养工匠精神后，具有更多的职业自信，能自觉地将公众的安全、健康和利益作为自己的行业工作准则。

（三）提升业内影响，推广人才培养经验

加强了课程思政师资团队建设，提升业内影响力；持续优化了课程思政内容，加大了实训基地建设、数字教学资源开发，建立了特种设备安全保障思政展示和共享平台；总结了建设经验，向特种设备其他领域推广，培养了保障公共安全的全产业链、岗位链高素质人才。

（撰稿人：孟 伟）

第三章　推进教材与教法改革

开发、融入行业标准，构建类型特色鲜明的电梯专业教学新形态

国务院《国家职业教育改革实施方案》提出，要推进标准在职业教育质量提升中的基础性作用。在"1+X"证书制度的背景下，各高职院校需要探索专业教学标准和职业等级标准的融合。然而，我国高职院校在标准开发方面的水平不足，基于职业标准的职业教育课程开发和教学融合也有待增进，这导致了职业院校产学脱节、人才培养质量与岗位需求不符等一系列问题。因此，应提升高职院校参与职业标准开发的参与度，根据职业标准开发课程内容和新形态教材，使专业教学标准与职业岗位相对应，通过标准引领，倒逼教师、教材和教法的全面变革。

杭州职业技术学院电梯工程技术专业群按照专业设置与电梯产业需求对接、课程内容与电梯职业标准对接、教学过程与电梯生产服务过程对接的要求，联合行业、企业开发各类标准，规范电梯专业职业院校的专业设置和课程设置，推进电梯工程技术专业群教学标准、课程标准、顶岗实习标准、实训条件建设标准（仪器设备配备规范）建设等，推进电梯工程技术专业教学资源建设。通过标准的融入、引领，使教学形态更具职业教育类型特征。

一、实施举措

（一）整合行企校三方资源，协同开发电梯人才培养标准

凝聚行业、企业、院校的专家，设立"标准体系"专项经费预算，每年提供50万元用于"标准体系"实施建设。作为编写组组长单位，牵头完成人社部 GBZ 6-29-03-03《国家职业技能标准 电梯安装维修工》（国家最高标准），参与起草中国特种设备安全与节能促进会牵头的团体标准 T/CPASE MG007—2019《电梯物联网采集信息编码与数据格式》、中国电梯协会牵头的团体标准 T/CEA 901—2019《电梯安装、改造、修理和维护保养作业人员培训规范》、中国职业技术教育学会职业教育装备专业委员会牵头的《高等职业学校电梯工程技术专业实训教学条件建设标准》。主持人社部《电梯安装维修工作国家职业培训教程》开发，完成由浙江省人力资源和社会保障厅委托的"电梯安装维修技能等级（1—5级）"考核题库命题工作。在"电梯标准出杭职"的影响下，电梯三巨头（美国奥的斯、瑞士迅达、芬兰通力）齐聚杭职，打破了电梯行业常见的互不协同布点的壁垒。

（二）注重标准融入，将职业技能和行业标准融入教学、行业

一是将职业技能标准融入电梯专业人才培养，重构教材、课堂，倒逼教师提升理论实践一体化的教学技能，开发"学训合一"的课程体系。二是与奥的斯等国际一流企业合作，引入企业资源，开发基于国际标准的教学包，提升教学质量水平。按照国际标准完善电梯安装维修基地硬件建设，并依托奥的斯、迅达、通力等国际知名企业构建技能培训体系，开发技能培养模块，培养具有国际视野的电梯专业人

才。三是联合杭州西奥电梯有限公司、杭州市特种设备检测研究院制定并实施了"电梯维修保养""智能网联电梯维护"教育部"1+X"职业技能等级证书，明确各院校电梯人才培养职业技能培养方向。四是专业群联合杭州西奥电梯有限公司开发了新形态教材《电梯结构与原理》；主持编写了人社部电梯安装维修工国家职业技能培训教程5本（基础、初级、中级、高级、技师高级技师）。五是主持开发人社部《电梯安装维修工》技能等级鉴定标准，引导社会从业人员职业技能学习目标；主持完成了人社部电梯安装维修工职业技能鉴定国家题库；参与制定了国家市场监督管理总局的《电梯维修作业人员考核大纲》，明确了国家从业人员的准入要求。

（三）提升辐射能力，依托电梯职教集团推广电梯职教标准

杭州职业技术学院电梯工程技术专业群牵头成立电梯职业教育职教集团，成员单位包含学校、企业和行业组织。通过职教集团推广"电梯维修保养""智能网联电梯维护""1+X"职业技能等级证书在中高职院校应用，并依据教育部电梯工程技术专业的课程标准及各教学、实训室建设标准，指导开设电梯工程技术专业的职业院校开展电梯人才培养。

二、主要成效

（一）标准引领和标准融入使人才培养更加符合企业需求

电梯专业群结合行业人才培养需求，将标准融入人才培养全过程，行企校共同开发教材、课程及考核标准，实现了电梯教学内容与标准要求同步，学生的职业技能要求更加明晰，尤其是职业素养也被有力地纳入人才培养方案，使电梯专业培养的学生职业能力更加全面，深受企业欢迎。学生获国家级（行业）大赛奖项共51人次，毕业生就业率达98%。

（二）形成一种育训结合的职业教育人才培养新模式

行业和职业标准的融入倒逼专业的人才培养改革，将行业标准、职业技能等级标准等要求有机融入专业人才培养方案，使专业"1"和"X"有机衔接，解决学历证书和技能证书"两张皮"的问题。整合了企业、学校和行业的优势资源，打造了结构优良的师资队伍，优化了课程设置和教学内容，创新了教学组织、教学方法，提升了学生能力评价的科学性，增强了人才培养的适应性、针对性，实现了电梯专业学生的个性化培养和综合能力的提升。

（三）以"技能标准"为导向，形成一系列教学资源

在构建电梯维修保养职业技能等级标准的基础上，课程教学资源建设进一步丰富，立项主持国家级专业教学资源库1个，形成了契合专业群课程体系重构需要的16个模块化课程教学资源包，开发了新形态教材3本：《电梯结构与原理》《电梯检测技术》《电梯营销》，教材按基础知识、初级工、中级工、高级工、技师高级技师分类编写，涵盖实际岗位工程技术427项工作任务，确保各项技术技能递进式培训的开展，并为各类信息化培训手段的开发，提供核心脚本。教材内容全面覆盖电梯日常维修保养工作的各项技能点与知识点，包括维保工艺手册、电梯事故分析报告、电梯大数据分析报告、实训手册等。融入教育部"电梯维修保养""智能网联电梯

维护""1+X"证书技能标准，联合企业共同开发 VR 教学课程、电梯风险教学中心及国际电梯教学资源库。

（四）标准应用于电梯行业，电梯行业人员从业要求更加规范

电梯行业、职业标准是进一步规范电梯安装维修工的职业岗位能力要求，对从业人员的理论知识和技能有更加明确的规定，弥补了我国电梯安装和维修保养领域职业标准的缺失，规范了全国电梯安装维修工职业教育、培训和职业技能鉴定行为，促进了电梯职业人力资源市场的发展和从业人员素质的提升，保障了电梯行业的高质量发展及电梯使用公共安全。

（撰稿人：金新锋）

"攀高峰、筑高地、登高原"：教学改革取得显著成效

随着我国城镇化进程加快，电梯作为基础设施建设重要组成部分，其需求增长呈现快速上升态势。电梯需求的增长带来了对电梯维修、保养和改造等方面专业技术技能人才需求的大量增长。然而，我国在这方面的人才储备严重不足，电梯维保工作人员需求量巨大。据不完全统计，近年来电梯事故频发，主要原因在于电梯维保人员的技术水平不足、素质能力低下。因此，变革传统教学模式，培养电梯工程技术技能人才迫在眉睫。

一、实施举措

杭州职业技术学院为全面落实《国家职业教育改革实施方案》精神，通过"双高"项目建设，建立特种设备学院电梯工程技术专业人才培养新模式和课程思政新目标。通过近几年不断摸索和总结积累，改革了人才培养模式，注重拔尖创新人才培养，完成了行企校深度融合的现代学徒制人才培养与实践，组建了"电梯检测技术"国家级课程思政创新团队。

（一）攀高峰：改革人才培养模式，培养拔尖创新人才

特种设备学院电梯专业群以选拔、提高、竞赛、创新为主旨，以"竞赛、创新"为载体，组建实验班、卓越班等拔尖人才培养新模式，不断探索创新人才培养新机制。根据"授之以鱼不如授之以渔"的思想，采用任务方式教学，锻炼学生自我思考、自我学习的能力。实验班、卓越班针对机电专业岗位特点和就业方向，将机电一体化专业进行细分，以企业实际工程项目为载体，实施分层化、个性化教学，创新教学机制。

（二）筑高地：行企校深度融合，优化学徒培养路径

将学校教学资源优势和行企社会资源优势深度融合，形成行企校三方全程参与的学徒选拔、课程体系、软硬件投入、师资队伍人才培养模式。通过建立基于职业生涯规划的学徒选拔机制、构建基于能力本位的课程体系、打造工程完善的学徒培训中心、强化企业师傅队伍建设、创新学徒考核方法并构建"1334"评价模式等方式，完成现代学徒制人才培养模式的建设，高效培养电梯工程技术专业高素质技术技能人才。

（三）登高原：聚焦提升职业素养，深化课程思政建设

"电梯检测技术"课程依托唯一的电梯国家"双高"专业群的引领优势，发挥电梯专业国家教学资源库建设单位和全国电梯检验员培训基地的平台优势，针对参训学员"政策理解不足、对民族品牌认同度低、技能水平不高、职业意识淡薄"等现状，深度挖掘"厉行法规标准、坚守安全底线、保障公共安全"的电梯行业思政元素，达成"安全责任内化于心、规范操作外化于行"的职业素养目标，进而实现

培养一批能将公众安全、健康和利益作为最高行业准则的安全卫士。

二、主要成效

（一）高素质工匠型人才培养硕果累累

通过"以赛促学、以赛促教、以赛促改、以赛促建"，不断提升学生综合技能水平，促进学生的全面、可持续发展，培养具有工匠精神的高素质拔尖人才。经过三年努力，累计获得国家级奖项23项72人次。鼓励学生参加公益事业，培养学生对社会的责任感和奉献精神，多次组织学生开展家电维修进社区活动，获"学习强国"学习平台等多家媒体报道。

（二）入选教育部现代学徒制试点专业

行企校深度融合，校企共同实施现代学徒制，建立院长与企业厂长、专业负责人与车间主任、教师与企业师傅的三对接制度，共同开展课程开发、师傅遴选、教学安排与考核，保障现代学徒制人才培养质量。专业群中电梯工程技术专业、机械设计与制造专业均入选教育部第二批现代学徒制试点专业，并完成验收工作，在现代学徒制领域的研究走在全国前列。

（三）入选教育部课程思政示范课程

课程面向电梯检验员岗位资质证书及复核培训，对接职业工作岗位要求，找准融入课程思政的"点"，连点串成"线"，并将各条线编织成"面"，整体设计课程思政教育模式，促成学员养成"安全责任内化于心、规范操作外化于行"的职业素养。通过深入挖掘电梯检验行业以安全为核心的思政教育资源，围绕"电梯安全卫士"培训目标设计课程思政教育体系，整合政行企校资源，形成课程思政浸入式教学实施路径，建设课程思政示范课程。"电梯检测技术"成功入选教育部课程思政示范课程，授课教师入选课程思政教学名师和教学团队。

（撰稿人：翁海明）

以赛育才,让每个孩子都有人生出彩的机会

《中共中央关于制定国民经济和社会发展第十四个五年规划和二〇三五年远景目标的建议》明确了"增强职业技术教育适应性,深化职普融通、产教融合、校企合作,探索中国特色学徒制,大力培养技术技能人才"。经过多年积累,我国高等职业教育改革不断深化,人才培养模式不断创新,但仍未实现人才培养与企业需求的无缝对接,原因之一是拔尖技术技能人才培养体系不健全。在建设创新强国战略背景下,高职院校开展拔尖技术技能人才培养工作,既是高等职业教育发展的必然趋势,也是我国社会经济发展的必然需求。

一、实施举措

(一) 健全选拔遴选机制

杭州职业技术学院重在以赛育才,秉承让每个孩子都有人生出彩机会的理念,在全校范围内召集所有感兴趣的学生加入训练队伍,强化基础训练,有针对性地专项指导,再从中精心筛选,择优参赛。选苗的原则包括:①良好的思想素质和进取精神;②坚实的基础和"好胜"意识;③健康的体魄和拼搏精神;④良好的心理素质和思维习惯。

(二) 优化训练指导机制

学校因材制订竞赛辅导计划,组织开展日常培训辅导,形成长期辅导学生参加竞赛的科学规范训练计划。指导教师分析竞赛的主题内容,根据内容厘清需要掌握的知识点,进而对竞赛辅导进行阶段性划分,有针对性地展开训练,仔细分析竞赛项目的重点和难点,并根据学生的自身条件,为学生制订详细的训练计划及日常安排。

(三) 强化心理辅导机制

学校非常注重学生的赛前心理辅导,以提高学生的竞赛心理承受能力。面对激烈竞争,学生难免会出现紧张不安和焦虑现象,从而影响比赛的正常发挥。为此,学校专门配备的心理指导教师根据不同学生的不同情况,进行心理辅导,确保学生以稳定的心态在赛场上充分发挥取得佳绩。

(四) 完善激励保障机制

学校构建了竞赛驱动机制,并先后出台了《学生科技竞赛管理办法》《学生课外科技活动奖励及指导教师工作量计算办法》《学生专利创造活动促进办法》等一系列规章制度,为学生参与竞赛、科技创新活动及教师指导学生参与竞赛提供了强有力的支持。

二、主要成效

在学校相关激励政策的指导下,学校形成了以赛促学、以赛促教,提升学生多视角工程能力和创新能力的培养范式。据统计,2019—2021年,国家级竞赛获奖23项72人次,省级竞赛获奖100余人次,如获得"一带一路"暨金砖国家技能发展与技术创新大赛一等奖,全国职业院校技能大赛高职组"智能电梯装调与维护"竞赛团体赛二等奖等,获奖覆盖面广、参与度高、受益面宽。

(撰稿人:刘富海)

"破圈+蝶变+共融"——电梯专业中高职一体化育人实践

深化中高职衔接、加强中高职一体化贯通培养是全面贯彻《国家职业教育改革实施方案》《浙江省中高职一体化课程改革方案》等文件精神,加快构建中国特色现代职业教育体系,不断提升职业教育适应性的重要途径,也是培养更多高素质技术技能人才、建设技能型社会、落实立德树人根本任务的重要抓手。

浙江省电梯相关专业积极探索、推进中高职课程改革和人才一体化培养,虽取得了一定成效,但在实际操作中还存在培养目标模糊、教学标准不统一、课程内容重复、管理机制不畅等问题,与国家对职业教育的发展定位、区域经济发展对高素质技术技能人才的需求、人民群众对职业教育的美好期盼相比,还存在一定的差距。因此,研究电梯工程技术专业中高职教育课程衔接,设计衔接顺畅的课程体系,实现职业教育资源的整合与优化,对提升人才培养质量、促进产业的发展尤为必要。

一、实施举措

(一) 破圈:打造行、企、校省域中高职一体化改革共同体

为破解中高职因隶属不同管理主体而造成的"两段式"培养难题,2015年,杭州职业技术学院联合杭州市闲林职业高级中学等3所中职院校开始"3+2"五年一贯制电梯技能人才培养改革。一体化改革,不是中高职学校围墙之内的课程或教学改革,而是需要政府、行业、企业和不同学段的职业学校多方主体共同参与、协同创新,实现"破圈"。

为打造多方主体参与的中高职一体化改革共同体,杭州职业技术学院复制特种设备学院理事会建设经验,以"行业+学校"的形式,聚合西奥、奥的斯两大电梯品牌、行业头部企业,共建了行校企多元主体的中高职一体化改革共同体。由杭州职业技术学院牵头,共同体成员以中高职一体化培养过程为议题进行定期的座谈会和教研会。在共同体运行机制框架下,整体设计包括培养目标定位分析、一体化课程体系、人才培养方案、专业教学标准、评价体系等在内的一体化改革方案,并联合3所中职院校和奥的斯、西奥电梯设立奥的斯、西奥"3+2"中高一体定向班。

(二) 蝶变:构建电梯工程技术专业中高职一体化育人理论体系

当前实施中高职一体化改革的相关专业,在操作层面仍然缺乏一体化育人理论的有效指导,"两段式"的割裂情况仍然存在。例如,在专业教学标准方面,国家分别有三年制高职与中职的专业教学标准,但还没有五年或六年一贯制的中高职一体贯通的专业教学标准。

为推进浙江省电梯技能人才培养的中高职一体化发展，学校联合多所中高职院校立项了浙江省中高职一体化课程改革重大课题。针对电梯工程技术专业中高职一体化课程改革的研究，该课题遵循人才成长规律，实证调研并撰写了专业的人才需求调研报告和教学现状调研报告。汇聚产业实际和教学现状，研制了中高职一体化职业能力标准和专业教学标准，并充分发挥标准在教学中的引领性，形成电梯工程技术专业中高职一体化人才培养方案和核心课程标准。该重大课题理论成果为电梯工程技术专业中高职一体化育人体系进行了顶层设计，为一体化育人实践打下了坚实的基础。

（三）共融：资源融通，深化中高职一体化课程与教学改革

中高职一体化贯通培养，需要在教学标准、人才培养方案、课程体系、评价体系、教学资源等诸多方面实现一体化的规划。学校为了更好地落实一体化改革实践，促成中高职学校形成合力，依托产业学院各方主体优势，融通企业之间的资源，从而深化了一体化课程和教学改革。课程体系上，融通职业标准，重构"底层通用、中层共享、高阶分立、模块互选"递进式课程体系；教学内容上，引入真实项目，实施"岗课赛证"融通；教学路径上，实施"井道式"教学模式，实现"井道就是教室、教室就是井道"课堂革命（图2-3-1）；教学评价上，引入企业"红、绿、蓝、黑带位"能力等级评价体系，实现学校育人与企业用人的高度匹配。

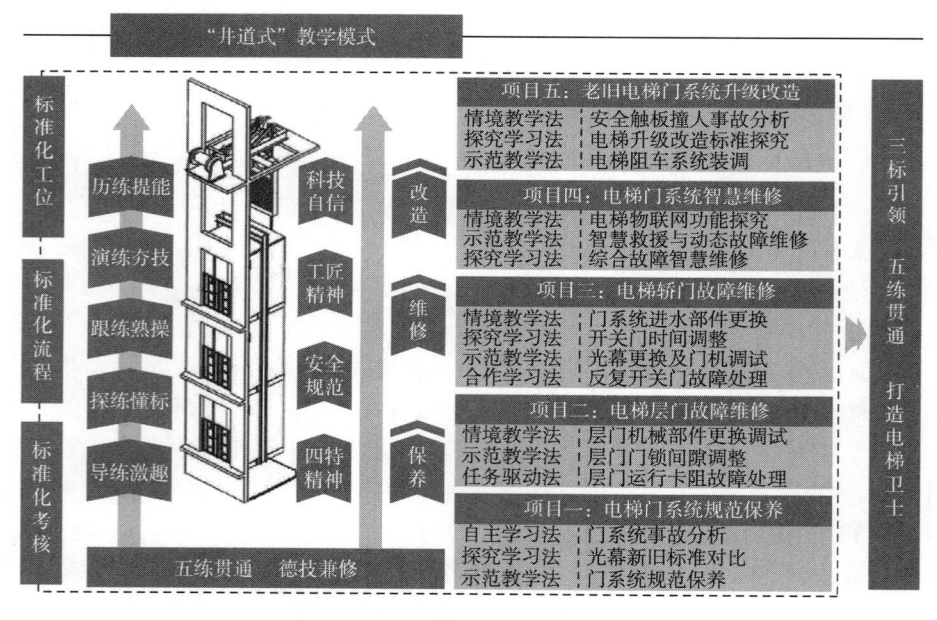

图 2-3-1 "井道式"教学模式图

二、主要成效

（一）理论成果推陈出新

杭职院电梯工程技术专业联合中高职院校立项了浙江省中高职一体化课程改革

重大课题，并研制了浙江省职业院校电梯工程技术专业中高职一体化教学标准。专业充分发挥了在全国同类院校专业中的引领性，制定（参与）行业等各类标准4项，其中牵头研制了电梯工程技术专业教学标准3项，参与制定了电梯行业标准1项，形成了"技能标准出杭职、人才培养看杭职"的共识。

（二）育人效果源源不断

学校与杭州市闲林职业高级中学等3所中职院校、奥的斯电梯、西奥电梯、浙江省特科院开展了"3+2"的中高职一体育人实践；建立了"中职学习—企业见习—高职学习—企业实习"四阶递进的中高职一体化培养体系；联合奥的斯电梯，经学生自主报名、校企共同面试，组建奥的斯学徒班，在见习和实习过程中实施师徒结对，一对一伴飞。依托中高职一体化培养的实践探索，仅2022年，学生获国家级（行业）大赛奖项10项；初次去向落实率连续三年98%，企业满意度超98%。

（三）师资培养精彩纷呈

头部企业投入34部电梯，建成集电梯安装、调试、维保、大修为一体的电梯装调与维修国家级生产性实训基地，成功入选教育部第一批国家级职业教育"双师型"教师培训基地。学校教师获全国职业院校教学能力大赛二等奖1项、省特等奖1项，开发中高职一体化活页式、工作手册式等新形态教材14本，研制新型教学设备3套，开发中高职一体化课程4门，其中"电梯检测技术"入选了省级精品在线课程，参与编订电梯安装与维修保养专业国家教学标准，打造电梯专业人才培养的"中高职一体化教学坐标"。

（撰稿人：潘国庆）

第四章　打造高水平教师教学创新团队

"痛"并快乐着：一名企业兼职教师蝶变成长之路

2021年8月20日，由浙江省教育厅主办的浙江省高职院校教学能力比赛在浙江金融职业学院落下帷幕。经过网络评审和线上决赛，特种设备学院的参赛作品"电梯曳引系统的检测与调整"获得一等奖，并被推荐至国赛。教学能力大赛是一场意志与体力的斗争，参赛团队从2020年的10月就要开始备赛，跨过了寒冬，经历了酷暑，克服困难，放弃休息，全力备赛。团队中有一个兼职教师更是不简单，他就是常驻杭职院的奥的斯金牌师傅缪小锋。

从被质疑的实训兼职教师，到浙江省高职院校教师教学能力比赛一等奖获得者；从被嫌弃到同行赞誉的"金牌名师"，再到指导学生参加大赛多次得冠，缪小锋在成为一名幸福教师的路上，经历了太多。记得刚刚上课的时候，一节课的内容通常只花二十多分钟就讲完了，明明已经按照自己的思路，讲解得很清晰了，可是学生们却一脸茫然。缪小锋突然明白：自己完全不了解这些学生的思维方式，课上得真是太糟糕了。痛定思痛后，缪小锋以一名专业教师的标准严格要求自己，通过各种培训不断提升自己，深度融入电梯工程技术专业的人才培养建设，不断尝试现代学徒制试点改革，积极参与电梯专业技能大赛及创新创业大赛指导工作，最终成为一名荣获教学能力大赛一等奖的优秀教师。

一、实施举措

（一）鼓励并支持常驻教师考取教师资格证，提升教学水平

制定《企业兼职教师教学能力认证标准》，定期开展企业、培训师培训（TTT培训），提升企业技术人员课堂教学能力。电梯专业群兼职教师在2019—2021年参加TTT培训人员达100%，兼职教师整体理论水平大幅提升。其中，缪小锋培训考核为优秀，并获得特种设备学院兼职教师教学能力大赛一等奖。

（二）制定相关政策制度，"教师下企业，技师进课堂"

制定《电梯工程技术专业群常驻学校兼职教师管理办法》，完善对企业技师教学实效的考核，通过企业捐建的"电梯教育基金"，对教学优秀的教师给予奖励。制定《金牌师傅评定办法》等激励办法，提升一线技术师傅参与教学的积极性。通过政策文件的制定，兼职教师的积极主动性不断增强，责任心不断提升。缪小锋在2019—2021年考核3次均获得"金牌师傅"荣誉称号。

（三）加强理论学习，坚守育人初心，勇担教育使命

在理论学习方面，通过多次政治理论学习，增强兼职教师的历史使命感。在专业建设方面，发挥兼职教师丰富的企业经验，加强与专业教师的优势互补，进一步推进现代学徒制试点改革，不断完善小班化、可视化教学制度。在课堂教学方面，兼职教师从不管学生，到严格管理，不断践行优化教学制度；从单纯的技术技能传

授，到将创新思维、思政教育、工匠竞赛等融入教学，使学生由被动学习转变为积极向上地主动学习，获得学生的一致好评（图2-4-1）。

图2-4-1　缪小锋手把手传授技能

二、主要成效

（一）学生综合职业技能增强

2019—2021年，10余名兼职教师积极参与职业院校学生技能与创业大赛，共同指导学生获国家级竞赛奖23项72人次。其中，缪小锋老师指导的大赛获得省级以上大奖就有10余项，与专任教师、学生共同授权专利7项，其中发明专利2项，获全国青年岗位能手1名，被国家级和省级媒体多次报道。

（二）专兼职教师互补队伍整体水平提升

2019—2021年，学校有2名兼职教师成功助力国家课程思政示范课程团队，3名兼职教师成功获批杭州市技能大师工作室，2名兼职教师参加省级高职院校教师教学大赛，并获一等奖和二等奖各1项，打造了具有卓越教学能力、岗位实战能力和技术研发能力的"双师型、结构化"高水平师资团队。

学院发挥电梯工程技术专业群大批企业技师常驻学校的天然优势，建立了覆盖电梯产业链的专业兼职教师资源库，并建设了一支以缪小锋为代表的"水平高、能力强、教学优"的兼职教师队伍。

（撰稿人：黄一鸣）

实行"三三三"机制，打造高水平双师队伍

近些年随着高职院校的扩招，杭职院三年净增学生6000余人，对师资队伍的数量与质量提出了更高要求。杭职院审时度势，按照"弘扬师德、分类施策、专兼职教师两手抓"的建设思路，实施"人才强校"战略。电梯专业群作为"双高"专业群，紧跟国家职业教育发展和行业需求新动向，不断优化机制、创新手段、丰富方法、共享资源，努力探索政企校三方合作机制，建成"校企互通、人才共享"平台，不断加大高水平教师队伍力度，取得了显著成效（图2-4-2）。

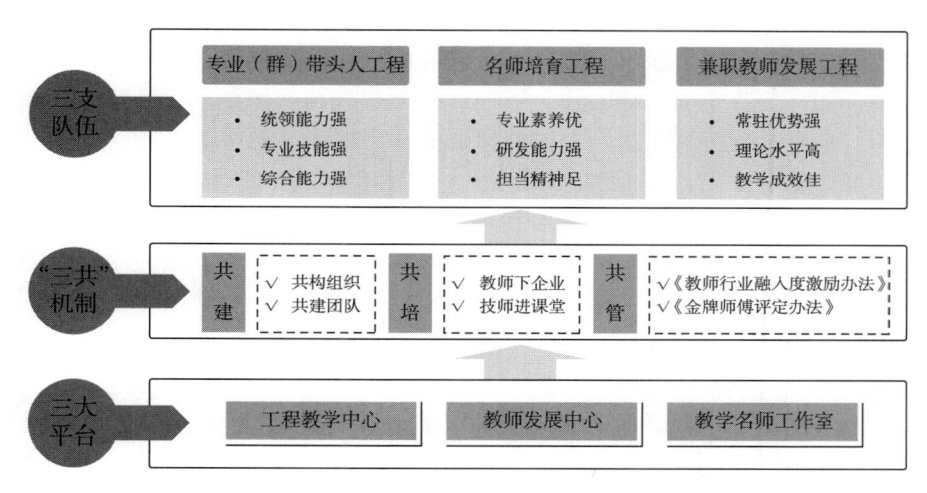

图2-4-2 "双师型、结构化"高水平教师教学创新团队建设框架示意图

一、实施举措

实施三大工程以来，学校培育国家级教学团队2个、国家级名师10人，省级优秀教师2名，获国家级、省级教师教学能力奖3项。

（一）依托三大平台，提升教师队伍复合型能力

围绕高职院校学生特点，全力打造具有卓越教学能力、岗位实战能力和技术研发能力的复合型师资队伍。一是依托教师发展中心、工程教学中心、教学名师工作室等平台，探索教师分工协作模块化教学模式，提升教师队伍课程教学资源创新能力和课堂革命实践能力。二是依托奥的斯华东区培训中心、友嘉精密制造中心等产教融合型企业培训中心、双师培训基地，按照"学生会的，老师首先要强"的要求，提升教师面向企业实际岗位的实操水平。三是依托国家电梯中心（浙江）、院士工作站、机电工程创新中心等科研平台，以企业技改项目为抓手，提升教师立地式研发能力。

（二）打造三支队伍，提升"双师型"队伍素质

一是实施"名专业带头人工程"，发挥"头雁"引领作用。遴选一批技能突出、综合能力强的专业带头人，实施"名专业带头人工程"，建立校企双带头人机制，每个专业在原有 1 名校内专业带头人的基础上，再聘任 1 名行业内绝技绝艺技术能手作为兼职专业带头人，参与人才培养模式改革、课程体系构建等专业建设工作，共建大师工作室，共同开展企业技改服务活动。二是实施"名师培育工程"，提升骨干教师专业能力。依托学校名师培育工程，实施"目标明确、路径清晰、举措有力"的骨干教师职业生涯规划。派驻 4 名骨干教师到国家、省市行业法规标准部门及试验中心挂职锻炼，以深层次掌握行业政策、了解制定导向，汇聚行业资源。遴选 30 名技术骨干到高端制造企业技术部门参与新技术、新材料、新工艺的研发，提高其技术研发能力及将企业岗位要素转化为教学资源的能力。充分发挥骨干教师队伍在教学改革中的中坚作用，鼓励骨干教师全面参与示范课堂、在线课程和资源库建设，做到"人人有项目、个个能担当"。三是实施"引匠入校"工程，打造精技能、强教学的兼职教师队伍。发挥电梯工程技术专业群大批企业技师常驻学校的天然优势，建设一支水平高、能力强、教学优的兼职教师队伍，通过学历教育提高其理论水平，鼓励并支持常驻教师考取教师资格证，提升教学水平。制定《企业兼职教师教学能力认证标准》，定期开展企业、培训师培训（TTT 培训），提升企业技术人员课堂教学能力。制定《电梯工程技术专业群常驻学校兼职教师管理办法》，完善对企业技师教学实效的考核，对教学优秀的教师，通过企业捐建的"电梯教育基金"给予奖励。

（三）构建"三共"机制，提升行企校师资协同育人水平

完善理事会领导下的院长负责制，增设校企师资管理办公室，构建行企校师资队伍"共建、共培、共管"机制，统筹校企双方人力资源培养、管理、考核、评价等工作。发挥浙江省特种设备科学研究院、友嘉集团、奥的斯全球培训中心和杭州容安特种设备职业技能培训有限公司等一线技师常驻学校的优势，制定"教师下企业，技师进课堂"规划。制定《金牌师傅评定办法》等激励办法，以提高一线技术师傅参与教学的积极性。

二、主要成效

荣获国家课程思政教师教学团队 1 支、国家级职业教育教师教学创新团队 1 支、省首批高校黄大年式教师团队 1 支；培育国家"万人计划"科技创新领军人才 1 名、国家级名师 8 名（其中兼职教师 2 名）、"全国五一劳动奖章"获得者 1 名、全国技术能手 1 名，浙江工匠 1 名，省劳动模范 1 名，省"万人计划"教学名师 1 名，省高校优秀共产党员 1 名，受聘中国特种设备检验协会团体标准工作委员会委员 1 名。学校教师获国家级教学能力比赛二等奖 1 项，省级教师教学能力比赛一等奖、二等奖各 1 项，其中兼职教师 2 名为获奖团队成员。

（撰稿人：洪尉尉）

第五章　打造高水平实践教学基地

行企校共建创新服务平台,提升产教科融合水平

从全国情况看,基于电梯特种行业的特殊性,行业、企业和学校之间往往各自为政,没有形成合力。电梯行业由于资源法规性垄断,进取心相对较弱;电梯生产企业以产销为重点,无暇顾及人才培养,中小型电梯企业的人才培训更是缺乏必要的平台和资源;设置电梯专业的学校由于资源匮乏,无法真正做好人才培养和技术研发。这种教育链、科技链、创新链与产业链连接不畅导致了一系列后果:人才链与市场链衔接不顺,电梯科技发展要求没有及时更新到人才培养和教师科研之中,导致人才培养供给侧与产业发展需求侧匹配度不高,也制约了电梯专业教师的科研水平提升和成果转化应用。深化"产教科"是破解这些问题的重要路径。杭州职业技术学院电梯专业群联合电梯行业、企业开展深度合作,以加强应用研究、集成创新、成果转化和员工培训为抓手,共建技术技能创新服务、培训平台,多方协同创新,共育共培电梯人才,加强科研成果的教学应用,走出了一条产教科深度融合的发展之路。

一、实施举措

(一)构建多元协同机制,构建了四大教育培训平台

整合杭职院、浙江省特科院、电梯企业三方资源,发挥"学校办学力""行业资源力""企业市场力"三大优势,探索"资源共投、利益共享、风险共担"的合作机制,构建了四大教育培训平台。省特科院投入 600 多万元改造校内教学场所,并将海宁尖山校区(2.6 亿元,占地 5 公顷)委托学校统一管理,浙江省唯一特种设备上岗证办证机构整体迁入学校。先后整合企业资源 3000 多万元,建成拥有 34 部竖梯、6 部扶梯,硬件水平、规模和质量全国领先。奥的斯机电电梯有限公司(以下简称"奥的斯机电")、西子航空、西奥电梯等企业每年投入更新教学设备,保持设备的先进性。成为全球六大电梯企业浙江区域员工的入职培训中心和在职员工能力再提升基地、浙江省唯一的电梯从业资格上岗证考试平台、全国仅有的两家国家电梯检验员考试基地之一,国家机械工业职业技能鉴定指导中心在浙江唯一的电梯维修工鉴定平台,是集电梯教学、培训、技能鉴定、技术服务等功能于一体的专业化省级示范性实训基地。依托行企校资源集聚优势,开展电梯检验员、检验师、特种设备等各类作业人员技术技能培训,填补电梯专业技能人才不足的缺口,开展中职电梯工程技术专业教师的技能提升培训,确保中职教师的技能技术与行业要求无缝接轨。

(二)聚焦产业升级与公共安全,深化省级协同创新中心和大数据中心建设

一是聚焦电梯产业升级需求,与行业协会、龙头企业、科研院所、教育机构等深度合作,打造了省级应用技术协同创新中心——电梯评估与改造应用技术协同创

新中心，多方协同开展科技研发、技术标准研制、技术转移和服务，充分发挥协同创新中心在地方产业服务、校企合作育人、教学改革和教师队伍建设方面的作用。开展电梯评估与改造技术研究与市场化推广应用，深入研究电梯风险评估与改造技术、电梯性能评估与改造技术、电梯智慧评估与改造技术，实现成果转化和市场推广，提升电梯安全、性能、智慧水平，在评估与改造过程中实现绿色、环保、节能化。二是聚焦电梯行公共安全需求，与杭州市特种设备应急处置中心（96333）共同建成杭州电梯大数据中心，共享电梯故障案例数据，向政府监管部门提供决策咨询。依托国家电梯产品质量监督检验中心（浙江），为电梯安全与节能减排提供检验检测和技术咨询，服务电梯企业新产品开发，参与行业标准修订，主持或参与完成修订标准4项。

（三）实践产教融多元路径，提升专业群的服务供给能力

一是依托协同创新中心、工程教学中心、实训中心等载体，将科技成果融通到教学、应用于企业，实现产学研用一体，真正提升人才培养与产业需求的契合度，提升专业群服务产业的能力。二是将企业的技术产品标准、培训包、技师、真实项目、工作页、能力评价标准、实践平台等引入和应用于教学，真正实现岗位内容和教学内容的高度契合，实战为上，突出培养学生的综合能力。三是以学校人才培养、社会公益为主导，以企业技能培训和技术研发为主体，建立"开放共享、循环运行"的资源反哺机制，实现专业群可持续发展。依托电梯协会与电梯人才培养联盟，发挥学校在国内电梯人才培养领域的高地作用，吸引社会机构和企业投身电梯职业教育。加大社会培训服务能力，提高社会培训服务收入，从而反哺专业建设，构建专业群发展新生态，实现资源与市场的同步更新。

二、主要成效

（一）电梯产教融合实践受肯定，先后获得国家和省级殊荣

电梯专业群不断深化行企校在育人、培训、基地共建、成果共享、风险共担等方面的深度融合，使教育链、人才链、产业链和创新链有机衔接。与浙江省特科院共建全国首家特种设备学院，与西奥电梯等合作企业开展现代学徒制人才培养，顺利通过教育部现代学徒制试点验收，在业内形成了"电梯人才培养看杭职"的行业共识，2019年得到来校调研的时任省委书记车俊的高度认可。电梯实训基地被教育部认定为国家级生产性实训基地，电梯工程技术专业群入选中国特色高水平高职学校和专业群建设计划。电梯人才培养产教融合基地在2020年被浙江省教育厅立项为省级产教融合示范基地。

（二）教师的科研技术服务能力提升明显，教研互融局面形成

与行业企业深入合作开展电梯无载荷平衡系数测试、AI扶梯安全监控等电梯评估与改造技术及产业化研究，共建集技能培养和考核认证于一体的省特科院电梯人才培训认证中心。近两年，专业群教师中标杭州市政府电梯评估服务项目、承接杭州运行速度最快的欧美金融城（EFC）电梯技术服务项目、滨江区住宅电梯维保技术服务等多个项目，开展企业技改项目40项，科研和技术服务到款额达962万元；主持"基于AI的电梯井道全域扫描安全动态监测系统"等科研项目32项，其中国

家级1项、省部级14项，总经费近100万元。授权"一种自动清洁梯级的扶梯"等专利96项，其中国内外发明专利7项；发表《基于AI的电梯轿厢实时定位监测系统》等学术论文30余篇；出版《智能电梯工程控制系统技术与应用》等学术专著4部；主持建设教育部职业教育电梯工程技术专业教学资源库。

（三）依托平台开展各类培训，提升了专业群的产业贡献力和城市服务力

一是利用电梯行业培训资源的集聚优势，开发涵盖学习、练习、考试三个环节的电梯培训信息化平台，打造了一批涵盖职工培训、国内特种设备作业人员考试、电梯企业的入职岗前和在职技能提升培训及全国电梯检验员培训和检验师能力提升等项目。承办各类技能大赛6项，联合行业企业开展各类培训及鉴定8.247万人次，培训收入达4477万元。二是打造了国家级特种设备安全科普教育基地1个，依托特种设备学院海宁尖山校区，面向大中小学生、政府公务人员、企业高管和党校学员，运用新媒体、大数据和人机互动技术，开展特种设备安全警示教育、特种设备专业知识普及等科普教育活动；通过体验VR仿真电梯下坠、扶梯逆转、应急救援等项目，增强公众防范风险意识和应急处置能力，增强公众电梯使用安全意识，近两年开展市民电梯安全教育18100人次。

（撰稿人：陈军统　陈进熹）

"融产教通育训"开创行企校互利共赢新局面

2015年，教育部印发《关于深化职业教育教学改革全面提高人才培养质量的若干意见》，规定了"完善产教融合、协同育人机制"的总体要求。2017年，国务院印发《关于深化产教融合的若干意见》，对深化产教融合作出了具体部署，并提出"鼓励企业依托或联合职业学校、高等学校设立产业学院"。2018年，教育部印发《职业学校校企合作促进办法》，开宗明义地指出"产教融合、校企合作是职业教育的基本办学模式，是办好职业教育的关键所在。"杭职院结合自身特色，注重"融"产教、"通"育训，聚焦电梯行业协同育人模式，提升电梯专业群人才培养质量。

一、实施举措

（一）打造"利益共享、风险共担"的合作共赢机制

实施成本共担、收益共享的运行管理机制。在保证人才培养公益性的同时，切实保障企业利益需求，促进企业全过程参与人才培养的培养链。推动人才培养按照市场规律和市场需求进行动态调整，增强行业企业在人力资源、设备资源及实训资源等方面的投入意愿，提高校企合作育人的深度和可持续性。整合学校办学资源和智慧电梯专业群课程资源，将电梯专业群学生实训课程体系和企业员工技能培训课程相互衔接，提高对企业的服务能力，打造"以小利换大义"的利益共享、互通机制。

（二）探索混合所有制模式，开创校企合作新高度

基地依托混合所有制模式，产教融合、校企共同参与日常管理工作，做到实训资源校企共享、管理责任校企共担、培训利润校企共有。不但能够满足学校电梯工程技术专业的实训课程教学需求，而且能够承担各类电梯安装、维保维修等社会培训及电梯从业资格证、全国电梯检验证等技能等级能级鉴定，同时兼顾承办大型电梯专业技能竞赛。

（三）"融"产教内育学生，"通"育训外训员工

满足在校电梯专业学生的技能培训需求，以电梯产业链对技术技能人才的需求为导向，开发电梯专业群课程教学体系。在专业课程中开设电梯产业链人才共同需要的电梯产业基础课程，培养专业群学生的电梯基础知识。在此基础上根据电梯产业链三大模块，实施技能定向化（电梯制造、安装维保改造、物联网大数据）培养模式。

二、主要成效

电梯实训基地自建成以来，全方位承接如电梯维修工（初级、中级、高级）、电梯安装工、电梯检验员、电梯扶贫励志班等9项电梯各类社会培训项目，进行电

梯维修工、电梯安装工、电梯检验员、特种设备作业人员上岗证共 4 项机械行业职业技能鉴定，承办了 2019 年浙江省电梯维修工职业技能竞赛、2021 年浙江省职业院校技能大赛高职组"智能电梯装调与维护"赛项、全国第二届电梯维修工职业技能竞赛等省级以上职业技能大赛 4 项。满足电梯产业从业人员的技能培训和技能鉴定的需要，已完成 12 余万人次的电梯领域人员培训，成为全国一流的电梯专业群技术技能人才培养基地。整合省特科院行业资源优势和杭职院技能人才培养优势，建立集技能培养与考核认证于一体的电梯人才培训认证中心。

（撰稿人：赵龙云）

打造"以赛促教、以赛促学"育人平台

全国职业院校技能大赛是深入贯彻落实习近平总书记对技术技能人才工作的重要指示精神，是弘扬精益求精的工匠精神，激励广大师生走技能成才、技能报国之路，是加快培养大批高素质技术技能人才的重要举措。杭州职业技术学院高度重视职业技能的实践和改革，不断组织承办如智能电梯装调与维护、工业机器人系统操作等技术技能竞赛，积极参与国内外校际训练交流、取长补短，营造了"以赛促教、以赛促学、以赛促改、以赛促建"的良好竞赛氛围。进一步优化教育理念、深化校企合作、推动人才培养方案和课程标准改革，着力培养高素质技术技能人才，助力区域社会经济高质量发展。

一、实施举措

（一）校院共协同，齐抓共管提供支撑

为确保技术技能职业竞赛的顺利实施，杭州职业技术学院领导班子高度重视，统筹协调，在已设立技术技能竞赛组委会和仲裁委员会的基础上，成立学校层面的执委会。校长担任执委会主任，所有副校长为执委会副主任，执委会下设实施工作小组，主要有秘书组、赛务组、会务组、财务组、宣传组、后勤保卫组、志愿者组和仲裁组等。赛前召开部门协调会，明确分工，编制《参赛指南》《工作手册》等，确保赛项顺利进行；赛中积极协调各部门资源，落实报到接待、赛场管理和评委支撑等工作；赛后做好成绩公示、证书发放、比赛总结宣传等工作。

（二）行校企合作，提升技能促进就业

通过承办各类技术技能竞赛，杭职院积极对接参与协办赛事的优质企业，搭建校企合作平台，为学校电梯专业群建设和改革、人才培养方案修订、实训室建设深化等提供了新的思路和举措，西奥电梯、西子航空等行业龙头企业的加入，表明了校企合作成效越来越显著。技术技能竞赛平台为优秀学生提供了展示自我的舞台，也是向社会和企业宣传职业教育和企业用人单位了解学校、选拔优质人才的绝好时机。学生严乐乐在2019年全国职业院校技能大赛"智能电梯装调与维护"赛项中获得国赛二等奖，引起多家机电类企业的高度关注，最终入职奥的斯电梯公司。

（三）中高职衔接，拓宽选才育人渠道

依托技术技能竞赛，搭建校校合作平台，开展贯通中高职人才培育、专业研讨和课程共建等活动，学校与杭州市闲林职业高级中学、温州市瓯海职业中专集团学校等紧密合作，就电梯工程技术专业群开展了中高职贯通人才培育。通过技术技能竞赛，使中职院校师生更加熟悉学校的现状和专业群实力，进一步推进"三校生"招生、中高职贯通培育等工作，招生数量和招生质量逐年稳中有升。

二、主要成效

（一）竞赛承办质量获认可

对于杭州职业技术学院承办的历届技术技能竞赛，面对时间紧、任务重、赛项开展密集等现状，学校领导高度重视，给予了全面而细致的指导；各承办二级学院和各职能部门上下齐心，周密安排、细化分工、协调合作，将场地、设备、报到、宣传等环节一一落实到位，保障了赛项的顺利举办，各项赛务组织与服务工作获得组委会、裁判专家、巡查专家及参赛师生的一致好评。

（二）竞赛成果丰硕获褒奖

学科竞赛、技能大赛数量和质量显著提升，学生获国家级奖项27项，其中一等奖10项（刘明杰同学获"振兴杯"全国青年职业技能大赛第一名，获评全国青年岗位技术能手）。优异的成绩，既是学院不断深化教学改革、加强内涵建设的成果，也是特种设备学院教师深厚专业功底和学子扎实专业能力的有力证明，又是建设落实学校"数智杭职·工匠摇篮"目标的有力推动，更是特种设备学院师生为庆祝建党100周年华诞献上的最好礼物！

（三）教学质量评估获提升

"以赛促教、以赛促学、以赛促改、以赛促建"，技能大赛的目标是引领职业教育整体发展。杭州职业技术学院以技能竞赛为抓手，将教、学、赛有机结合，将技能大赛融入专业教学常态，深化产教融合，不断优化人才培养模式，从而全面提升教学质量，为社会培养出满足行业、企业需求的高素质技术技能人才，形成职业教育大力发展的良好态势。

（撰稿人：陈军统）

打造虚拟实训基地，开辟特种设备虚拟仿真教学新生态

目前，电梯职业教育主要采用现代学徒制师带徒模式和小班化教学模式，电梯人才培养模式亟待改革，信息化平台有待优化。随着科技发展，虚拟现实（VR）、增强现实（AR）、混合现实（MR）、人工智能（AI）等技术和设备陆续问世，相关数字虚拟仿真实训设备应运而生。

杭州职业技术学院联合行业企业共建电梯虚拟仿真实训基地，基地主要由数字化技能教室、虚拟仿真实训室、情境化互动实验室组成。数字化技能教室引入计算机控制系统，将实物设备与计算机控制系统相结合，实现演示、训练和计算机考核，解决电梯教学中因井道狭小而看不见操作的难题。虚拟仿真实训室可实现对虚拟电梯进行安装与维修学习，摆脱电梯教学进不去的困境；大场景虚拟仿真实训室采用多通道视景系统和附属实操设备，营造强烈的沉浸感与实物介入，解决电梯实训设备成本高的难题。情境化互动实验室采用头戴式 VR 设备（头盔），将电梯实训真实场景虚拟化，开发由视觉、听觉、触觉、运动反馈系统构成的原理验证、职业培训和技能训练的虚拟实验实训系统，学生以角色扮演的方式参与互动，解决电梯教学中危险性大的问题。

一、实施举措

（一）技术融合，打造多功能虚拟仿真实训中心

融虚实技术，打造虚拟仿真实训中心。虚拟仿真实训中心依托虚拟智慧教室、VR 实训室和 AR 共享平台等硬件基础，建设"电梯技术基础"和"电梯工程服务"两大实训教学系统。通过 VR 教学资源的实施，提升教学效率，控制实训风险，缩短实训周期，进而提高人才培养质量，推动教育信息化进程。

多功能虚拟仿真实训中心主要由虚拟智慧教室与 AR 共享平台组成。虚拟智慧教室包括大屏教学区、PC 实训区、VR 实操指导区。引入智慧黑板系统，统筹信息化课程资源，实现数字化教学；引入基于 VR 技术的沉浸式设备（头盔），构建虚拟工作场景，助力学生了解工作场地真实环境特点。AR 共享平台由 AR 眼镜、交互设备和虚拟系统组成，内置 AR 专家系统，记录专家操作的每一个步骤，实时传输到本地教室屏幕及网络平台，解决电梯专业高水平师资匮乏、短期难以培养的难题。

（二）多方联动，建设 VR/AR 自助网络体验馆

行企校联合，建设 VR/AR 自助网络体验馆。该馆由特种设备学院下沙校区（学校部分）、特种设备学院海宁校区（行业部分）、特种设备学院西奥校区（企业部分）三部分组成，充分发挥企校联合优势，理论联系实际，将专业教育融入实践。

以 AR 技术为基础，让现实空间与虚拟世界建立广泛连接，实现静态物体的动态展示，拓展有限空间，开辟无限想象力，为展览展示、线下教学活动等多场景赋

能，实现线下"体验+"。

(三) 文化引领，搭建人机交互电梯数字博物馆

发扬工匠精神，搭建数字博物馆。数字博物馆主要采用多媒体技术和数字展馆技术，以文字、声音、图片、视频及 3D 模型等资源形式展现"展品"所承载的知识，并通过热点导航、震撼音效、自动漫游、综合管理、知识链接拓展、知识测评等多种人机交互功能，加强教学实训的体验，延伸知识传播的广度和深度，弘扬新时代工匠精神。

数字博物馆包含世界电梯发展、专业全景展示。让学生了解一个产品、爱上一个专业、进入一个行业。建成中英双语版本，实现范围更广的传播及展示效果。

(四) 科技创新，研发高可靠性的失效仿真系统

依托校企共建西奥电梯技术研究院平台，整合西奥电梯、中国计量大学、浙江省特科院高端科研人才资源，共同组建行企校技术研发集成平台，加大电梯产业科技创新及技术投入，研发可靠性高的电梯零部件失效仿真系统（图 2-5-1）。针对现代电梯及未来电梯行业发展趋势，利用虚拟仿真技术实现跨越时间维度的疲劳研究，推进特种设备超高速、超临界状态的技术研究与性能测试，从而推动电梯行业安全性评估研究进展。

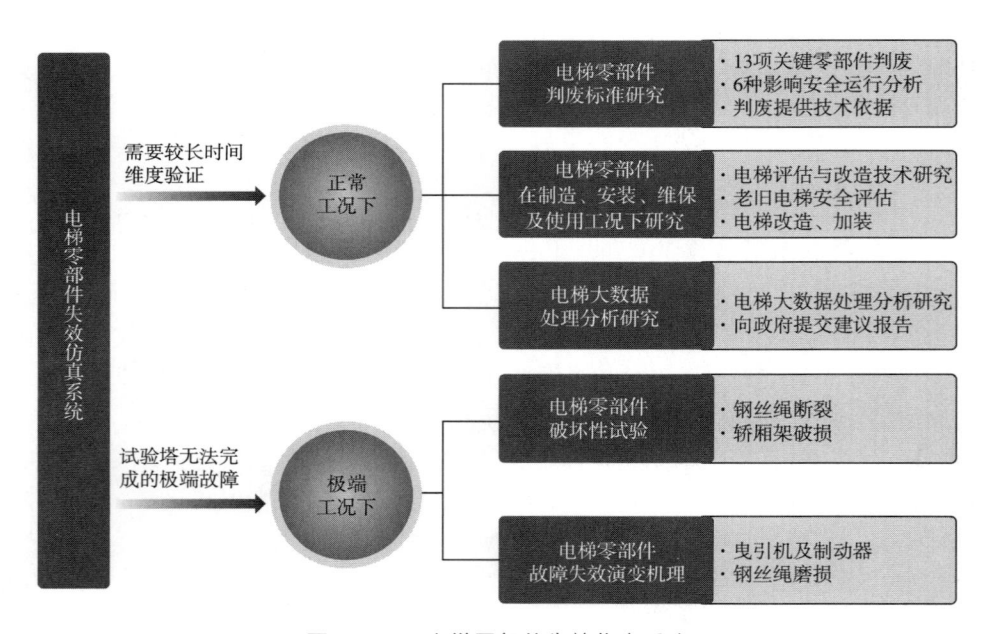

图 2-5-1 电梯零部件失效仿真系统

二、主要成效

(一) 建成受惠面广、教学效果好的虚拟仿真教学高地

通过虚拟仿真实训基地建设，促进以电梯为代表的特种设备文化与知识的传播，有效提升了公众对电梯的认知普及率和认知水平；构建知识与文化并重的数字化资

源体系，全面提升了电梯工程技术专业群的资源建设水平，加强了教学实训效率效果，并向同类院校推广；可为特种设备行业提供人才培训、网上宣传等服务。电梯文化传播受众人数约 5 万人次/年，资源应用覆盖电梯产业联盟院校 30 所以上，受益学生约 1 万人/年，完成相关人员培训约 3 万人次/年。

（二）建成机制灵活、深度融合的示范性虚拟仿真服务平台

通过探索行企校协同共融体制机制，建成三个校区融合的网络体验馆，助力学校教研科研活动和学生创新创业活动；开展虚拟仿真技术教学研发服务，成立核心创新开发队伍，积极开展项目成果的推广工作；通过与中国、浙江省电梯行业协会合作的方式，为产业提供形象及产品的宣传推广服务，开展虚拟仿真技术社会服务。发表相关论文 10 篇/年以上，学生获奖 3 项/年以上，申报各类课题 5 项/年以上，实现经济收益 100 万元/年以上。

（三）建成借鉴性强、特色鲜明的虚拟仿真建设系列标准

围绕高水平专业群建设、虚拟仿真教学与培训等方面，系统解决了特种设备教学中看不到、进不去、成本高、危险性大等实训难题，研制形成科学、规范和可借鉴的系列特种设备虚拟仿真实训室与课程建设相关标准。开发虚拟仿真实训室建设标准 1 套、基于虚拟仿真的课程标准 10 套、虚拟仿真配套相关教材 5 本。

（撰稿人：崔富义）

第六章　打造技术技能创新平台

"大师"引领培养高素质工匠型技术技能人才

建设技术技能大师工作站（室），发挥技术技能大师引领作用，探索大师工作站（室）引领下的电梯专业群人才培养育人新模式，大幅提升专业群育人水平，有效提高学生技术技能能力。

一、实施举措

为进一步提高专业群教学水平和学生技术技能能力，特种设备学院相继成立5个技术技能大师工作站（室），即潘贵平技能大师工作室、郭伟刚技术技能大师工作站、陈军统技术技能大师工作站、金新锋技术技能大师工作站、孟伟技术技能大师工作站。工作站（室）按期开展自主培训和"检修经验案例分享"活动，工作站（室）鼓励成员积极参加公司开展的培训课程，以提高技术工人的专业素质和工作技能，及时掌握前瞻性技能。

（一）潘贵平技能大师工作室

工作站现拥有三个工作场地，第一处是大师办公室，用于档案资料收集存档、荣誉成果展示；第二处是会议室，面积60平方米，为技术交流和培训教室，配置设备有电脑、投影仪、教学白板、空调和办公桌；第三处是实操室，场地建筑面积150多平方米，用于员工实际操作技能培训、设备故障检修，以及技术交流。配置设备有限速器动作速度校验仪、电梯运行品质分析仪、电梯平衡系数测试仪、电梯曳引机、电梯门系统安装与调试实训考核装置、电梯井道设施安装实训考核装置等各类测量仪器，价值160多万元，满足工作站开展技术攻关、技术革新及技能培训的需求。

（二）郭伟刚技术技能大师工作站

郭伟刚，杭州职业技术学院特种设备学院院长，系浙江工业大学、中国计量大学兼职硕导，曾赴德国不来梅大学BIAS研究所访学一年。他主持和参加了国家、省市课题10余项，授权发明及实用新型专利15项，入选杭州市"131"中青年人才第二层次资助、杭州市青年科技人才培育工程、浙江省高职院校高专带头人培养计划。郭伟刚认为，科技只有为企业、为社会创造价值才有力量；他一边教书育人，将自己掌握的技术传授给下一代，一边利用业余时间钻研技术，帮助企业解决生产中的技术难题，实现教书育人与技术服务的有机融汇。

（三）陈军统技术技能大师工作站

陈军统，副教授，硕导，研究方向为智能机器人技术和工业互联网。发表论文30余篇，其中SCI论文3篇，主持参与省部级以上项目4项，授权发明专利1项等。杭州市经济和信息化局专家库专家，中国自动化学会机器人竞赛工作委员会委员，中国高校智能机器人创意大赛专家委员会委员，浙江省大学生机器人竞赛委员会委

员、浙江省大学生机器人竞赛专家库成员等。陈军统荣获 2010 年浙江省高校系统优秀共产党员，2014 年第 30 个教师节系列活动——浙江省教育厅"师生，世上最美的缘"30 对"好师生"之一，连续 5 年被评为中国机器人大赛优秀指导老师。

（四）金新锋技术技能大师工作站

金新锋，杭州职业技术学院特种设备学院电梯工程技术专业负责人，国家市场监督管理总局特种设备科技协作平台电梯专业委员会委员、杭州市职业技能带头人、浙江省高职高专院校专业带头人、杭州市"131"中青年人才第三层次。充分利用其行业经验、资源开展电梯工程技术专业建设，积极投身于电梯人才培养。

（五）孟伟技术技能大师工作站

孟伟，获杭州市教育工匠、杭州工匠、杭州市五一劳动奖章、浙江工匠等荣誉称号。主要从事电气控制领域，在企业工作期间曾获杭州市技术能手、浙江省技术能手、全国技术能手、浙江省十佳能工巧匠等荣誉称号，2007 年进校后获得杭州高层次人才 C 类认定。

二、主要成效

指导学生获全国职业院校技能大赛"智能电梯装调与维护"赛项二等奖 2 项，中国机器人大赛一等奖 5 项，浙江省大学生机器人大赛一等奖 7 项，金砖国家职业技能大赛一等奖 1 项，省级技能大赛多项，全国高职院校"发明杯"大学生专利创新大赛一等奖 2 项，全国大学生节能减排社会实践与科技竞赛二等奖 1 项，浙江省大学生工程训练综合能力竞赛一等奖 3 项。

（撰稿人：孟　伟）

研制国家教学标准，引领电梯行业发展

随着我国城镇化快速推进，电梯产业得到迅猛发展，但是电梯行业从业人才紧缺。为解决电梯行业人才的培育问题，教育部备案、审批了电梯工程技术专业，并对《中华人民共和国职业分类大典》进行了修订，将电梯安装维修工列入国家职业资格目录。电梯安全事关人民群众生命财产安全，事关经济社会的和谐稳定，事关国家安全生产大局。电梯安全运行正常与否，与电梯制造、安装和维修保养有着直接关系，而电梯维保是否规范、到位取决于电梯技能标准的研制与培训。

一、实施举措

（一）成立全国首个特种设备学院，建立电梯产业行企专家库

杭州职业技术学院联合浙江省特种设备科学研究院共同成立了全国第一家特种设备学院，旨在培养特种设备产业高素质技能技术人才。学院的成立，聚集了国内一大批电梯行业、企业、高校专家，为后续电梯各类标准研制打下了坚实的基础。

（二）借力行企专家优势，牵头制定电梯行业国家技能标准

人力资源和社会保障部将电梯安装工标准列入首批编写项目，并由浙江省人力资源和社会保障厅负责编写事宜。受浙江省人力资源和社会保障厅委托，特种设备学院组织全国知名电梯专家编写《国家职业技能标准 电梯安装维修工》，杭州职业技术学院电梯工程技术专业负责人担任标准编写组组长。电梯安装维修工无等级、无题库、无考核标准的现状，将得到彻底改善，而杭州职业技术学院是全国唯一参与标准编写的院校。《国家职业技能标准 电梯安装维修工》将电梯安装维修工划分为5个等级，对每个等级的工作内容、技能要求、相关知识要求作了明确规定。评审专家认为，该标准填补了我国电梯安装和维修保养领域职业标准的空白，对电梯安装维修工的职业教育和从业人员的职业能力水平提升将起到积极的促进作用。

（三）积极组织专业教师，制定电梯协会团体职业技能标准

相关师资团队来源于行业企业专家，其中专业负责人兼任全国特种设备科技协作平台电梯专业委员会委员，随着电梯行业最高技能标准的制订，特种设备学院师资团队在标准制订的规范性、专业性得到了极大的提升。为推动全国电梯技术人才及技术革新，学校积极组织教师参与国家各类标准制定，完成了中国特种设备协会团体标准《电梯物联网采集信息编码与数据格式》、中国电梯协会行业标准《电梯安装、改造、修理和维护保养作业人员培训规范》、全国"1+X"证书职业技能标准《智能网联电梯维护职业技能等级标准》《电梯维修保养职业技能等级标准》，同时为推进产业发展，参与制定了标准电梯维修保养安全管理规范（DB33/728—2009）及《既有住宅加装电梯使用管理与维护保养规则》和T/ZJASE 009—2021）。

（四）打造高水平教师创新团队，提升电梯教学标准研制能力

杭州职业技术学院电梯工程技术专业群入选国家高水平专业群，打造了一支能研究、善创新的高水平教师团队。2021年初，教育部启动中高本专业国家教学标准制订计划，杭州职业技术学院成为电梯工程技术专业高职专科、本科两大教材标准编写组组长单位，成为中职电梯安装与维修保养专业国家教学标准第一副组长单位。

二、主要成效

杭州职业技术学院依托行校企合作平台，聚集国内电梯专家资源，组织参与了电梯技能、技术、培训及教学标准，打破了原来人社、教育、行业各自为政的局面，统一研制修订各项国家级标准，加快推进了电梯产业数字化革新，融入电梯技术技能人才培养，在业内形成"技能标准出杭职、人才培养看杭职"的广泛共识，成为电梯行业标准的制定者与引领者，推动电梯职教与行业加快实现高质量发展。

（撰稿人：金新锋　王正伟）

依托"匠心育才创新工作室",探索"匠人"培养新模式

"匠心育才创新工作室"是以培养学生成为工匠为主要目标的高素质人才培育孵化工作室,立足杭州市建设发展,源源不断地输送人才。工作室弘扬工匠精神,通过各类竞赛活动提高学生综合能力,同时面向中小企业,提供急需的产品设计、开发项目,为企业改造生产线,解决企业技术难题。

一、实施举措

杭州职业技术学院所在的杭州市钱塘区制造类企业众多,企业对机电类毕业生的需求旺盛,但真正符合企业需求的毕业生占比不高。为提高学生综合能力,让学生的技术技能掌握得更扎实,以满足企业多样化需求,杭州职业技术学院"匠心育才创新工作室"从以下四个方面着手:一是采用学期项目教学模式。通过项目训练,提高学生职业技能,如学生通过制作自动导引运输车(AGV)等项目,进一步提高学生软件及硬件综合应用能力。二是立足企业实际项目开发。对于层次较高的学生,工作室安排其面向中小企业,在教师的指导下对产品进行设计和优化,为企业改造生产线,解决技术难题,成效显著。三是组织学生参加技能竞赛。以赛促学、以赛促教、学赛结合,学生在工匠教师带领下,积极参加"挑战杯""互联网+",以及机械设计创新大赛和工程训练竞赛等国家级、省级技术技能竞赛。通过组织学生参赛,进一步提高了学生的辩证思维、动手能力和创新能力等。四是积极引导学生为社区服务。"学生志愿服务队"深入街道、社区、校园,进行公益志愿服务实践活动,如为社区提供免费小家电修理等便民服务,解决附近居民小家电"生病"难医的实际困难,学生将所学知识应用于实践,在实践中不断磨炼技能,感恩回报社会,提高思想境界。

二、主要成效

近年来,学生获国家级、省级以上奖项已有30余项,值得一提的是,学生获得了全国大学生节能减排社会实践与科技竞赛的二等奖,杭职院成为第二个在该赛项中全国高职院校唯一在决赛中获奖的学校,获得中央电视台等媒体的广泛报道。学生代表居佳鑫,是机电专业2016级毕业生,2019年参加了世界无人机锦标赛(宁波象山站),居佳鑫和其他队员代表中国队奋力拼搏,最终取得团体赛第三名的成绩,这是中国队参加世界无人机锦标赛以来的最好成绩,该事迹通过"学习强国"平台进行报道。工作室参与完成维修电工技师、高级技师技能鉴定题库和考试指南编写工作,承担了第46届世界技能竞赛电子赛项杭州地区选拔的命题工作,于2021年4月完成了工业系统电工技能比赛工作。

(撰稿人:孟 伟)

第七章　提升社会服务水平

"扶贫必扶智"的精准扶贫"杭职方案"

习近平总书记指出,"扶贫必扶智""阻断贫困代际传递"。"扶贫必扶智"是指让贫困地区的孩子们接受良好教育,这既是扶贫开发的重要任务,也是阻断贫困代际传递的重要途径。职业教育肩负着培养多样化人才、传承技术技能、促进就业创业的重要职责,在精准扶贫中大有可为、大有作为。杭职院以习近平"精准扶贫"重要思想为引领,联合杭州市中华职教社,依托电梯工程技术专业,采用"免费培养、定向就业、精准扶贫"模式,实施温暖工程"星火计划",着力帮助寒门学子切断贫困代际传播,促进学生就业创业,实现学生人生价值,实现"职教一人、脱贫一家"的精准扶贫目标,探索构建了精准扶贫"杭职方案"。

一、实施举措

(一)依托"一个"专业,提出"一体两翼"精准扶贫职教方案

一是创新"一体两翼"精准扶贫思路。依托高水平电梯工程技术专业建设,借力杭职院跨界融合资源优势,形成了"一体两翼"的精准扶贫工作思路,即以职教精准扶贫为"主体",以定点扶贫和继教扶贫为"两翼",全面推进精准扶贫。二是落实"精准扶贫、精准脱贫"理念。对口支援中西部高职院校,精准选拔符合扶贫政策的学生,联合全球前十的电梯企业开展定向培养,实现电梯产业发展和贫困学生就业精准对接。三是开展中西部职业院校结对帮扶。围绕教育部、省市战略部署,结对河北省邢台市威县(教育部定点帮扶县)、浙江省丽水市缙云县、湖北省恩施土家族苗族自治州等地区高职院校,以专业示范辐射带动相对贫困地区职业教育发展。

(二)整合"四方"资源,搭建"校校企"精准扶贫职教联盟

联盟的职责与工作机制,一是加强资源整合,即整合政府、行业、企业、职业院校四方资源,形成资源集聚优势。二是明确目标定位,即通过实施定向培养就业,实现了"职教一人、脱贫一家"的目标。三是优化路径选择。结对贫困地区职业学校,推动优质职业教育资源共享,促进区域职业教育协调发展。四是创新帮扶模式。采用"免费培养、定向就业"模式,构建了政行企校"多方联动、协同发展"的工作机制。

(三)做实"三大"项目,擦亮"扶智造血"精准扶贫职教品牌

一是定向培养,做"亮"职教扶贫项目。与全国12个省份24家中西部院校建立对口支援关系,在对口支援院校选择贫困学生,学生先后在杭职院学习、电梯企业实习。毕业后进入电梯企业生源所在地分公司工作或所在省份的其他城市工作,综合起薪超过4000元/月,并按照工作绩效逐年上浮。二是精准对接,做"优"定点扶贫项目。积极对接教育部定点帮扶县——河北威县,从专业设置、课程体系、

教学内容、师资队伍等方面对口帮扶，搭建学生成长发展的"立交桥"；积极响应浙江省"山海协作工程"总体部署，结对淳安县、缙云县等省内贫困地区中职学校，实施中高职衔接对口帮扶；主动参与教育部"全国高校与湖北高校毕业生就业创业工作'一帮一'行动"，与湖恩施职业技术学院建立就业对口帮扶关系。三是积极开拓，做"特"继教扶贫项目。依托技术技能人才培养优势，结对丽水市精准实施电梯人才培训，从丽水市职业高级中学等学校选拔品学兼优、家庭困难且有志从事电梯安装维修职业的学生，设立"励志班"，开展免费培训；联合中华职教社，精心组织温暖工程"星火计划"项目，由中华职教社在贵州、四川、云南等地机构遴选学员，政企校三方承担学生来杭学习期间的所有费用，以技能扶贫助力脱贫攻坚。

二、主要成效

（一）创建了精准扶贫模式

创新采用"免费培养、定向就业、精准扶贫"模式，实施了"一体两翼"精准扶贫战略，构建了跨区域高职院校协同发展联盟、区域中高职学校紧密型共同体，具有较强的示范辐射作用和推广应用价值。

（二）整合了多方优势资源

依托"校企共同体"办学优势，精准对接行业和社会需求，构建政行企校多元化主体参与格局，打破"援助是主力，维持靠政府"的路径依赖，形成"多方联动、协同发展"的工作机制。

（三）共享了扶贫教育成果

实现了"培养一个学生，脱贫一个家庭""属地维保工人配套电梯销售""协同推进专业建设""发挥示范引领作用""服务产业发展"等多维目标，参与方共赢共生，项目具有非常强的可持续发展能力。

方案实施以来，面向300余名贫困学生开展电梯技能提升培训，撬动教育部门、社会组织等投入406万元资金，助力300多个家庭走上富裕之路。获多家省市主流媒体广泛报道，得到了原浙江省委书记车俊的批示和国家乡村振兴局的肯定。2019年1月，"党建助力精准扶贫"入选首批浙江省高校党建特色品牌。2020年11月，荣获中华职教社"温暖工程实施二十五周年优秀组织管理奖"，全国职业院校决胜脱贫攻坚"先进集体"。

（撰稿人：王莺洁）

"科普+普法"打造立体式安全教育新范式

电梯坠落事故、客运索道事故、锅炉爆炸事故、大型游乐设施事故……随着特种设备制造和使用数量的增长，安全形势日趋复杂。虽万台设备事故率和死亡率逐年下降，但安全事故仍时有发生。2016年，全国共发生特种设备事故和相关事故233起，死亡269人，受伤140人。其中，浙江省共发生特种设备事故9起，死亡9人，受伤1人，直接经济损失721万元。事故发生的原因，不仅与设备本身质量有关，更与民众的正确使用息息相关。普及全民特种设备安全知识，是保障特种设备安全的重要环节和手段。

一、实施举措

（一）创新科普管理体系，打造专业科普团队

一是组建一支专业化科普队伍。成立科普宣传教育中心，配备8名专职人员，积极发挥浙江省特科院222名高层次专业技术人员和杭州职业技术学院志愿者人才优势，形成了一支以专职科普人员为主，高层次技术人员为辅，大学生志愿者为补充的科普团队，为科普宣传提供师资保障。二是建设一批专业化科普场地。建成启用全国首家特种设备安全科普教育基地、全国首辆特种设备普法科普大篷车等，采取"请进来、走出去"方式，常态化免费开展特种设备科普。三是设立一批专项科普资金。浙江省特科院自2017年以来累计向浙江省财政申请特种设备普法科普专项资金800余万元。积极与省、市、区三级科普主管部门联动，申请专项资金，为科普宣传提供资金保障。

（二）创新科普宣传手段，打造多个全国首创科普载体

初期投资2.6亿元，在浙江海宁建成了全国唯一的以特种设备安全法治教育为主题，占地面积53800平方米，包括"一馆一室一中心，一廊一车两基地"在内的集展览、体验、培训于一体的大型综合性教育场馆。

"一馆"即主展馆，是特种设备安全科普教育基地。配置全息投影、VR体验、场景模拟、微缩模型等展品42件，普法科普展板300米，5D事故警示教育影院，系统展示相关法律法规、安全状况、典型案例等内容。"一室"即特种设备科研综合实验室，包括电梯、材料及元件、机器人、起重机、阀门流量五个实验室。"一中心"即特种设备事故警示教育中心，收录全国特种设备典型事故案例20余个，收集展陈全国特种设备事故残骸10余个，实现"警示+教育+体验"三合一互动。"一廊"即法治文化长廊，利用废弃特种设备原材料制成《生命之光》《警钟长鸣》等铜雕9个，为生硬的特种设备赋予了艺术生机。"一车"即全国首辆特种设备普法科普大篷车，集普法、科普、体验、娱乐于一体，运用AR、VR、全息投影等黑科技，打造了游戏及观影舞台、车外展播、车厢体验区三大展区。"两基地"即综

合考试基地和应急救援处置演练培训基地，采用信息科技，实现70余种电梯故障设置及电梯、起重机等技能考试自动研判，实施可视化在线监控。

（三）创新科普群体覆盖面，打造多条科普路线

面向社会免费开放科普教育基地、科研综合实验室等科教资源，抓住领导干部"关键少数"，设置"普法科普+警示教育"科普路线；抓住从业人员"主要群体"，设置"普法科普+责任教育"科普路线；抓住社会大众"重点多数"，设置"普法科普+安全教育"路线。

（四）创新科普传播媒介，打造线上线下科普平台

一是聚焦线上媒体传播。联合中央电视台少儿频道非常游学团栏目组拍摄特种设备亲子节目；在浙江在线开设特种设备安全教育专栏；联合浙江卫视、《浙江日报》等主流媒体策划报道特种设备安全专题，广泛传播特种设备安全文化及法律法规知识。二是聚焦线下活动传播。依托科普教育基地，免费开展中小学生研学、青少年科技夏（冬）令营等特种设备科普主题活动；依托科普大篷车，开展"进校园、进企业、进社区"活动，多形式普及特种设备法律法规、安全知识。三是聚焦双线联动传播。开通特种设备安全科普教育基地网上展馆、手机展馆等。在杭州地铁、公交等公众场所投放科普海报。制作的《安安带你向前冲》微信闯关游戏，吸引全省78243名学生学习乘坐电梯及游乐设施的法律法规、安全知识。

二、主要成效

2019年以来，特种设备安全科普教育基地免费接待参观者4万余人次，开展科普大篷车"三进"活动近50场，主题科普活动200余场，通过在电视、网络、公交等载体投放科普宣传知识及作品，累计受教育人数超1000万人次，得到社会各界高度好评。先后获得全国法治宣传教育基地、国家市场监督管理总局科普基地、中央电视台少儿频道非常游学团栏目组取景地、浙江省科普教育基地、浙江省法治宣传教育基地、浙江省中小学生研学实践教育基地、浙江省中小学生质量教育社会实践基地、浙江省工业旅游示范基地、浙江省委党校（行政学院）现场教学基地等牌子。

（撰稿人：王莺洁）

星火漫天，温暖同行

杭州职业技术学院积极投身全面推进新时代乡村振兴战略，坚持"培养人才、服务社会"的基本宗旨，助力帮扶贵州、甘肃、云南等中西部12个省份贫困地区学员，定点精准扶贫模式入选教育部《高校定点扶贫典型案例集》，得到了国家乡村振兴局的充分认可，并获时任浙江省长批示肯定。

一、实施举措

（一）职教担当

习近平总书记提出，全面建成小康社会，一个不能少；共同富裕路上，一个不能掉队。责重山岳，时不我待。唯有迎难而上、一鼓作气，举全党全国之力，撸起袖子加油干，落实好精准扶贫、精准脱贫，才能做到脱真贫、真脱贫，使全面建成小康社会得到人民认可、经得起历史检验，为实现第一个百年奋斗目标奠定坚实基础。在实施精准扶贫、走向共同富裕道路上，职业教育大有可为、大有作为。杭州职业技术学院积极响应国家战略，充分展现中国职教头雁风采。

（二）杭职行动

2018年5月，杭州职业技术学院迎来了13名特殊学生，他们分别来自云南、四川两省国家级贫困县，又是当地建档立卡的贫困家庭。这些学生由当地中华职教社推选，赴杭参加电梯技术人才培训，这是杭州市中华职教社联手杭职院、浙江省特科院开展的一项围绕技能型人才定向培养的精准扶贫项目，这项温暖工程项目被形象地称为"星火计划"，因为我们共同期待着星星之火可以燎原的那一天。

1. "骗子的圈套"

19岁的丁聪聪，来自四川省广元市，他的家庭状况其实就是这批孩子们现状的缩影。9岁时，父亲病逝，妈妈独自抚养他和弟弟。在他来杭州之前，一家三口唯一的经济来源，是妈妈在服装厂流水线上打工赚到的每月不足3000元。2018年4月，他刚刚完成了3年的中职学习，并且拿到了乐山职业技术学院的录取通知书。但是，继续上学并不在他的计划之内，因为他一早算过一笔账，如果去上学，一年至少要花掉一两万元，再加上弟弟读初中的开销，妈妈一个人无力承担。所以他决定要跟着妈妈去服装厂工作，虽然妈妈强烈反对，但多个人赚钱确实能为家里减轻些负担。被问起是否会觉得遗憾，他笑着说："以后还能有机会吧。"

就在出发去服装厂的前一天，丁聪聪接到了学校老师的电话，被告知了到杭州职业技术学院学习电梯技术的扶贫项目，"免费培养、定向就业"。他马上把这个消息告诉妈妈，可是妈妈认定这一定是"骗子的圈套"。免费培训，管吃管住，可以到国内最好的电梯企业就业，起薪4000元，想家了还可以安排回当地就业，并保持在杭州的收入水平……妈妈没有理由相信，这些好事会一股脑落到他们头上。

2. 授人以鱼，不如授人以渔

职教扶贫，技能扶贫，授之以渔，才能切断贫穷的代际传递，才不会让贫困去而复返。"星火计划"的实施，对于贫困地区的孩子，不仅仅是为其脱贫开辟了一条更好的出路，而且为放飞他们心中的梦想提供了可能。

5月1日，丁聪聪和其他5名来自四川的学生跟随带队老师来到杭州，这是他第一次出远门，也是第一次坐飞机。同一时间，另外7个孩子正从云南赶来。

在开学典礼上，丁聪聪作为学生代表发言。他说："有人说这是一个梦想的时代，每个人都是梦想家，我们都是追梦者，我们来到杭州学习，都带着一个学到真本领、找到好工作的梦想。能入读电梯培训班就是启航了我们的梦想小船。"

时间紧、任务重，是这次电梯培训项目的特点。学校联合西奥电梯企业对孩子们的培训和实习做了紧凑而合理的安排。5月4日，为期两个月的学习拉开帷幕。冒着酷暑，他们接受了系统的"做中学"培训，顺利完成了实训课程，掌握了电梯维修的技能，也拿到了上岗资格证，这群孩子已经向着自己的梦想正式出发。

3. "贫穷不是我的错，但我一定要改变它"

7月，13名学生全部与西奥电梯完成签约，公司按照每个人的志愿，安排实习单位。丁聪聪在杭州实习两个月后转正，分配到了绍兴分公司。

他在日记中写道："贫穷不是我的错，但我一定要改变它。"

现在的他，跟师傅两个人负责一个小区的50台电梯。上个月整个小区突然停电，他和师傅需要爬楼梯一个一个打开电梯的门解救被困居民，这让他觉得自己的工作虽然辛苦但是很有意义。

谈到现状，他骄傲地说："从离开家到杭州培训，我再也没向家里要过钱，我现在赚得比妈妈还多。"过年回家，丁聪聪用自己的工资给弟弟买了新书包、新文具，给妈妈买了一条项链，在他的印象中，这是妈妈第一次戴项链。他告诉妈妈，现在想吃什么就吃什么，不用像以前那么舍不得。

谈到未来，他说总觉得自己会得还不够多，能力还不够强，"等我掌握更多的知识和本领，就回家去造福家乡人民，也让妈妈和弟弟过更好的生活！"

二、主要成效

学校通过该项目实现了培养人才、服务社会的基本宗旨，先后帮扶贵州、甘肃、云南等中西部12个省份贫困地区26所职业院校，先后为300多名西部贫困学生开展电梯维修技能培训，累计撬动各级扶贫办、教育部门和社会组织投入资金406万元，助力300个贫困家庭实现脱贫。荣获中华职教社温暖工程实施二十五周年优秀组织管理奖，全国职业院校决胜脱贫攻坚"先进集体"。

（撰稿人：郭伟刚）

第八章 提升国际交流与合作水平

打造"技能+文化"国际电梯人才培养高地

专业群紧抓中非合作的有利契机，大力推进对非职业教育交流与合作，服务浙江企业"走出去"，为助力"一带一路"建设贡献职教力量，提供杭职方案。2018年，专业群启动了南非留学生项目，开展为期1年的培训和实习，实行"技能+文化"的培养方式。最终15名留学生提前签约中资企业南非分公司，实现回国后直接就业，解决南非中资企业境外员工用工难、文化融合难等问题。该项目受到了南非工业和制造业培训署及教育界官员的高度评价，也得到了我国浙江省教育厅、商务厅等部门领导的高度评价。

一、实施举措

（一）技能培训高地

杭州职业技术学院重在加强中外合作办学，联合行业知名企业共同参与了留学生的技能培养方案实施，与西奥电梯、奥的斯电梯、通力电梯、迅达电梯等国内外一流电梯企业合作，联合中国特种设备检验协会，构建了国际电梯职业教育合作联盟，引入发达国家电梯从业人员行业培训项目，并开展了学徒制培养方案实施，制定了针对留学生的国际化电梯技能培养的实训标准，搭建了为国内外从业人员技能提升的服务平台，致力于打造国际化技能人才培养高地。

（二）课程资源高地

杭州职业技术学院秉承"建设一所与世界对话、全球一流的中国式电梯专业"的办学目标，特定编制了面向国外留学生的电梯技能培训实施方案，制订了国际化课程教学计划，编写了国际化的中英文选用教材，搭建了中英文标注的实验实训条件，营造了国际化的教学培训环境与氛围，构建了国际化教学培训质量保障体系，组建了国际化教学与管理团队，打造了具备国际视野和跨文化能力的全球课堂。同时，学校从课程选择、考试准备、申请材料、学习资源等方面，给出了权威性指导意见，用于国外留学生从事电梯专业技能学习与交流。

（三）文化传播高地

将非遗项目引入留学生中国文化课堂，通过剪纸、拓印、DIY油纸伞等课程，由非遗传承人亲手教授非遗技艺。一幅幅带着中国韵味的精美剪纸，一个个栩栩如生的小动物，通过覆纸—蘸水拓—晾干—拓印，留学生在博大精深的中华传统文化世界里，触摸中国最美印记，感受中国文化匠心非凡，感悟中国传统文化之美，古老的文化符号、独特的韵味也慢慢积淀在留学生浓郁的中国情怀里，助力推动中国传统文化的海外传播，让优秀的中国文化走得更远。

二、主要成效

（一）树立电梯职教中国品牌

南非留学生通过半年在杭职院学习电梯工程技术理论知识，半年时间在与杭州职业技术学院深度合作的国内500强、全国电梯行业龙头——杭州西奥电梯有限公司实习，牢牢掌握了电梯维修与保养技术技能。来杭职院留学的学生均参加了中国电梯企业的面试，其中78.95%的学生被企业成功录用，实现了"回国即就业"。南非留学生项目不仅加深了中国和南非学生的友谊，而且超高就业率吸引了来自南非开普敦市政府、南非工业和制造业培训署的关注，甚至在南非当地形成了一股"要留学就留华"的留学热潮。杭州职业技术学院"致力于培养南非本土化人才"入选《"十三五"浙非合作经典案例集》。

（二）打造和输出国际化专业课程标准

杭州职业技术学院通过与省特科院、国内外知名企业、龙头企业合作开发电梯培训类国际化专业标准和课程标准。整合国内外优质教育资源，开通了线上国际电梯学习交流平台。杭州职业技术学院电梯专业群通过国际电梯职业教育合作联盟为非洲合作院校开发课程5门，输出国际化专业标准8个。

（三）开拓海外教育市场，电梯职教率先走出国门

杭州职业技术学院以南非留学生培养为起点，共建"丝路学院"和"鲁班工坊"。开展学历教育和职业培训，建立技术技能培训中心，加强中非文化交流，为南非当地中资企业培养高水平、高素质、专业型管理人才，为中资企业"走出去"培养高素质技术技能人才，解决中资企业在海外招工难和海外当地青年就业难等问题。

（撰稿人：顾林刚）

第九章　健全可持续发展保障机制

"共招、共建、共培",实现行企校发展共赢

随着"国家新型城镇化""中国制造 2025"战略的实施,我国城镇化建设不断推进,制造能力持续提升,电梯作为城镇化建设中的必需设备,每年的需求量以 15%的速度增长,设备制造水平不断向发达国家靠近。我国电梯整机、零部件的产量位居世界第一,浙江电梯年产量 21.3 余万台,占全国总产量的近三分之一。但是电梯人才培养缺口巨大,国家市场监督管理总局统计分析得出,电梯技术人员数量不足、技术能力不高是导致电梯事故频发的主要原因。

一、实施举措

(一) 行企校融通,共同实施"招生即招工"

校企联合共建技能工作室和实训室,提升电梯人才培养实训基地。通过评估与改造取得成果应用到电梯人才培养应用上,提高电梯专业高素质技术技能人才培养针对性。实施"招生即招工""先招生、后招工"等多种联合招生机制,由学生报名,学生企业双向选择,通过笔试、测试和面试的方式,企业确定招工人选,举行拜师仪式、开班仪式并发放录取通知书。

(二) 行企校联合,共同制订人才培养方案

与行业、企业联合开展现代学徒制人才培养,工程实践创新班人才培养,共同制订人才培养方案。行业、企业技术人员全程参与人才培养方案的调研、论证、制订和实施。以提高学生技能水平为目标,以课程为纽带,强调学校、行业、企业的深度参与。建立奥的斯现代学徒班,校企双方共同搭建课程结构,基本理论基础课程由学校主导安排,专业实践课程主要由企业安排,学校参与。实施"1+1+1"模式,即"1 个实习生+1 个校内导师+1 个企业岗位导师"课程结构管理模式。

(三) 行企校协同,共同培养技术技能人才

由省特科院、电梯企业师傅和学校专业教师三方根据劳动纪律、态度和技能等指标对学徒共同开展评价。特种设备岗位技能涉及公共安全,因此在整个评价体系中,核心职业素养实行一票否决制。电梯企业、行业协会和学校三方依据各自培养目标及认定流程,按企业技能要求、行业素质评判、学校成绩考核三个维度进行考核评价。依据国际上流行的电梯企业安装维修工的薪酬体系,对学徒进行 A、B、C、D 四个等级的考核评价。严格依据考核结果,确定学徒是否出师,以及出师等级。所有学徒必须获得电梯从业资格上岗证后才能出师。

二、主要成效

(一) 学生综合能力明显提高

学院深化行企校合作,创新人才培养模式,构建竞赛驱动机制,提升学生创新

能力。该模式培养的学生有明确的人生目标和努力方向，更加阳光自信，更有钻研精神，更加认同并喜爱自己的专业，懂得自我约束和承担责任。2019—2021年，在全国职业院校技能大赛、"挑战杯""互联网+"创新创业比赛中屡创佳绩，共计70余名学生获得竞赛名次，充分展现了学生技能水平的提升和综合素质的增长。

（二）人才质量得到充分认可

2019—2021年共为企业输送各类技能人才1533人，就业率达98.2%，毕业生大部分进入浙江区域内的奥的斯机电、西奥电梯、迅达电梯、蒂升电梯（中国）有限公司等知名电梯制造企业，支撑了企业发展，为企业人员接岗和技术提升提供原动力。企业普遍评价学生综合素质高，专业能力强，具有很好的团队合作精神与吃苦耐劳品质，岗位适应能力强，用人单位满意度达97.50%。

（三）经验做法广泛推广应用

支撑区域电梯产业发展，为社会输送技术技能人才，紧跟职业教育改革的脉络，紧抓时代的需求，案例可以推广到拥有电梯工程技术专业的高职院校、专业培训机构、企业大学等。但须结合当地区域电梯产业发展情况和职业院校建设发展情况，因地制宜，因材施教。

（撰稿人：潘国庆）

技能标准出杭职、人才培养看杭职

随着一系列职教改革政策的落地,校企融合已成为焦点问题,越来越多高职院校积极推进开展"校企融合"与"产教融合",但由于各方利益点和需求较难统一,很多合作都存在"校热企冷"、"选人"非"育人"、育人成果供需不匹配等问题。经过调查发现,企业多在"用人"环节与职业院校合作较多,而在"培育"环节则缺少稳定且持久的合作。因而目前校企融合过程中如何发挥行业协会的积极引领作用成为关键,搭建信息共享平台、课程开发平台、师资培训平台,号召行业内的头部企业与职业院校共同制订专业教学标准、职业技能标准、课程标准等,及时将行业新技术、新理念引入职业院校,使校企高质量融合,达到多方共赢,实现高标准的电梯技术技能人才培养。

一、实施举措

(一)跨界整合,聚集名师专家高标准研制,形成电梯标准出杭职的共识

杭职院基于"政行企校"协同育人机制,整合资源,弥补了电梯标准制定各自为政的缺陷,实现电梯人才培养目标与标准相统一。集国内电梯教学名师、大赛金牌教练、行业企业专家,作为编写组组长单位,编写了高职(专科)教育电梯工程技术专业教学标准、高职(本科)教育电梯工程技术专业教学标准,形成了可持续的影响力。杭职院累计参与3项行业标准的研制,《国家职业技能标准 电梯安装维修工》作为国家级职业技能标准,指明了电梯行业技能培养方向;"双高计划"建设期间,杭职院累计主持与参与制定行业标准5项,如《电梯维修保养职业技能等级标准》《智能网联电梯维护职业技能等级标准》"1+X"标准,引领电梯工程技术专业人才培养方向及专业建设路径,参与完成了中国特种设备协会团体标准《电梯物联网采集信息编码与数据格式》,参与了浙江省地方标准《既有住宅加装电梯使用管理与维护保养规则》技术标准的研制,将电梯产业数字化、技术革新融入了教学。

(二)联盟助力,对标标准培养高质量人才,形成人才培养看杭职的美誉

为拓宽杭职院电梯专业"双高计划"建设成果的辐射范围和力度,基于校企多方共建共融的机制体制,杭职院与浙江省特种设备科学研究院、西奥电梯等行企单位共建全国"1+X"人才培养联盟。基于岗位需求、技能要求、准入资格、基地建设等,研制国家电梯技能、技术、培训及教学标准,构建了电梯人才培养质量首个标准体系,提高了电梯人才培养质量。通过联盟助力推广《电梯维修保养职业技能等级标准》《智能网联电梯维护职业技能等级标准》在中高职院校、行业、企业中的应用,并依据教育部电梯工程技术专业课程标准及各教学、实训室建设标准,对开设电梯工程技术专业的职业院校开展电梯人才培养指导。该举措对国家职业教育

教学标准的广泛传播、正确使用和有效实施，规范和指导职业学校课堂教学，推广优秀教学成果发挥了积极作用，取得了很好的效果。

二、主要成效

参与修订国家电梯作业人员考核办法，参与制定《杭州市电梯安全管理条例》，从法规体系层面引领行业发展。与市特种设备应急处理中心、电梯物联网企业等共建电梯大数据中心，加快推进了电梯产业数字化转型，融入电梯技术技能人才培养。主持完成电梯专业中高本国家教学标准、人社部职业技能标准、"1+X"电梯技能等级标准研制，参与电梯行业技术标准研制等共12项，在电梯界形成了"技能标准出杭职、人才培养看杭职"的广泛共识，成为电梯行业标准的制定者及引领者，推动电梯职教与行业实现高质量发展。

（撰稿人：金新锋）

行校企科教融合,共育高技能人才

深化产教融合、科教融汇是构建职业教育、高等教育高质量发展的核心路径,推动形成教育、科技与产业深度互动的新格局、新生态。作为国家"双高计划"建设院校,杭州职业技术学院坚持多元发展模式,完善教育教学改革,推动行企校深度融合,促进人才培养供给侧和产业需求侧结构要素全方位融合,培养电梯行业高素质技术技能人才。

电梯行业属于特种设备行业,对行业从业人员素养要求较高,但目前高职院校人才培养存在真岗实战难、教学内容与岗位实务脱节、社会服务能力弱及实战教学资源缺乏等问题。在此背景下,杭州职业技术学院与浙江省特种设备科学研究院及全球电梯龙头企业共建行校企共同体,有效促进行校企深度融合,创新电梯技术技能人才培养模式,解决产业需求侧和人才培养供给侧"两张皮"的问题,满足高职学生个性发展和职业成长需求,实现教育链、人才链与产业链、创新链有机衔接。

一、实施举措

(一)行校企跨界融合,建设"多方协同、联合科创"的协同创新平台

针对电梯产业重点领域,行校企共同建设科教融合学院,共同培养电梯行业高素质、高技能人才;聚合省电梯应用技术协同创新中心与电梯行业大数据中心,共建集技术研发、社会服务、人才培养功能于一体的产业研究院,打造与电梯行业高端人才需求相适应的协同育人和技术服务平台;建成浙江省院士专家工作站、博士后科研工作站,解决行业"卡脖子"等难题;依托校内校外双循环科研联合体,联合研究攻关纵向课题和企业横向课题,解决行业"急难愁盼"等共性技术难题。

(二)行校企跨界融合,健全"科教融合、学科交叉"的人才培养体系

行校企共同制订科教融合学院多层次学历学生培养方案,建设"响应产业、岗位导向"的课程体系,共同制订课程大纲、授课计划,实施联合授课计划;依托协同创新平台,围绕企业创新项目,采用"项目驱动、育训合一"教学方式;搭建"三师共育"的联合培训机制,由高校教师、省特科院专家、企业技术人员共同培养科教融合培养对象;建设"多功能、高水平"的培养平台,汇集省级重点实验室、知名企业、行业联盟和协会等资源,为学生提供具备特种设备设计、制造、检验检测、安装维修等多环节、多学科领域的培养载体。

(三)行校企跨界融合,建立"多元主体、互融共通"的人才评价体系

聚合多方资源,制定"定事、定标、定岗、定责、定人、定核"的"六定"管理制度,构建优势互补、项目共建、成果共享、利益共赢的人才培养共同体;构建学校、行业和企业三方资源投入机制,依托行校企共同体,推动协同单位为学校建设提供符合特种设备产业要求的最新设备、最强师资和最优资源;适时调整专业群

人才培养质量关键指标，建立符合特种设备产业转型升级所需的人才评价体系。

二、主要成效

（一）深化行校企合作，科技创新取得新成果

一是协同创新，行校企共建数智化实训基地，电梯装调与维修实训基地入选国家级生产性实训基地，特种设备虚拟仿真实训基地入选国家级职业教育示范性虚拟仿真实训基地；二是标准制定，行校企共研教学内容，制定（参与）行业等各类标准4项，完成教学标准3项，电梯行业标准1项；三是科研成果，申报国家自然科学基金、浙江省自然科学基金10余项，省级、市厅级课题立项24项，横向到款125万元，授权发明专利11个，发表论文27篇，出版教材、专著3本；四是社会服务，中标政府电梯安全隐患排查工程，协助企业完成500台电梯评估改造，联合开展技能培训、鉴定5.3万余人次，科技成果拍卖金额达251万元。

（二）深化行校企合作，双师队伍迈上新台阶

行校企共建电梯专业"双师型"教师培训基地，打造集人才培养、技能培训、资格认证、科技创新于一体的"产教科融合"平台，构建新型电梯专业"双师型"教师培训体系。电梯实训基地入选全国首批"双师型"教师培训基地，建成电梯工程技术专业国家教学资源库1个，成立技能大师工作室1个，建成"思政示范课程"2门，其中1门入选国家级课程思政示范课程；教师团队累计荣获全国教师教学能力大赛二等奖2次，省特等奖、一等奖、二等奖各1次。

（三）深化行校企合作，育人质量实现新突破

依托行校企合作优势建立协同育人平台，第一期21名学生已完成第1阶段和第2阶段的学习，第三阶段分别进入世界500强企业三菱电梯和奥的斯电梯实习，配备企业技师进行一对一帮扶和过程评价。2019—2021年，学生获国家级（行业）竞赛大奖82人次，毕业生初次去向落实率超98%。

（撰稿人：葛　满）

第三篇

服装设计与工艺专业群建设

第一章 推进人才培养模式改革

个性化培养、因材施教,深化"工作室导师制"培养拔尖创新人才

基于"校企共同体"的服装专业工作室个性化人才培养模式改革和实践,是杭州职业技术学院对高职教育校企合作体制机制创新之"校企共同体"理论研究与实践应用的一项成果。校企共同体是指高职院校与区域主导行业的主流企业以合作共赢为基础,以协议形式缔约建立的相互开放、相互联系、相互依赖、相互促进的利益实体,是校企合作的新型组织形式,具有共同规划、共构组织、共同建设、共同管理、共享成果、共担风险等"六共"特征,有效解决了工作室项目来源不稳定、人才培养功能发挥不足、各个教学环节实施细节探索不够、管理体制与运行机制不健全、对来自不同企业的产品定位和风格等把握不准、学生难以参与到项目中、无法高质量完成企业的产品开发项目等关键问题。

充分发挥国家高水平专业群——服装设计与工艺专业群时尚女装技术技能人才培养高地优势,依托全国技术能手大师工作室、全国教学名师工作室,发挥名师名匠的榜样引领作用,采用"导师制"多渠道培养精湛技艺、研发能力扎实的女装技术技能拔尖人才。

一、实施举措

(一)项目以达利产品研发为主体,服务服从于个性化人才培养要求

1. 明确工作室的教学定位是个性化人才培养

工作室紧跟企业需求,确定"立体造型为主、会设计、懂工艺"的人才培养目标,明确工作室的教学定位是个性化人才培养。在校企共同体的框架下,工作室依据企业的产品研发需求,通过个性化教学,以工作室负责人独具的人格魅力和独到的专业素养,培养一批对服装立体造型感兴趣的学生,提升学生的服装空间造型能力和服装创新能力,以及综合职业能力。

2. 工作室研发项目以达利产品开发为主,服务服从于教学要求

工作室坚持"服务一个企业、注重多维度个性化培养",以服务达利集团天猫旗舰店"CB"品牌的产品开发为主要任务,结合大赛指导、人才培训、学术交流等多维度项目,对学生实施能力培养及技能训练,通过多种途径提高学生综合职业素养。学生在工作室进行产品研发技能实训,提高职业能力,培养职业素养。

(二)针对学生特长制订培养方案,项目通过分解便于学生参与和完成

1. 针对学生特长,制订个性化培养方案

教学模式实行工作室制,教学方式方法灵活、多样。人才培养模式主要施行学生个性化培养。工作室根据每位学生的特长,为其制订个性化培养方案,然后结合工作室实际研究课题或产品开发项目,组织丰富多彩的课题(项目)攻关或相关教学活动。

2. 分解真实项目，便于学生参与和完成

基于校企共同体的工作室，有自己独特的优势，让学生参与真实课题（项目）不仅成为可能，而且固化为工作室进行个性化人才培养的一项基本举措。由于与企业的长期合作和磨合，学校教师已经完成了角色互换，学校教师既是学校专业教师，又是企业的技术员工。

（三）引入企业员工考核办法，学生考核重能力、重素养

在工作室制人才培养模式下，引入企业对员工考核办法对学生进行考核，要重能力、重素质。服装立体造型工作室在实施工作室制人才培养模式后，克服应试教育考试模式"在考试内容上，重知识轻能力；在考试过程中，重结果轻过程；考试方式比较单一，经常是一张试卷；对考核结果不做分析，缺少信息反馈"等弊端，对考试方式进行改革，以进一步发挥考试所特有的评定、检测、诊断、反馈和激励等功能，实行项目绩效考核。即按课题（项目）对学生进行考核，既有过程考核，又有终结考核。例如，将项目划分为若干个子任务，每个子任务完成后，指导教师即对学生进行阶段性效果评价；整个项目完成后，工作室成员共同对该项目参与人员进行最终评价。

引入企业对员工的考核方式，目的是让学生真切感受企业管理的严格细致，从而促使其在学校期间就能自觉加强自我约束。

二、主要成效

（一）"基于校企共同体的服装专业高职工作室制教学模式"成为高职院校工作室教学的典范，被全国众多高职院校借鉴学习

本工作室个性化人才培养模式开展后，有效解决了工作室的项目来源不稳定，工作室的人才培养功能发挥不足、探索工作室各个教学环节实施细节不够、管理体制与运行机制不健全，工作室对来自不同企业的产品定位、风格等把握不准，学生难以参与到项目中，无法高质量完成企业的产品开发项目等关键问题。服装立体造型工作室每年接受来杭职院参观交流的各方领导、同行及院校师生上百次，通过经验、学术交流，扩大了本专业的知名度和影响力，加快了专业建设。

1. 在持续不断的新品研发过程中，培养创新能力

承接以校企共同体合作企业为主要服务对象的产品开发业务，在专业教师的带领和指导下，学生有延续不断的真实项目进行综合实践，促使学生和教师对企业产品的开发由以企业专家为主、学校师生为辅的参与状态慢慢转变为学生设计开发为主、教师为辅，企业专家最后把关的状态。在基于校企共同体的工作室教学模式中，学生通过参与真实项目的研发，创新能力逐步得到锻炼和提高，实现"训研合一"。

2. 根据教学环节对项目进行分解后，易于学生自主完成

基于校企共同体的工作室制教学模式，由于合作企业稳定，教师通过与合作企业的不断融合，对企业文化和企业的产品要求相对了解，工作室接到项目后，由工作室负责人指定一位团队教师负责该项目，对项目进行整体教学设计，充分考虑其特殊的教学组织形式。并由该教师组织若干个教师和学生组成项目组，在指导教师的带领下，项目组成员一起参与项目的分析，并由教师分解复杂的项目，尽量分解

得足够具体、足够细致，再根据每位学生的特长及在工作室学习时间的长短，由学生在教师的指导下独立完成各切块项目。学生在分头完成项目的过程中，指导教师要及时关注项目的进展情况并分阶段集中学生进行项目进展汇报和总结，及时发现问题并改进完善，确保项目的顺利进行；同时，学生在汇报和总结的过程中，相互学习，有利于每位学生了解和掌握整个项目的实施情况，提高其综合职业能力。

3. 在真实的项目完成过程中，增强团结协作能力

团结协作能力是职业能力中最重要的能力之一。由于项目来自企业，需要综合解决生产实际问题，工作室的成员之间需要扬长避短、优势互补、通力协作才能完成项目任务。在完成项目的过程中，成员之间的团结协作能力得到了极大的锻炼和提高。比如，工程方向的学生向设计方向的同学请教服装款式设计、电脑效果图绘制、色彩搭配等技能；设计方向的学生通过工程方向的同学学到了面料性能、制版、工艺方面的知识和技能；而在服装整体策划方面有特长的学生也与大家共同分享了项目的策划、制作流程和各环节之间的把控等问题。学生之间的沟通合作增多，专业知识和技能融合的实效性在工作室项目的完成过程中得到充分展现。

（二）各类高端赛事参赛成果突出

服装设计与工艺专业有近七届学生参加职业院校学生技能大赛，获国家级金奖12项，全国纺织服装专业学生职业技能标兵4项，2020年朱敏敏同学在第十一届全国职业院校学生服装制版与工艺技能大赛中获得了一等奖的第一名，并获得"最佳创意设计奖"，获得了"服装制版师"技师（国家职业资格二级）证书和全国纺织服装专业学生职业技能标兵称号。

（三）教师深度参与企业产品研发，实践技能显著提升

以基于校企共同体的工作室为平台，依托合作公司的人力资源优势，校企共同实施团队教师能力提升计划，教师与企业的联系与沟通加强了，并以项目为载体，以校企合作为纽带，使教师在工作室"立地式"研发的工作中不断提高自身的应用和创新能力。

（撰稿人：王培松　徐江城）

服装专业群"岗课赛证创"课程体系创新构建

依托与全球知名丝绸女装企业——达利集团共建的校企共同体体制机制优势，率先试点"1+X"证书制度改革，实现"岗位基本能力"和"岗位拓展能力"培养双线并进，对接X证书标准实施课证融通，以赛促学、以创新促变推进课程互融，创新重构了"岗课赛证创"五位一体的专业群课程体系。

一、实施举措

（一）岗课融通，以岗促教

以"岗位是开展一切职业教育的逻辑起点"为主线，遵循"由岗至教"逻辑顺序分立课程，培养复合型高素质技术技能人才。遵循"宽基础、精技能、重复合"原则，对接"知识+素养+技能"岗位基本能力与拓展能力要求，服装设计与工艺专业对应服装制版师、服装设计助理、服装跟单员等岗位，开设"基础女装制版""流行女装设计"等专业核心课程；时装零售与管理专业对应服装导购、服装陈列师、新媒体营销专员等岗位，开设"服装销售技巧""服装陈列"等专业核心课程；针织技术与针织服装专业对应毛衫设计师、电脑横机工艺设计师、品质控制员等岗位，开设"针织服装设计""针织毛衫工艺设计"等专业核心课程；艺术设计（纺织装饰）对应面料花稿设计师、服饰品设计师、软装设计师等岗位，开设"服装纹样与款式""创意配饰设计"等专业核心课程。递进式开设以满足就业岗位对职业生涯成长的需求，实现岗位基本能力与拓展能力并驾齐驱。

（二）证课融通，以证促学

以考促学、考训结合，对接"1+X"证书制度重构课程体系，实现专业课程与企业认证的共生共长。学院成立"1+X"证书试点工作领导小组，对证书的知识、技能体系进行解构、重构，将其知识、技能需求转化为学生的素养及能力要求，课程体系紧密对接职业技能等级证书的标准与行业企业技能标准，开发"印花面料花型设计与工艺""陈列设计"等进阶式课程7门，开展分段、分层教学，促进人才培养方案与职业技能认证体系互嵌共生、互动共长，实现课证融通。"1+X"证书制度进阶式培养与个性化学习有效提升学生职业技能水平和就业竞争力，进一步拓展学生职业发展空间。成功申报首批"1+X"职业技能等级证书试点院校，4名教师获得种子师资培训证及考评员证，"1+X"技能等级证书获得率高达100%。

（三）赛课融通，以赛促能

实施"金顶针"拔尖人才培养计划，培养学生实践创新、团队协作、自主学习、解决实际操作问题的能力。以国家级女装工业工程实训基地为基础，依托虚拟仿真实训中心和三位一体特色资源中心，建成曹桢女装高定工作室、陈发版型研发工作室等6个"大师工作室"，实施"导师制"个性化培养模式，组织学生参加各级职业技能大赛。对接国家级、省级等高级别职业技能大赛标准，分层、分级梳理大赛培训目标，形成职业技能培训选拔机制，融世赛、国赛标准于课程教学中，通过以赛促教，实现职业技能和职业素养互融互促"双提升"。承办国家级、省级等各类服装技能大赛，搭建展示学生技能的秀场平台，激发学生的学习成就感，让每个学生都能找到展示自己的舞台。学生入选世界技能大赛十进五种子选手1人、获全国技术能手2人、国家级竞赛一等奖12项。

（四）创课融通，以创促变

依托"双创孵化"平台，重构课程内容模块，将创新理念全面融入专业课程，培养学生的科研能力和实践创新能力。深挖行业创新点，依托礼服高级定制、霓裳汉服研发、丝绸文创产品设计等16个特色工作坊，引入17家服装行业典型企业，跨专业组建模块化教学团队，融创新要素于项目化课程教学中，通过开展初级产品研发项目、创意产品研发和中小微企业的产品研发项目，引导学生勇于尝试、敢于探索，提升学生的创新能力与个性化"立地式"研发能力，形成完善的创新思维和意识，培养"敢创新、懂设计、能制作、会营销"的个性化高技能人才。共享科研平台与教学实训场所，将师生创新科研成果转化为优质教学资源，使科研平台成为服装类专业技术技能创新的孵化器，助推服装类创新型技术技能人才的培养。

二、主要成效

通过"岗课赛证创"课程体系的创新实践，重构教学内容，有效弥合课程体系与岗位需求匹配度上的分野，提高了学生的首岗胜任能力和可持续发展能力。获省教学成果特等奖1项、中国纺织工业联合会纺织职业教育教学成果一等奖2项；入选国家级课程思政示范课程1门、省级课程思政示范课程2门、省高等教育精品在线开放课程3门。据相关数据统计，2019—2021年，达利女装学院专业群培养了一大批高素质技术技能人才，毕业生就业率高达98.68%，用人单位满意率高达98.18%，高端就业持续保持年增长150%；为产业培训员工3.1万余人次。

（撰稿人：洪杉杉　刘桠楠）

小工坊大秀场——服装专业群工匠型人才培养模式革新

2021年3月17日在国家会展中心（上海），有一群富有创意、意气风发的青年正在呈现一场春夏女装发布会的视觉盛宴。服装设计与工艺专业毕业生白圆圆、王聪昊把童年偶像巴斯光年的口头禅"飞向宇宙，浩瀚无垠"化作了创意毕业作品，他们以"浪漫　无垠"为题，用光影艺术呈现宇宙元素，给博览会的舞台带来了震撼的视觉冲击，受到现场观众的热捧。针织技术与针织服装专业毕业生彭梦婷的作品运用了针织行业的先进技术，展现"针梭结合"特征。昨天她们还是稚嫩懵懂、技术不娴熟但渴求进步的孩子；今日她们已光芒万丈，在最新技术和最潮流设计理念的环境里学习成长，独立设计、制版、制作，用线条勾勒出技艺、用剪刀裁剪出匠心、用针线编制出新时代技术技能人才的风采。这是杭职院达利女装学院学生毕业作品发布会，也是专业个性化人才培养模式实施成果的生动展示。

杭州是中国著名的女装之都和重要的女装生产基地，在科技革命和产业变革不断深化的背景下，促使女装产业向"时尚+科技"转型升级。应对当前杭州女装产业链前端面料设计、中端产品研发与生产及后端产品营销等典型岗位群，需要破解专业群的核心文化缺失、课程体系专业互融不明显、教学实施忽视多元个性、学生个性化技能展示平台不足等问题，探索出以"小工坊大秀场"为特色的专业群个性化人才培养的创新之路。

一、实施举措

（一）明晰"文化引领、革新为先、匠心铸魂"的专业群课程思政建设思路

将纺织强国的建设目标、服装产业技术革新和国产服装品牌的国际化塑造作为专业群课程思政的重点，挖掘丝绸文化、浙江精神、纺织工匠塑造等课程思政资源载体，系统构建了"三层面、三维度、六要素、六评价"的专业群课程思政教学和评价体系，以工作坊为实践载体，培养"设计呈文化底蕴，开发敢突破创新，制作显技艺精湛"的服装人才个性特质（图3-1-1）。

（二）重构"基础共享、专技阶进、研学交融"的专业群课程体系

按照"宽基础、精技能、重复合"原则，搭建专业群共享课程；对接时尚女装产业面料设计、女装针织、梭织产品研发、女装营销四个方向建设模块化课程，培养学生不同专业方向的岗位技能；开设专业互融模块课程，在工作坊内开展初级产品研发项目、创意产品研发和中小微企业的产品研发项目，提升学生的个性化"立地式"研发能力，培养"懂设计、精制版、能制作、会营销"的个性化高技能人才（图3-1-2）。

（三）创新"双线双融、个性选择、多元评价"教学改革

基于"岗位基本能力"设置职业知识、技能、素养等能力递进的"专业分立模块课程"实施课证融通；基于"岗位拓展能力"设置"专业互融模块课程"，融入

创客理念的教学模式，学生根据专业特长和兴趣进入工作坊，按照企业项目开发流程开展项目实施。开发基于增值理念的项目化课程的多元评价系统，生成每位学生的个性成长画像（图3-1-3）。

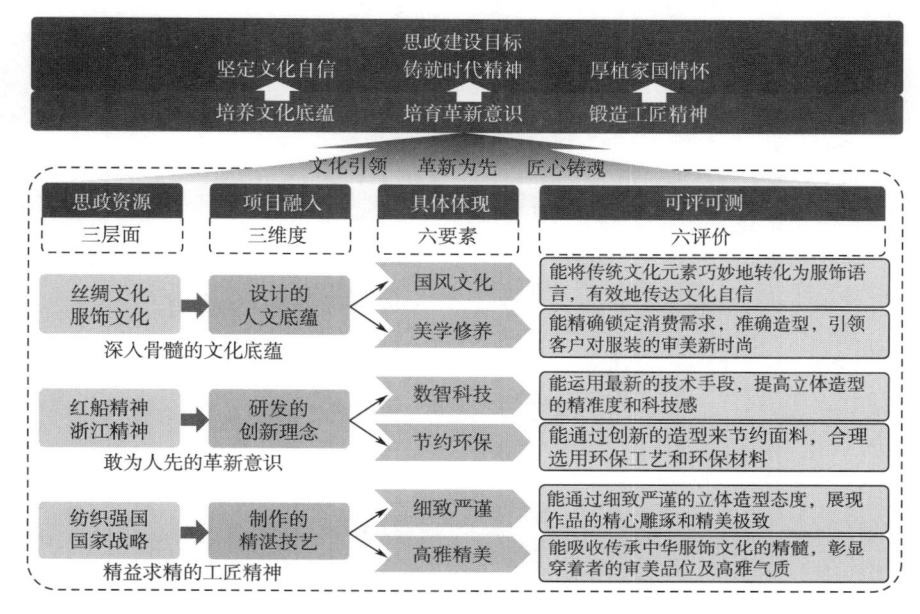

图3-1-1 "文化引领、革新为先、匠心铸魂"的专业群课程思政建设思路

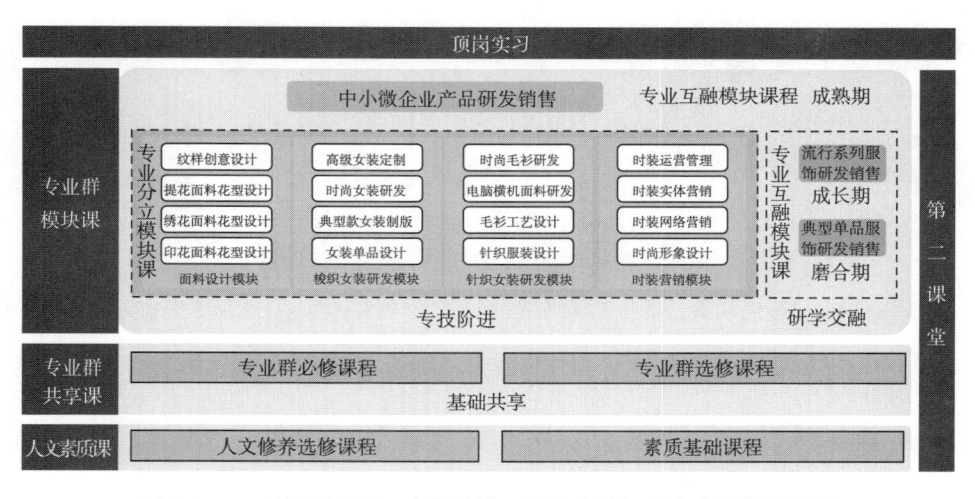

图3-1-2 "基础共享、专技阶进、研学交融"的专业群课程体系

（四）建设"资源共享、项目互融、研发创新"的产学研赛创一体化工作坊育人平台

以国家级女装工业工程实训基地为基础，在服装工程创新中心下设置3个大师工作室16个特色工作坊，每个工作坊入驻企业项目组和学生创业项目，师生跨专业组队进入工作坊开展"产学研赛创"活动。校企合作为学生搭建展示个性的时装发布、陈列展示、直播营销的"小秀场"，最终目的是带领学生走向国内外的时尚

"大秀场"（图 3-1-4）。

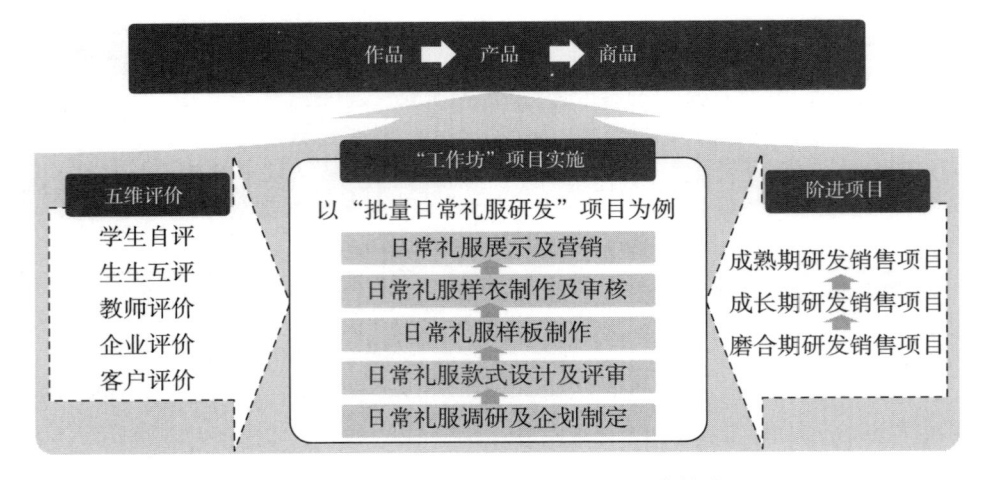

图 3-1-3 "工作坊"企业项目化教学实施流程

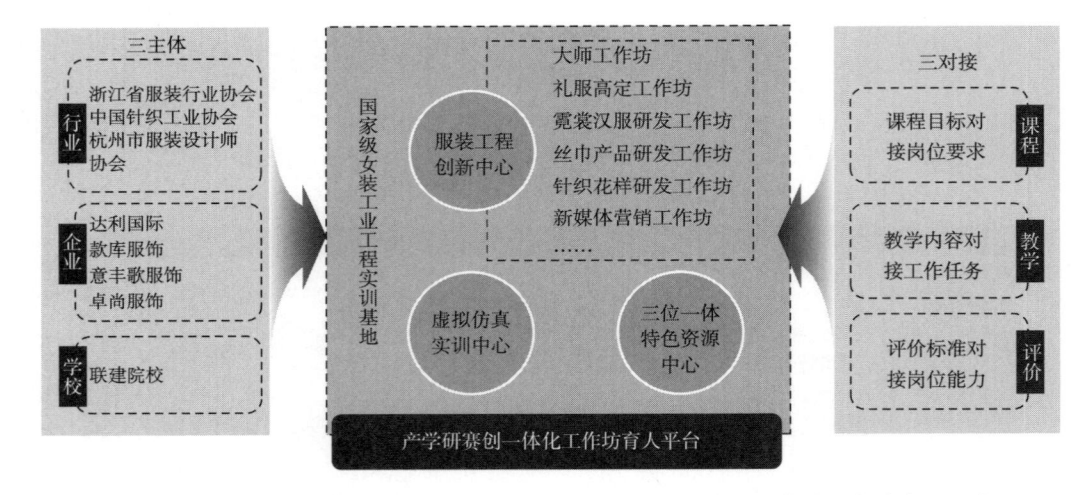

图 3-1-4 "资源共享、项目互融、研发创新"的产学研赛创一体化工作坊育人平台

二、主要成效

（一）学生就业创业竞争力全面彰显

学生获国家级全国职业院校技能大赛金奖 12 项，全国纺织服装专业学生职业技能标兵 5 项，学生与艺术大师陈家泠合作的系列作品被国家博物馆永久收藏，学生承担 G20 峰会志愿者服装的设计、中国西部国际博览会服装制作 120 余套，制作了"世界最大的旗袍"。学生每年参加杭州国际时尚周、中国国际针织博览会、中国布艺等时尚博览会，2019—2023 年，有 587 件作品被合作企业采纳。学生毕业三年后自主创业率为 20.48%（全省为 7.44%），就业率始终保持在 98% 以上，企业对毕业生满意度达 98%，毕业生成为服装企业招聘首选。达利（中国）有限公司等企业招

聘负责人对服装专业群毕业生做出承诺，"只要拿到毕业证就可直接转正成为正式员工，转正后薪资在 8000~15000 元"，全面彰显了毕业生的就业竞争力。

（二）高水平双师队伍建设全国领先

专业群带头人被评为国家"万人计划"教学名师、全国优秀教师。团队完成横向课题 180 余项，技术服务到款额 2000 余万元，开展技术培训与技能鉴定 85307 人次，"服装立体裁剪"课程入选国家级课程思政示范课，3 本教材入选国家"十二五""十三五"规划教材；培育了全国课程思政教学团队和名师 5 名、全国技术能手 1 名、全国优秀制版师 1 名，省高校优秀教师 2 名。

（三）"小工坊大秀场"工匠型人才培养模式改革示范全国

专业群入选"双高计划"高水平专业群，获"全国党建工作样板支部""全国纺织行业技能人才培育突出贡献奖""黄炎培职业教育杰出贡献奖"等荣誉。"小工坊大秀场"工匠型人才培养模式改革喜获 2021 年浙江省教学成果特等奖，荣获中国纺织工业联合会纺织职业教育教学成果一等奖 2 项，已在全国同类院校广泛应用，全国有 800 余所高职院校 7000 余人来专业交流学习，被《中国教育报》《光明日报》等 30 余家媒体报道。

（撰稿人：王　慧　郑小飞）

工坊变课堂，个性化育人模式打亮学子出彩底色

服装产业个性化、生态化、智能化、品牌化发展对服装设计人才提出更高、更复合的能力要求。然而，传统的统一化人才培养模式存在一些突出问题，如培养的学生文化底蕴不足、技能专长较弱、研发创新较难等。为了实现"人人皆可成才、人人尽展其才"育人目标，杭州职业技术学院服装设计与工艺专业群以个性化培养为逻辑起点，打造了一系列工作坊和技术创新服务平台，从培养目标、课程体系、教学模式、教学情境等方面构建了具有鲜明"小工坊大秀场"的个性人才培养模式，培养"懂设计、精制版、能制作"的服装设计类人才。

一、实施举措

（一）制定"文化爱好、技术专长、专创特长"的组合式个性化培养目标，破解专业群培养目标个性特质不强的问题

服装设计与工艺专业群围绕设计、制版、制作三个专业的核心能力深度挖掘个性目标，构建"一文一技一创"可选择、组合式的个性目标体系，通过个性目标牵引学生的个性发展，学生可在中国丝绸、中式旗袍、杭州刺绣等方面选择一种非遗文化爱好；在国风设计、数智制版、柔性定制等方面选择一技术特长；在设计创新、板型创新、工艺创新等方面选择一专创特长，培育"设计呈文化底蕴，开发敢突破创新，制作显技艺精湛"的专业个性特质。

（二）构建"文化贯通、职业指引、岗位牵引"的生成型专业群课程体系，破解专业群课程体系个性选择不够的问题

围绕学生个性培养目标增加专业群选修课程比例，将非遗服饰文化贯穿专业群育人全过程，一体化设计"三层面、三维度、六要素、六评价"的课程思政方案；在国家级非遗资源库中设定非遗文化限选课，开设"中式旗袍""杭州刺绣工艺"等非遗"大师班"选修课；以职业方向为指引，开设8门群内专业互选课程，引导学生逐步明晰职业目标；以岗位的个性技能需要为牵引，设置工作坊项目任选课程，每个学期逐步增加跨专业项目的数量和难度，精准培养岗位技术专长；以职业生涯规划为指引，引导学生选择个性课程，通过个性学分激发学生学习动力。

（三）实施"项目小组、创客伙伴、认证评价"的"工坊式"实训教学模式，破解教学实施个性特长培养不突出的问题

校企共建32个产品研发工作坊，构建"333"工坊教学组织模式，即三类导师（企业导师、学校导师、创业导师）、三类学生（跨专业学生、跨年级学生、跨专长学生）、三类项目（仿真项目、企业项目、创业项目）。学生以学徒和创客伙伴的身份进入工坊，通过创意碰撞、设计互评、共同实施的模式完成进阶式项目任务，通过"技能定段"引导学生逐级历练技能专长；采用成果导向，认证评价工坊教学模式，学生获奖证书、专利、企业采用证明、销售额等都可通过校企成果认证获取学分。

（四）搭建"技术攻关、成果转化、创新创业"的"秀场式"创新服务平台，实现从小工坊到大秀场的蝶变

联合达利集团等共建浙江省高品质丝绸研究院，女装制版技术创新中心、时尚女装产业大数据研究中心、学生创新中心等"一院六中心"技术创新服务平台，为师生团队提供技术攻关、成果转化、创新创业等各类展示机会，通过建立学分兑换、成果奖励、创业扶植等激励机制，激发学生"作品—产品—商品"的靶向转化。

二、主要成效

（一）传承非遗服饰文化，培养学生个性出彩

学院学生每年参加杭州国际时尚周、中国国际针织博览会、中国布艺等时尚博览会，2019—2023年，有587件作品被合作企业采纳。主持的国家"非遗"教学资源库累计选课达37000人次；在校非物质文化遗产传承教学创业基地，开设中式旗袍制作技艺"大师班"，培养学徒168人；通过杭州市历史经典文化大师（非遗）进校园项目，培养了杭州刺绣、萧山花边学徒80人。学生与艺术大师陈家泠合作的系列作品被国家博物馆永久收藏，与非遗大师韩吾民制作了"世界最大的旗袍"。

（二）助推产业转型升级，助力区域乡村振兴

建成国家级职业教育"双师型"教师培训基地、国家级女装工业工程实训基地，2019—2021年，师生通过技术创新服务平台重点打造女装板型数据库和3D建模数字库，助力150余家中小微企业解决技术难题，提供板型及纹样技术数据等6800条，多项技术改进项目带动企业产生经济效益近1.2亿元，开展技术培训与技能鉴定45775人次。学校与浙江省海宁市许村镇人民政府、行业协会共建的杭海龙渡湖时尚产业学院，培养本地纺织产业聚集区企业的技术骨干50多人，培养当地200多名农民成为新型产业工人。2019届毕业生刘则进的扶贫工作事迹被"学习强国"平台报道。

（三）引领服装专业改革，推进职教共富先行

相关成果5次获中国纺织工业联合会纺织职业教育教学成果一等奖。《中国教育报》《光明日报》等主流媒体报道成果100余次，理论成果被国内教育类权威期刊《教育研究》刊发。成果被陕西工业职业技术学院、荆州职业技术学院等135所院校服装专业借鉴推广，苏州经贸职业技术学院等28所院校复制应用。在对口帮扶的新疆、贵州等10余所院校推广和应用本成果，东西协作案例获中国纺织工业联合会纺织职业教育教学成果奖二等奖3项，并带动阿克苏地区优质校项目建设工作。

（撰稿人：王　慧）

"敏"学多艺　匠心筑梦——世界技能大赛时装技术项目十进五种子选手蝶变之路

2021年12月24—26日,"第46届世界技能大赛时装技术项目"十进五选拔赛在北京奥克斯特服饰有限公司举行。为期三天的比赛于12月26日圆满闭幕。杭州职业技术学院达利女装学院朱敏敏同学代表浙江省参加了本次比赛,并以第五名的成绩成功晋级。参与本届时装技术项目共有10位选手,分别来自广东省、北京市、湖南省、四川省、上海市、浙江省、江苏省、湖北省、河南省和福建省。这是杭州职业技术学院开展"金顶针"拔尖人才培养计划以来首次跻身世界技能大赛中国区前五强,历史性的突破凸显"金顶针"计划的前程未来可期(图3-1-5)。

图 3-1-5　朱敏敏同学世界技能大赛参赛现场

一、无声耕耘,其花绽放

服装2021班朱敏敏同学,进校以来一直参与达利女装学院开展的"金顶针"拔尖人才培养计划,培养期间接受针对性的指导和专业化的训练,于2020年10月参加第十一届全国职业院校学生服装制版与工艺技能大赛,以第一名的好成绩获一等奖,同时取得该赛项唯一一个"服装制版师"技师(国家职业资格二级)证书和全国纺织服装专业学生职业技能标兵称号。2021年6月26—28日,朱敏敏代表浙江省参加2021年全国职业院校技能大赛高职组服装设计与工艺赛项,又在高手云集的竞技场上脱颖而出，获得国赛一等奖。

二、常砺匠心，云帆竞发

朱敏敏作为"最美学子"在接受校新媒体专项采访中表示："有人说这是一个梦想的时代，每个人都是梦想家，我们都是追梦者，我们来到杭州职业技术学院学习，都带着一个学到真本领、找到好工作的梦想。能参与'金顶针'计划就是启航了我们的梦想小船。日复一日地训练，只为在比赛中取得好成绩！工作室的技能训练弥补了我设计方面的不足，一次次参赛的经历开阔了自己的视野，收获了勇于尝试、挑战自我的勇气和一股不服输的劲头。"

三、技行天下，能创未来

习近平总书记高度重视高素质技术技能人才工作，多次作出重要论述，强调技术工人队伍是支撑中国制造、中国创造的重要力量。职业技能竞赛为广大技能人才提供了展示精湛技能、相互切磋技艺的平台，对壮大技术工人队伍、推动经济社会发展具有积极作用。习近平总书记强调，各级党委和政府要高度重视技能人才工作，大力弘扬劳模精神、劳动精神、工匠精神，激励更多劳动者特别是青年一代走技能成才、技能报国之路，培养更多高技能人才和大国工匠，为全面建设社会主义现代化国家提供有力人才保障。

技能成才、技能报国，这是"金顶针"拔尖人才培养计划实施的初衷，也是一大批像朱敏敏这样的优秀学子"蝶变之路"的生动回应。达利女装学院服装设计与工艺专业群高度重视拔尖创新人才的培养，采用工作室导师制教学模式，通过企业带项目、带导师、带资金入驻，跨专业组建模块化教学团队的方式，根据学生的特长进行个性化培养。按照企业产品开发流程实施项目化教学，开发基于增值理念的项目化课程的多元评价系统，生成每位学生的个性成长画像，实现"学徒—准员工—员工"精准培养、"作品—产品—商品"靶向转化。"金顶针"计划的实施为学生放飞心中梦想提供了可能。自2019年以来，学生获全国高职服装专业技能大赛一等奖12项！获"全国纺织服装专业学生职业技能标兵"称号2名（全国领先）。朱敏敏同学在第46届世界技能大赛十进五选拔赛中顺利晋级，是专业分层次个性化人才培养模式的又一标志性成果，充分展现了"金顶针"计划的可实施性和示范推广效应。

（撰稿人：洪杉杉　刘桠楠）

第二章　强化课程教学资源建设

发挥教学资源库优势，培养复合型技术技能人才

培养服装数字化技术技能人才，动态调整专业群人才培养定位，对接行企，动态更新教学资源库、素材库，重构数字科技精技能课程体系，共享课程资源重构教学内容是应然之策，顺势而为革新课程体系，成果丰硕。

浙江是纺织服装产业大省，在走出国门接轨国际的进程中，浙江的服装产业面临着前所未有的挑战与机遇。服装产业发展的核心要义在于人才培养模式的改革。高等职业教育中的课程体系、课程内容是联系教育链、人才链、产业链、创新链、技能链、职业发展链等众多模块的纽带。以源于企业、用于行业、服务社会为宗旨，创建适应纺织服装行业数字化发展的新课程体系和课程内容是因应之策，行企校共建共享教学资源库刻不容缓。

一、实施举措

（一）动态调整专业群人才培养定位

以针织服装产业为例，目前技术发展潜力较好的方向有两个：一是"全成型"技术，二是3D数字服装展示技术。以"全成型"新技术应用为切入点，以企业发布的真实订单为任务驱动，有效缩短了学业与就业的距离，重点培养针织服装产业紧缺的智能织造技术技能人才，与本科院校同类专业错位发展。将3D技术引入针织专业课程体系，建成数字资源中心，搭建数字化展厅。"全成型"技术和3D服装数字设计技术在课程体系中的加入将为未来纺织服装产业培养更多复合型及实用型人才。

（二）重构数字科技课程体系

立足全成型毛衫设计师、服装3D建模师等新岗位、新需求，增设"全成型电脑横机工艺编程""3D时装数字建模"等课程。专业组教学团队与合作企业协同设计构建了以项目驱动为主线的专业课程体系，产教"双主体"深度融合，渗入层级递进课程群，突出学生电脑横机工艺设计技术技能和创新创业能力培养。

（三）教学资源库持续优化完善

及时对接企业行业，承担针织工业协会的流行趋势面料研发部分，建设包括组织花型库、技能视频库、设计案例库等一系列数字资源库，吸引工作室入校，与国内最大的电脑横机制作商宁波慈星股份有限公司合作，以为提高资源库的更新率提供保障。

二、主要成效

推动服装国家级专业教学资源库高质量优化升级，建成服装专业群教学资源库。

以"全覆盖、精制作"为要求建设素材库 2000 个，联合企业共建生产案例库 1300 个、聘请企业技术能手共建操作视频库 500 个，引入服装行业发展的前沿技术和最新成果，以视频资源建设为核心，开发微课、大师操作视频、新技术应用视频等，颗粒化资源达 10000 件，且年更新率保持在 10%以上，资源库丰富程度、更新频率均达到全国领先水平。建成线上线下混合式教学课程 45 门，精品在线开放课程 14 门。

始终贯彻执行"开放、共享"理念，充分发挥资源库在教学、企业员工技能培训、技能等级认证考前培训等多方面、多层次的有效作用，将专业群教学资源库与国际化课程实现互融互通、互补互促，充分体现了专业群资源库的辐射引领作用，极大地提升了专业群在行业、国内、国际的影响力。经过几年来的课程体系建设与课程资源积累，成功引领专业群培养了更多专业人才、服务了更多企业，成功地打造了一个当地离不开、业内都认同、国际可交流的职业教育"样板专业群"。

（撰稿人：陶　园　刘桠楠）

非遗不遗　匠心传承——杭职院国家级非遗教学资源库

杭州职业技术学院与西泠印社以"资源共享、优势互补、互利互惠、共同发展"为原则，探索"现代学徒制"模式培养非遗传承人，在"大师班"教学、非遗项目拓展、文化事业人才储备等方面进行深度合作，希望探索出一种名社与高校有机结合、反哺社会、服务公众的有效方式。"西泠学堂"是西泠印社实现公共文化服务功能的首次尝试，也是西泠印社第一次与高职院校的紧密合作。在注重学生匠心素养的交融及技艺创新能力培养的同时，紧跟现代生产技术潮流，希望能让非遗技艺"动起来""活起来"，走入校园、走进社区、走出国门、走向世界。

于是，一个国家级的教学资源库——传统手工业（非遗）技艺传习传承与创新资源库应运而生。该资源库由杭州职业技术学院与"天下第一名社"西泠印社携手共建，紧贴国家亟须的非遗保护与传承需求，以独具江南特色的传统手工业类非遗项目为载体，以破解非遗保护和传承中存在的主要难题为己任，并首创提出匠心素养+技艺传习+技艺创新三合一课程体系。在此基础上，根据资源的层级及功能，建设"一馆一库一平台一基地"，打造丰富优质的资源体系。

一、实施举措

非遗资源库通过职业院校、企事业单位、民间组织和非遗传承人四方合作，汇集整理各传统手工业介绍、发展历史、名人名家、代表作、人物专访、工艺流程、作品案例等资源，开发雅修鉴赏、操作视频、教学课件、微课、动画、习题库、试题库等颗粒化素材资源12460余个。满足了不同用户对颗粒化资源精准调用、自行组建新课程等个性化需求。

资源库学习平台充分利用现代信息技术和互联网手段，从课前学习、课堂教学、实训教学及课余学习四个主要职教教学场景中提高资源库的应用效率，为院校教师、学生、企业员工、国内外爱好者四大受众群体提供PC、移动app和O2O三种学习方式，建设开放、互动、共享的教学资源库。

同时，配套建成的非遗博物馆也在传承非遗技艺、弘扬非遗文化方面发挥着重要作用，馆内通过图文展板、视频、实物、触摸屏、VR技术、现场体验等形式呈现多项非遗技艺，让参观者身临其境般感受非遗的技艺传承和文化魅力。

二、主要成效

非遗教学资源库开设课程已达21门，其中包含"风骨——从西泠印社看中国文人的执着和坚守""非物质文化遗产传习与经营概论"等6门核心课程，和"金石篆刻""中国丝绸""雕版印刷""中式旗袍"4门非遗技艺传习课程。首批引进了西泠印社金石篆刻、雕版印刷技艺、中式旗袍制作技艺、纸伞制作技艺、全形拓

技艺等五个非遗项目。五个项目的代表性传承人黄小建、闻士善、屠燕治、韩吾民等分别在校内开设"大师班",正式收徒授课。

五个"大师班"作为人文素质选修课程,经过学生自主报名、推荐选拔等环节,以每班 15~20 人的小班化规模,采用"师傅带徒弟"的方式,于每周三下午在基地进行授课。几年来,线下参加"大师班"授课的学生数超过 600 人,线上通过资源库平台学习的成员超过 3000 人。未来,会有更多人因为杭职院走近非遗,爱上非遗,传承非遗。

(撰稿人:陶 园 刘桠楠)

打破时空限制　促进终身学习——服装设计专业教学资源库

按照教育部职业教育专业教学资源库项目建设工作要求，由杭州职业技术学院牵头负责"职业教育服装设计专业教学资源库（项目编号：2015-13）"项目建设工作，按照"国家急需，全国一流"建设总要求，组建服装设计专业团队，整合全国服装设计领域内高职院校、行业、企业的资源，为行业企业专家、授课者、在校生、在职（求职）者、社会访客等多元用户在学历教育、继续教育及终身学习方面提供开放网络支撑服务，实现教与学互动，构建一个全新的、以学习者为中心，实现专业资源共建共享、教学形态多种多样、学习方式自由灵活、交流渠道丰富通畅的，具有中国高等职业教育教学特色国内一流的，共享型、开放性的服装设计专业教学资源库。

一、实施举措

以提高服装专业人才培养质量为出发点，基于资源库"能学、辅教"的基本定位，按照"碎片化资源、结构化课程、系统化设计"的组织建构逻辑，建立资源共享、合作共赢、深度融合的开发运行管理机制，搭建开放型共享共用资源库平台。

（一）强强联手，共同建设

与14所高水平联建院校共同建设完成了丰富的素材资源库及工学结合课程，联合建设院校中国家示范（骨干）院校8所、省级示范（骨干、特色）院校5所；"十三五"期间9所学校入选各省优质高等职业院校建设工程。联合30家区域有重点影响的龙头或特色企业合作共建各类企业案例库与行业信息库。

（二）分层建设，边建边用

以专业核心课程建设为重点，不断完善资源呈现方式，开发虚拟、动画、视频等多种类型资源，按素材、积件、模块、课程分层建设，强调结构化设计、标准化制作，实现开放式重组、个性化定制，增强资源的通用性和普适性。积极对接服装企业的技术转型升级，将企业资源、学校技术开发及科研成果转化成为教学资源，建立资源库定期更新保障制度，充分运用需求导向、应用激励的策略，鼓励院校、企业及机构积极建设新的优质资源充实资源库，把资源库使用融入参与建设学校专业教学全过程。

（三）共建共享，全面推广

在教育部主导下，发挥国家、区域服装行业协会指导作用，项目团队校企融合、优势互补，分工明确、协同建设，最大范围地汇集服装行业龙头企业和知名高职院校的技术资源、社会资源。

建立经费投入、团队管理、资源更新及共建共享机制，保障资源库的共建共享。通过建立以"服务"换"服务"的开放式运营模式，形成专业资源库的可持续发展

机制，实现自我发展及自我成长。未来，基于数据学习与评价的兴起，学生将从教学消费者转变为创造者。确保资源库建设后的每年10%的资源更新率。

建立资源库运行与管理机制、资源库资源共享和使用激励机制、营销推广机制，有计划、有组织地在相关院校和社会机构推广资源库应用。

二、主要成效

（一）建成了满足多样化用户需求的平台

服装设计资源库建设了学习管理系统、学习型社区和社会服务门户，搭建开放型共享共用资源库，为多样化用户构建了一个全新的、以学习者为中心、实现专业资源共建共享、教学形态多种多样、学习方式自由灵活、交流渠道丰富通畅的在线学习环境。门户网站的建设实现了与资源平台的一站式注册、登录、同步修改，门户建设了六个中心，分别是学生学习中心、教师教改中心、在职培训中心、社会人员学习中心、服装文化信息中心、职业素养教育中心，满足学生、教师、企业员工以及社会人员的学习需求。

（二）建成了体系完备、内容丰富的教学资源库

项目组建设资源包括行业资源、专业资源、课程资源、职业培训包和特色资源等，满足了多样化用户和差异性学习的需求，共开发建设优质课程资源23042条，完成目标总数的122%，其中，文本类4384条、图形（图像）类6066条、音频类1369条、视频类7930条、动画类3207条、虚拟仿真类86条。

（三）构建满足"线上+线下"混合式教学的结构化课程

从企业、行业用人需求和学习者需求出发，按照服装设计工作过程，遵循职业成才规律和认知规律，重新梳理专业课程体系中各课程间的相互支撑关系，构建以服装设计专业为主的服装设计专业课程体系，同时涵盖服装专业的其他方向——服装设计、服装制版和服装营销三大方向，共25门课程。课程全部采用过程系统化模式，同时，课程建设按照咨询、决策、计划、实施和评价模式进行构建，方便学生学习，明确课前、课中、课后的学习内容。

（撰稿人：刘桠楠　郑小飞）

第三章　推进教材与教法改革

"三教"改革、"课堂革命"助力技术技能人才培养高地

2019年1月,国务院印发《国家职业教育改革实施方案》,提出了包括完善现代职业教育体系、健全国家职业教育制度框架、做好改革组织实施工作等7个方面20项政策举措;随后中共中央办公厅、国务院办公厅印发《加快推进教育现代化实施方案(2018—2022年)》,提出建立健全职业教育制度标准,推动教育教学改革与产业转型升级衔接配套。国家打出职教改革"组合拳",意在从根本上解决职业教育的发展动力、发展规模和发展质量等问题。

高职院校"三教"改革是深化"课堂革命",打造高素质技术技能人才培养高地的必由之路。服装设计与工艺专业群紧紧围绕新时代高校立德树人工作的新形势、新要求,深入贯彻落实《国家职业教育改革实施方案》部署要求,全面推动"课堂革命"走向制度化、常态化、专业化。优化课程设置和教学内容,统筹教学组织与实施,深化教学方式方法改革,改善实训条件,盘活教学资源,取得了显著成效。

一、实施举措

为充分发挥国家高水平专业群——服装设计与工艺专业群引领作用,教学课程资源"数智化"迭代升级,深化产教融合、校企合作,加快产教融合实训基地建设,深化"课堂革命",聚焦教师、教材、教法深化"三教"改革,推进"理实一体"实践教学条件体系的改革,将产业搬到教室,将课堂搬到车间,打造"实景化、开放性、多功能"的实践教学场所,打造技术技能人才培养高地。

(一)以"融产教、通育训"为路径,打造高水平实践教学基地

学校根据各实践训练内容整合校内外资源,围绕时尚女装产业链,构建符合服装设计与工艺专业群人才培养定位的实习实训基地(图3-3-1)。一方面,依托新建的工程中心,归类集中、改造升级已有实验教学资源;另一方面,抓住"对接""协同"两个关键点,探索多方协同、产教融合实践育人平台建设与运行机制,鼓励一切能促进产教融合的合作形式,共享顶级实验设备,引入先进实训资源,为学生创造一流实训环境。以"厚基础、精技能、营造真实生产环境"为建设思路,重构"共享基础实训室""岗位技能实训室",推动"产教融合实训基地"建设,夯实专业群岗位基础能力,强化基于岗位能力证书的岗位技能实训,提升学生可持续发展能力,建成高水平实训基地8个。通过学校对接产业、学院对接企业、学员同招、专业共建、人才共培、师资共训,实现教育教学与产业发展"三个融合"。

(二)以"数字化、智能化"为目标,推进教学内容迭代升级

杭州紧紧围绕"数智杭州·宜居天堂"的发展导向,加快建设社会主义现代化国际大都市。互联网、大数据、移动通信、人工智能、虚拟现实等现代科技为教育

教学改革带来了前所未有的机会，"先进技术+实践"必将对实践教学方式、方法的革新产生深刻的影响。

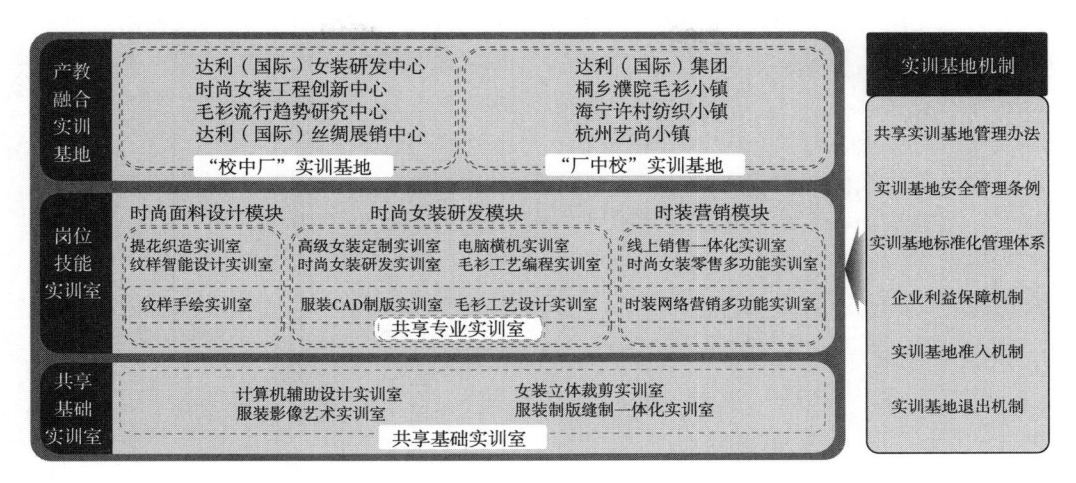

产教融合实训基地	达利（国际）女装研发中心 时尚女装工程创新中心 毛衫流行趋势研究中心 达利（国际）丝绸展销中心	达利（国际）集团 桐乡濮院毛衫小镇 海宁许村纺织小镇 杭州艺尚小镇	实训基地机制
	"校中厂"实训基地	"厂中校"实训基地	共享实训基地管理办法
岗位技能实训室	时尚面料设计模块 提花织造实训室　高级女装定制实训室　电脑横机实训室 纹样智能设计实训室　时尚女装研发实训室　毛衫工艺编程实训室 纹样手绘实训室　服装CAD制版实训室　毛衫工艺设计实训室	时装营销模块 线上销售一体化实训室 时尚女装零售多功能实训室 时装网络营销多功能实训室	实训基地安全管理条例 实训基地标准化管理体系 企业利益保障机制 实训基地准入机制 实训基地退出机制
	共享专业实训室		
共享基础实训室	计算机辅助设计实训室　女装立体裁剪实训室 服装影像艺术实训室　服装制版缝制一体化实训室		
	共享基础实训室		

图 3-3-1　服装设计与工艺专业群实习实训基地架构

1. 试行"三个课堂"模式，大力推进"课堂革命"

创新推行校内课堂、网上课堂和企业课堂"三个课堂"教学模式。校内课堂教授基本理论、完成项目教学、教师答疑解惑；线上课堂传授基本知识、促进拓展学习；企业课堂完成综合技能训练，提升实践能力。通过升级网上课堂，搭建智慧学习平台，实现"三个课堂"实时连接、资源共享、相互促进，建立师生互动、企业深度参与的"以学习者为中心"的职业教育课堂教学模式。

此外，建立了"全覆盖播种、个性化栽培、精准化扶持"的"三阶式"创新创业教育体系，开设"双创课程"，搭建双创和技能大赛平台，孵化创新创业项目，使学生在校内"第二课堂"中提高技能，锤炼工匠精神。课堂改革以"有用、有趣、有效"的"三有"为目标，通过调动教师和学生的积极性，实现教法创新和"课堂革命"。

2. 大力开发网络课堂，建设智慧学习环境

专业群锚定学校"立足开发区、服务杭州市"的办学定位，开启"数智化"转型的迭代升级之路。在校内探索利用移动互联网、物联网、云计算大数据、VR 等技术，以慕课、微课、翻转课堂、虚拟课堂等为载体，构建课程资源丰富、内容适时更新、专业特色明显、学习管理便捷、对外开放共享的智慧学习技术体系和学习平台，平台承载移动学习、校内课堂、企业课堂等创新性的课堂教学模式，支持教学过程与生产过程实时互动的远程教学的实施，为每个学生构建"虚拟学习空间"，满足学生随时随地学习、沟通、答疑、解惑等各种需要。

服装设计与工艺专业，让三维设计软件成为服装设计与制版的工具；针织技术与针织服装专业，教学内容向"全成型"电脑横机转型；艺术设计（纺织品设计）专业，数位板替代了传统的纸、笔、墨，用软件实现提花面料的肌理；服装零售与管理专业，开启新媒体+新零售转型之路，入局服装直播电商（短视频、网红直播等），2020年6月，被共青团杭州市委授予"中国（杭州）青年电商主播培训基地"。

（三）以"双师型、结构化"为导向，打造高水平教师教学创新团队

教师是立教之本、兴教之源。职业教育高质量发展，必须有一支高质量的教师队伍，这是由经济社会对职业教育的期待及职业教育自身高质量发展决定的。以建立一支善教学、精技能、能研发的专兼结合的双师结构教学团队为目标，本专业实施教师能力提升"四大工程"，即采取建机制、搭平台、进圈子、压担子的做法构建教师队伍分层、分类培养体系，提升专业群教师的教学、科研与技术服务能力。

通过实施教师能力提升"四大工程"计划，加强"双师型"教师培养培训方案建设，明确教师轮训时间，组建高水平、结构化教师教学创新团队等措施，破解教师队伍学历、职称、专业、年龄结构不够合理，"理实一体化"和"模块化"教学设计能力、实施能力不足等问题，为"双师型"教师队伍的建设明确了建设路径。

（四）以"导师制、项目化"为抓手，推进教学方法创新

适应女装产品开发"多部门协同、多循环反复"的特性，重构模块课程教学组织，从单一教师授课向团队教师授课转变，不同专业研究方向的教师与企业专家组成混编教学团队，负责款式设计、结构设计和工艺设计等各个环节的任务实施。针对专业互融模块课程，跨专业组建学生团队和教师团队，承接企业产品研发任务，完成全品类的女装产品设计，为学生的可持续发展和迁移能力打下坚实基础。联合企业共建"一个中心、多点布局"纺织服装技术创新中心（下设6个新产品研发室），重点服务杭州经济都市圈的中小微纺织服装企业，在人才培养定位"精"、产学研平台"筑高"、技术革新与创新引领能力"拔尖"方面不断发力。引入企业真实工作任务作为教学内容，联合企业开发与岗位工作实际配套的项目任务书，引导学生按企业标准进行任务操作。

二、主要成效

（一）教学资源得到有效改善

建设了2个省级名师工作室、4个协同创新中心，立项数量和层次名列高职院校前茅，2020年，新获批服装设计与工艺国家资源库平台上线课程68门、全国知名课程平台上线课程87门、建设通识教育核心课程120门。

（二）学生素质得到全面提升

学生连续7年获全国职业院校技能大赛一等奖11项，获全国技术能手12名，获技师职业资格15名。浙江省教育评估院的统计数据显示，服装设计与工艺专业群学生毕业一年后自主创业率为10.41%（全省为4.49%），学生毕业三年后自主创业率为20.48%（全省为7.44%）。每年的毕业生总是被企业提前预订，就业率始终保持在98%以上，企业对毕业生满意度高达95%，专业群毕业生成为服装企业的招聘首选。

（三）教师发展得到有力促进

教师队伍中培养了全国优秀教师1名、国家级教学名师1名、国家级技术能手1名，"双师率"超过95%。

（撰稿人：刘柽楠）

思政引领、岗课赛证融通——《服装立体裁剪》国规教材建设

习近平总书记强调,"用心打造培根铸魂、启智增慧的精品教材"。《国家职业教育改革实施方案》《"十四五"职业教育规划教材建设实施方案》等文件中也明确提出,要加快打造一批突出权威性、前沿性、原创性以适应时代要求的精品教材,以规划教材为引领,高起点、高标准建设中国特色高质量职业教育教材体系。

随着杭州女装向产业个性化、生态化、智能化、品牌化转型升级,围绕服务区域经济发展定位专业群人才培养方向,专业亟须以"课堂革命"为突破,构建新型教学生态。教材是课程革命的桥梁,但原开发理念缺乏思政元素的精准融入,内容缺乏与职业岗位的精准对接,体例缺乏行业新技术工艺的强力支撑等。专业群核心课《服装立体裁剪》配套教材率先开展了以"思政引领、岗课赛证融通"为特色的教材改革,教材建设范式具有典型性及示范性。

一、实施举措

(一)思政领航,制定"文化引领、革新为先、匠心铸魂"的教材建设方向,展现文化自信

目前,杭州将"打造国际时尚e都"作为重要目标,要求企业服装设计将传统经典文化与现代时尚文化有机结合,提升国际时尚界话语权;服装款式造型创意要有更大突破,引领潮流新时尚;服装制作要更加精雅细致,提升品牌国际价值,这对服装企业、对技术技能人才来说极具挑战。教材根据企业转型对人才培养的新要求,制定课程思政建设新思路,培养学生成为"设计呈文化底蕴,开发敢突破创新,制作显技艺精湛"的高技能人才。

(二)岗位标准引领,基于"缄默知识"理论编写教材,实现由岗位"理论知识"到岗位"工作知识"的从容转换

根据高职服装设计专业人才培养目标,结合服装立体裁剪岗位能力要求,将教材编写引入企业真实项目,把服装立裁理论知识分布于基础性、综合性、创意性三类教学项目中(图3-3-2),项目各自独立、难度有序递进,每个项目都设计了"项目引导、背景知识、工作流程、款式拓展、作品赏析"五个环节,学生通过不会到会、不熟练到熟练、初级到中级再到高级的循序渐进过程,技能得到全面提升,实施"缄默知识"理论下基于实践活动的感受性学习,实现技能精进的最终目标。

(三)竞赛标准融入,以"国赛要求,企业标准,岗位适用"进行教材插图绘制,体现大赛指导、课堂教学和企业研发三融合

对照服装设计专业世界技能大赛与国家技能大赛的内容和要求,教材中融入服装技能大赛对服装款式设计的具体要求,如品类特征体现清晰、款式绘制合理美观、整体搭配和谐统一等,并且依据企业绘制服装款式图的"服装正背面衔接美观、服装穿脱位置设计合理、服装款式结构设计美观、易于版师直接制版"的质量标准进

行教材建设，教材内容具有很强的岗位针对性与适用性。

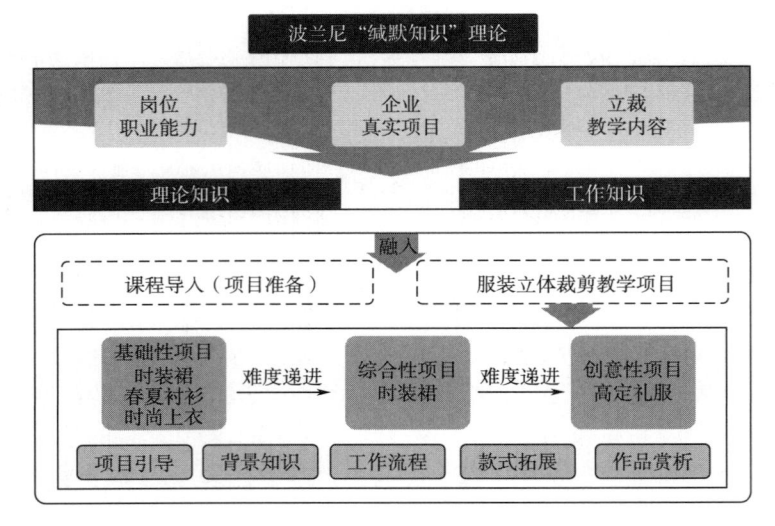

图 3-3-2 教材编写理念示意图

（四）行业新技术工艺融入，增加 3D 虚拟仿真技术于教材项目内容，体现与时俱进

基于五个真实项目的企业研发流程内容，均增加依托 3D 技术的版型舒适度验证与可行性优化工作任务模块，教材配套线上平台嵌入虚拟仿真数字系统，五个项目的礼服数字样衣成品可在线浏览，也可通过二维码手机端实时查看数字样衣效果，实现了仿真模拟、实时呈现，并高效进行版型验证、充分体现数智科技与节约环保理念。

（五）依托国家资源库，将在线开放课程高规格资源嵌入教材项目内容，建设新形态教材

依托服装立体裁剪国家教学资源库及省高等教育精品在线开放课程两大平台，线上拥有教学课件、微课视频、虚拟仿真案例、学生优秀作品等高质量资源 200 余个。数字赋能，在教材内容的实操环节均嵌入二维码，通过扫码，读者可直观地浏览教师实操步骤。每个项目内容还嵌入"思政小课堂"微课案例，使思政元素润物细无声。

二、主要成效

（一）教材内容突出前沿权威，满足个性学习需求，教材使用广泛

教材内容与服装技师国家职业技能标准、世界技能大赛时装技术标准及企业岗位标准相对接，将国赛礼服款式图绘制规范和立体裁剪技术要求融入教材，把历届学生国赛一等奖优秀作品选入教材，使教材作为服装设计大赛必要参考资料，教材还被 100 多所高职服装专业选作课程配套教材，深受广大师生欢迎。

（二）教材形式凸显个性创新，推进"三教"改革，教学成果丰硕

教材有效带动混合式教学模式改革，培养学生扎实的服装立体裁剪技能，获国

家级竞赛一等奖 12 项；教材主编 3 次获"全国优秀指导教师"奖；教材课程改革的育人成果获中国纺织工业联合会纺织职业教育教学成果一等奖。

（三）教材资源体现培根铸魂，深受学习者喜欢，社会影响力大

课程数字化资源制作精美，全程融入课程思政，通过服装设计弘扬传统文化，通过服装开发突出创新理念，通过裁剪制作强调精湛技艺。其中，单节微课在网上被学习者播放 81990 次，采用 43932 次。教材主编担任全国纺织服装数字化建设教学指导委员会组长、纺织服装出版中心学术委员会专家等职务，在各类会议上作"教材和课程建设"讲座 37 次，推广本数字教材和在线课程，社会影响力大、辐射面广。

（撰稿人：王　慧）

一堂走向世界的服饰课，展现中国服饰文化的各美其美、美美与共
——《服装立体裁剪》国家级课程思政示范课建设探索

教育部印发《高等学校课程思政建设指导纲要》（教高〔2020〕3号），明确指出全面推进高校课程思政建设的目标和任务，各高校尤其要结合学科专业特点分类推进课程思政建设，打造一批全国示范的课程思政"金课"。

服装设计与工艺专业群核心课程"服装立体裁剪"经过多年建设，基础好、成绩显著，但课程思政建设仍存在诸多问题：课程思政着力点不明晰，缺乏对课程的顶层设计与统筹；课程思政融入点较为零散疏薄，缺乏对内容体系的整体设计与构建；课程思政融入方式较为单一，缺乏对教学模式的设计与创新；课程思政点较难评测，缺乏对评价体系的设计与优化。该课程围绕专业服务杭州女装产业发展的人才培养定位，构建了以传承发展为核心的杭州丝绸文化自信、以改革创新为核心的浙商时代精神、以服装行业"一针一线"工匠精神为核心的家国情怀的课程思政建设思路，形成以一门示范"金课"带动一批专业课课程思政改革的良好局面。

一、实施举措

（一）紧扣人才培养定位，确定"文化自信、时代精神和家国情怀"的课程思政建设目标

对接服装企业项目开发流程，通过将中华优秀传统文化融入服装设计，涵养学生的文化底蕴，坚定文化自信；通过在服装开发中突出创新理念，培育学生的革新意识，铸就时代精神；通过在裁剪制作上强调精湛技艺，锻造学生的工匠精神，厚植家国情怀。重点把学生培养成为"设计呈文化底蕴，开发敢突破创新，制作显技艺精湛"的高端技能人才。

（二）挖掘整合思政资源，设计"三层面、三维度、六要素、六评价"的课程思政内容体系

基于文化自信、时代精神和家国情怀三层面，重点从文化底蕴、革新意识、工匠精神三维度提炼国风文化、美学修养、数智科技、节约环保、细致严谨、高雅精美六大思政要素，并有机融入立体裁剪项目任务，把思政要素分解为可评可测的六项具体指标，纳入评分标准，构建完整的课程思政内容体系。

（三）产学研赛创一体，构建课内外"双线并行"的课程思政教学模式

课程实施以"服装开发"为主导，紧跟服装行业市场需求；以"双线教学"为推手，实施企业真实开发项目；以"立地研发"为推力，攻克服装研发技术难题；以"创新创业"为推动，孵化学生创业项目；以"技能大赛"为平台，培育技能竞赛冠军选手。课前通过思政资源学习，思政素养在自学中融入思想；课中贯穿文化、革新和匠心，按照"作品展示—问题研讨—讲解示范—小组探究—难点突破—总结

点评"的教学步骤，思政素养融入项目实施；课后组建项目团队，在校内工程创新中心开展第二课堂创新创业拓展活动，思政素养融入实践。

（四）基于增值理念，构建思政素养可评可测的课程考核评价体系

课程组自主研发了基于增值理念的项目化课程考核评价系统，将五维评价主体（自评、互评、教师评、企业评、客户评）纳入评价，实现思政素养可评可测，构建思政素养评价体系并与项目评价有机结合，重点突出学生在评价中的主体作用，实施个性化培养。

二、主要成效

（一）校内外同行评价高，成果校内推广复制

课程思政改革形成的特色案例，作为"双高"专业群课程思政建设样本，在全校推广复制，校内召开多次课程思政改革示范课，学生评教常年位列学院第一；融入课程思政的《服装立体裁剪》项目化教材入选"十三五"职业教育国家规划教材并转评纳入"十四五"职业教育国家规划教材行列；配套的省高等教育在线开放课程已有近200个院校的师生和社会学习者选课；课程思政改革成果荣获浙江省教学成果特等奖。

（二）课程建设成效突显，成果示范辐射全国

课程作为全国轻工纺织大类的唯一代表，成为"七一建党百年"期间第一批（10门）向全国展示的课程思政示范课，智慧职教平台课程浏览点击量居全国第一。课程负责人在全国各类会议上作"课程思政建设"经验交流40余次，推广课程思政建设模式；浙江新闻等多家媒体发布了该在线课程实施案例，发布2小时阅读量10万+，社会反响强烈。

（撰稿人：王　慧）

第四章　打造高水平教师教学创新团队

"四大工程"分类培育,"名师名匠"头雁引领,锻造高水平教师教学创新团队

杭州职业技术学院按照"弘扬师德、分类施策、专兼职教师两手抓"的建设思路,以专业群建设为起点,重构跨专业教学团队;以提升教改和研发能力为重点,打造两大教师发展平台;以校企共同体为依托,高水平培育教师教学创新团队。纺织服装专业教学创新团队骨干成员20人,其中教授5人、副教授7人、博士(含在读)4人,高级职称教师占比60%,"双师型"教师占比95%。思政教师邹宏秋教授的全程参与确保了思政内核的渗透。团队成员知识结构、年龄结构、学缘结构合理,为纺织服装专业教学创新团队建设提供了良好基础。

一、实施举措

(一) 细化职责分工,建立健全团队管理制度

细化团队内的教师职责分工,制定严格的团队考核制度,分为教师能力提升组、校企共同体推进组、教学改革示范组、技术创新研发组、国际化推进组五个团队小组,构建团队师资队伍"共享、共培、共管"机制,统筹校企双方人力资源培养、管理、考核、评价等工作。依托国家级双师培育基地,制定了"教师下企业,技师进课堂"等规划。实施教师企业、行业经历工程,制定校企教师双向流动、兼职兼薪的团队教师下企业激励制度。

(二) 实施四大工程,分层分类培育教师团队

按照结构化培养需要,通过实施"四大工程",构建教师队伍培养培训体系,重点打造专业带头人、骨干教师、青年教师和企业兼职教师四支队伍,围绕不同类型教师的任职标准和发展需要,有针对性地提升师资队伍能力,提高团队结构化水平,打造"教师进企业,大师进课堂"的双师结构创新团队。

一是实施"登峰工程",提升了专业带头人"头雁"引领能力。团队负责人获国家"万人计划"教学名师、全国优秀教师、国家级课程思政教学名师、省"高校优秀教师"、省"万人计划"教学名师等荣誉称号。二是实施"名师工程",提升了骨干教师教学科研能力。获浙江省高职院校教学能力比赛二等奖12人次,国家级课程思政教学名师4人,卢华山老师参与企业技术攻关,横向课题到款额100多万元。三是实施"青蓝工程",提升了青年教师的综合素养和能力。李凯莉荣获第五届中国服装创意设计与工艺教师技能大赛金奖。四是实施"名匠工程",打造了一支教学能力强的企业兼职教师队伍。新增常驻企业导师8人,领衔共建毛针织产品研发平台、达利丝绸纹样工作室等纺织服装工作室11个。成就"杭职名匠",打造了一支稳定的、既能运营项目又能教学指导的优秀兼职教师队伍。

（三）建立三级组织，健全团队建设保障机制

学校成立教师教学团队建设领导小组，负责项目统筹规划、组织实施、监督协调。分院具体负责制订详细培养计划，监督各项任务具体执行情况，教学团队负责人负责实施。一是构建科学管理体系，为教学团队的发展提供服务和支持，确立教学团队的学术主导地位。二是为教学团队建设和发展提供充足的资金支持，保障团队专业建设、课程建设、师资培训等工作顺利开展。三是建立有利于高水平教学团队建设和发展的评价考核机制及激励机制，促进优秀团队发展。

二、主要成效

（一）党建领航，打造国家级课程思政教学团队

团队始终贯彻习近平总书记在全国教育大会上的重要讲话，坚持立德树人铸就教育之魂，响应学校提出的将支部建在专业上，率先实现教师党支部"双带头人"（党建带头人、专业带头人）全覆盖，以党建引领专业教学建设取得良好成效。先后被评为全国高校党建工作样板支部培育创建单位、全国纺织行业技能人才培育突出贡献奖、第二批全国党建工作样板支部、国家级课程思政教学团队。获省、市级优秀教育工作者、优秀党员等称号32人次。郑小飞获省"千名好支书"、省"担当作为好书记"、市"最强领头雁"等荣誉称号；"服装立体裁剪"课程团队成员获国家级课程思政教学名师荣誉称号；获省高校课程思政教学改革案例特等奖，省高校课程思政教学改革优秀微课。

（二）头雁引领，打造整体优化的杭职名师名匠

"双岗双责"促进"善教学、精技能、会研发"的双师团队建设。团队完成横向课题180余项，技术服务到款额2000余万元，开展技术培训与技能鉴定85307人次，"服装立体裁剪"课程入选国家级课程思政示范课，3本教材入选"十二五""十三五"职业教育国家规划教材；培育了全国技术能手1名，全国优秀制版师1名，省高校优秀教师2名、市教学名师1人，入选市"131"中青年人才培养计划4人。2020年成立了四支校教师教学创新团队，分别是服装专业"三教"改革实践创新团队、女装高级定制技术创新团队、毛衫数智生产技术创新团队和人生导师团队。

（三）示范辐射，团队综合实力全国领先

团队所在专业群的综合实力全国领先。牵头服装设计专业教学资源库建设，团队成员主持制定针织专业国家教学标准、服装制版师岗位标准和题库；服装设计与工艺专业、针织技术与针织服装专业综合竞争力在"金平果"2021高职专业竞争力排行榜中排名全国第一。

（撰稿人：陶　园　刘桠楠）

文化引领　革新为先　匠心铸魂——国家级课程思政教学团队的蜕变

"设计师谭燕玉的那句'当人们都去引入西方元素时,我却想回头看看我的根',特别戳我的心。"学生林萍萍说,"我明白了只有热爱中华文化,才能从中获得源源不断的创作灵感。"学生宣丹依自豪地说:"听了本次课,我对祖国的传统技艺和文化更感兴趣了。"杭州职业技术学院的王慧老师以"挖掘和传承中国服饰的美好元素和独特技艺"为主题,为学生上了一堂生动形象的"服装立体裁剪"课程(图3-4-1)。与其他服装设计专业的课程不同,王慧老师以新的视角开启课堂,让学生充分体会中华服饰文化的璀璨。在传授专业知识的同时,课堂还融入劳动教育、工匠精神、职业道德和职业规范等内容,注重德技并修、育训结合,让学生在理论和实训相结合中感受中华文化和艺术创造力融合一体的魅力。

图3-4-1　王慧老师"服装立体裁剪"课程授课图

我国将文化自信提升到前所未有的新高度,培养大学生文化自信成为高校人才培养的重要方面。其中,加强中华优秀传统文化教育,对于引导学生更加全面准确地认识中华民族的历史传统、文化积淀、基本国情具有重要意义。

一、实施举措

杭州是国内著名女装产业集群地,服装设计与工艺专业群围绕学校服务杭州发展的办学定位,以女装的设计与制版为培养特色。"服装立体裁剪"课程团队将课程建设与教师培育相结合,同向发力、同向而行,将教师个体发展和团队建设相结合、校内专职和校外兼职相结合,紧紧围绕纺织服装产业个性化、生态化、智能化、品牌化的新发展深入开展教学改革,培育国家课程思政教学团队。

(一)厚植家国情怀,发挥"传帮带"作用,形成"青年教师—骨干教师—专家型教师"发展梯队

课程团队从服装技师国家职业技能标准、世界技能大赛时装技术标准及女装企业岗位标准入手,按照企业项目开发流程进行教学。引进企业产品项目,突出创新理念,培养学生敢为人先的革新意识,铸就时代精神。该课程根据企业对人才培养的新要求,重点培养学生"设计呈文化底蕴,开发敢突破创新,制作显技艺精湛"的高技能人才。充分发挥"传帮带"的作用,凝聚一批骨干教师,带好一帮青年教

师，逐步形成"青年教师—骨干教师—专家型教师"梯次发展路径。

（二）培育匠心铸魂，健全"双岗双责"制度，组建"身份互认、角色互换"的实战型双师课程团队

随着杭州女装产业的转型升级，"女装e都"对企业提出了更高的要求，服装设计要求将传统经典文化与现代时尚文化有机结合，以提升在国际服装界的话语权。课程团队建立校企"双向兼职、双方培养、双重身份、双重保障"的双师培养机制，按照"双岗双责"制度，组建了一支高水平的"身份互认、角色互换"的混编实战型双师教学团队。根据培养目标，制定"文化引领、革新为先、匠心铸魂"的课程思政建设思路，通过立体裁剪、工艺制作诠释"一针一线"的工匠精神，建立学生技能及职业素养成长曲线库。

（三）名师名匠引领，深化特色学徒制培养，助推学生实现"作品—产品—商品"的靶向转化

课程团队充分利用时尚女装技术技能人才培养高地优势，发挥名师名匠的榜样引领作用，通过深化特色学徒制培养改革，团队教师根据学生个性发展因材施教，以企业产品研发为载体，多渠道培养技艺精湛、研发能力扎实的女装技术技能拔尖人才，以达利集团为主，2019—2021年为企业研发制作女装产品300余款。

二、主要成效

（一）推动师生专业创新能力大幅提升

课程团队在教学实施过程中，引导学生学习杭州的丝绸文化，在设计中融入旗袍文化元素（文化引领），带领学生申请外观专利（革新为先），样衣制作达到企业验收的标准（匠心铸魂），极大提升了师生的专业创新能力。在旗袍非遗传承人韩吾民先生的带领下，师生共同制作了"世界最大的旗袍"，成功申报吉尼斯世界纪录，凸显了师生的文化、革新和匠心。

（二）课程思政教学改革喜获多项"国字号"成果

课程团队以"服装立体裁剪"课程为载体，团队的建设及课程思政改革形成特色案例，成为学校教学团队建设及课程思政改革的重要成果之一，成为"双高"专业群课程思政建设的样本，在学校推广复制。荣获中国纺织工业联合会纺织职业教育教学成果二等奖，融入课程思政的项目化教材《服装立体裁剪》入选"十三五"职业教育国家规划教材，立项国家级课程思政示范课，团队成员荣获级国家思政教学名师称号。团队教师多次在校内开设优质公开课、课程思政改革示范课，学生评教常年位列分院第一。

（三）课程团队教学理念与教改成果辐射全国

近年来，常州纺织服装职业技术学院等近200个院校的师生和社会学习者线上选课学习，使用范围广泛。2019—2022年，课程团队成员在各类会议上作"课程思政建设"讲座40余次，推广课程思政建设方案；浙江新闻等多家媒体发布了该在线课程实施案例，社会反响强烈。

（撰稿人：王 慧 刘桠楠）

"四匠"共育：多措并举培育一流工匠之师

2022年12月，中共中央办公厅、国务院办公厅印发《关于深化现代职业教育体系建设改革的意见》（中办发〔2022〕65号），明确指出持续推进现代职业教育体系建设改革，重点工作包含"加强'双师型'教师队伍建设"。同年，教育部办公厅印发《关于开展职业教育教师队伍能力提升行动的通知》（教师厅函〔2022〕8号），要求"不断加强职业教育教师队伍建设"，培养更多高素质技术技能人才和大国工匠，为全面建成社会主义现代化强国提供人才保障。

身处职业教育大有可为的最好时代，杭州职业技术学院服装设计与工艺"双高"专业群毫不动摇地坚守服务国家职业教育发展和服务区域经济发展的地方应用型高校发展方向，为纺织服装行业打造高水平"工匠之师"。

一、实施举措

为对教师进行分层分类培养，实施"登峰工程""名师工程""青蓝工程""名匠工程"，分别从专业带头人、骨干教师、青年教师和兼职教师四个维度，培育"精匠""优匠""青匠""首匠"四类一流工匠，建立一支"善教学、精技能、能研发"的专兼结合的教学团队，提升服装设计与工艺专业群教师的教学、科研与技术服务能力。

（一）实施专业带头人"登峰工程"，展现"精匠"育人风采

为专业带头人安排省特级教师、省市内名工匠等进行"拜师学艺"，开展各级各类名师培训、国内外研修活动。鼓励专业带头人开展高水平技术攻关，进行科技成果转化，依托服装设计与数智工程实训中心，与行业企业深入开展产品研发和技术服务。鼓励专业带头人走出去进行学术交流、成果推广，创新专业带头人评价和考核模式，突出师德为先、业绩导向、量化考评的一体式教师评价体系。

（二）实施骨干教师"名师工程"，谱写"优匠"发展新篇

开设教学名师培养工程高级研修班，建立院内名师师资库。对有潜力的骨干教师一人一方案"定制式"培养，按纺织服装细分领域分类分组，组织参加系列集训活动，应用"专家引领、集中学习、个性定制、工坊研修"相结合的混合型培训方式，以及以专题讲授为基础、实践教学为重点、定制培养为延伸、成果打造与推广为特色的"精、准、细"研修模式。实施"骨干教师团队企业经历工程"项目，依托达利（中国）有限公司、浙江省服装行业协会等，以项目小组形式，教师组团到达利、杭州款库优品服饰有限公司、卓尚服饰（杭州）有限公司等企业进行教学实践与产品研发，利用团队开展联合攻关，解决实践单位技术难题，并发挥"传帮带"作用。依托校企共建的教师培养培训基地，建设曹帧"全国技术能手技能大师工作室"、卢华山"毛衫设计研发名师工作室"、张守运"纺织工程技术研发工

室"等"双师型"名师工作室,企业专家常驻工作室,将企业真实任务引入教学,共同开展教法研究和技术服务,打造"身份互认、角色互换"的双师队伍。

(三)实施青年教师"青蓝工程",搭建"青匠"成长平台

落实"双导师制",进行青年教师助讲培养,在分院选聘师德良好、教学水平高、作风严谨的教师担任青年教师院内导师;选聘合作企业中技术水平高、作风严谨、负责的教师担任青年教师校外导师。创新开展互助工坊,分为政治素养、教学素养、育人素养、科研素养、信息素养、艺术素养六大互助工坊专题活动,选派校内名师进驻工坊,由线下专题培训、助教互助结对、教学能力测评三个环节组成,为青年教师成长营造互相学习、共同研究的学习氛围,促进青年教师师德师风、专业素养的快速提升。开设每月一期的达利女装学院"青年教师论坛",促进青年教师之间成果分享、团队互助。

(四)实施兼职教师"名匠工程",构筑"首匠"集群高地

采取柔性引进的方式聚集一批优质的兼职教师。学院设立了一批产业导师特聘岗,按规定聘请企业工程技术人员、高技能人才、管理人员、能工巧匠等,企业常驻校内技师8人,采取兼职任教、合作研究、参与项目等方式到院工作。开展"中国工艺美术大师进校园"项目(图3-4-2),柔性引进杭州刺绣、萧山花边中国工艺美术大师团队,在非遗教学、非遗项目拓展、非遗人才储备等方面深度合作。院内建立工美大师工作室,两名专任教师进行一对一的团队跟踪式服务,制定了整套大师工作室管理规定、运作流程及标准;共同开发特色非遗体验课程,形成了"菜单式""进阶式"非遗课程体系;组建非遗专家团队,开展非遗理论研究及非遗项目合作;共建非遗体验基地,形成样板。

图3-4-2 "中国工艺美术大师进校园"项目

二、主要成效

（一）培育了一支"善教学"的"工匠之师"队伍

主持两个国家级教学资源库——服装设计专业教学资源库和传统手工艺（非遗）传习传承与创新资源库，获得省级（行业）及以上教学成果奖18项；2022年获得全国职业院校技能大赛高职组服装设计与工艺赛项团体一等奖1项，浙江省高职院校教学能力比赛二等奖1项，教师王慧获2022年全国职业院校技能大赛优秀指导教师，帮扶西藏职业技术学院参加全国教师教学能力比赛，成绩斐然。

（二）培育了一支"精技能"的"工匠之师"队伍

拥有全国技术能手1名，全国优秀制版师2名。2022年，新增中国工艺美术大师2名（杭州共9名），"杭州工匠"称号1名；新增省级教学创新团队1个，"流行款女装制版与工艺"获省职业教育在线精品课程，开发企业培训资源270个。

（三）培育了一支"会研发"的"工匠之师"队伍

"双高计划"建设期间，服装设计与工艺专业群获得国家级社会科学基金立项1项，获专利授权181项，开发时尚女装产品3700余件，科研和技术服务到款700余万元，每年为企业创造经济收益1200余万元。

（撰稿人：徐江城）

第五章　打造高水平实践教学基地

"特色工作坊"新模式助力工匠型人才培养

服装专业群创新实践基于"双线双融"的"小工坊大秀场"工匠型人才培养模式改革，结合产业发展创新要素引进企业项目，发挥学生的个性特长，因材施教，让每个学生充分展示他们的才华，实现人人成才、个个出彩。人才培养模式改革的同时必须建立与之相适应的特色化实训基地，而目前的职业教育实训基地建设偏向普适化，偶有建立的工作室只能满足小部分学生的个性化培养，且种类单一，不能满足大部分学生的培养需要，不适应职业教育高质量发展的目标。创新高职院校实训室建设和管理模式，提升学生的创新能力，是专业群在实训室建设中必须重视的问题。

一、实施举措

（一）融入产业发展创新要素，校企共建"特色工作坊"

服装产业高端化发展，具体体现在服装产品创新和品质提升、技术创新和流程优化。根据专业群的花稿设计、家纺产品设计、服装产品设计、文创产品设计、服装营销五大工作领域，系统构建特色工作坊建设框架，成立16个各具特色的工作坊，和企业能工巧匠、技术能手、非遗技艺传承人协同共建，聚焦"绝技绝艺传授、工匠精神培养、技术难题攻关"开展工作坊教学。其中，花稿设计模块和达利集团的印染中心合作共建，开发花稿流行趋势报告，根据品牌的风格特点和产品要求开发面料纹样；家纺产品设计模块和海宁市家用纺织品行业协会合作共建，为区域中小微企业开发家纺产品；服装产品设计模块和达利服装中心合作共建，根据达利公司品牌化发展战略开发服装产品；服装营销模块和龙头企业合作，培养电商直播人才。

学生可根据个人职业发展规划与企业双向选择。通过建立研发团队，将企业真实项目导入课堂教学，用企业岗位工作任务引领提升学生技能水平，以产品的市场价值作为考核标准，促进学生专业能力和职业素养双提升。

（二）项目共施、过程共管、成果共评，创新"特色工作坊"运行管理机制

以纺织服装新产品研发为引领，整合服装设计、针织技术与针织服装、纺织装饰艺术设计等专业的特色优势，专业互融开展工作坊教学。教学模式实现五个对接：专业方向对接产业链关键环节、工作室对接企业岗位、工作内容对接真实任务、教学方法对接工作方式、考核方法对接成果转化。校企共同研究制订个性化人才培养方案和教学实施方案，结合企业年度新产品开发计划确定研发项目，通过"校内教师+企业导师"双导师育人，开展特色学徒制培养，每个工作坊15名左右学生，团队分工开展项目实施，每位学生根据项目实施进度计划进行任务汇报，以适应企业的工作节奏和质量要求。企业导师在专业技能指导的同时，加强对学生职业素养的

培养，将企业文化融入教学，促进学生软实力提升，使学生拥有更好的岗位适应能力，大大缩短就业后的岗位适应时间。

（三）多元开放、优势互补、成果共享，构建"特色工作坊"共建共享机制

"特色工作坊"既紧密对接区域产业发展，又紧密对接学校专业建设，同时学校和企业两个管理体系并存，将公共要素整合在一起，采用两个体系在统一的管理构架下运行的策略，共享程度高。强化特色工作坊的开放共享功能，面向中职学校、企业开放，努力满足各建设主体的利益诉求。

以服务收入换取企业新技术支持，建立起"输血"与"造血"功能互为补充的实训室建设可持续发展机制。校内组建"跨专业融合"团队。根据工作室研发任务的特征，灵活组建针对不同功能要求的复合型教学团队，本着"能力互融，递进指导"的原则实现企业产品的开发与教学任务的实施，专业群内师资共享，充分发挥各方优势作用。

二、主要成效

特色工作坊的教学有效激发了学生的活力，极大提升了学生的学习兴趣，解决了人才培养滞后、职业教育与岗位能力需求脱节等问题，学生在2019—2021年毕业去向落实率达98.7%，企业满意度达96.8%。

组建优质师生研发团队，主导企业产品方向，开发产品并投入市场，解决了企业科研能力不足的问题。以所服务的达利（中国）有限公司为例，研发成果占公司新产品研发的28.3%，研发产品投入市场比例的程度远高于国内高职院校研发机构。在工作坊实施期间，师生团队共为企业开发产品2600余款，其中680余件被企业采用，带来直接经济收益2000余万元。

（撰稿人：郑小飞）

服务智慧营销转型　领跑女装产业电商主播培养
——校企共建中国（杭州）青年电商主播培训基地

《杭州市人民政府公报》2020年09期《杭州市商务局关于加快杭州市直播电商经济发展的若干意见》明确提出："到2022年，全市实现直播电商成交额10000亿元，对消费增长年贡献率达到20%。培育和引进100个头部直播电商MCN机构，建设100个直播电商园区（基地），挖掘1000个直播电商品牌（打卡地），推动100名头部主播落户杭州，培育10000名直播达人。"

大数据统计分析显示，杭州知名网红主要分布在新浪微博、抖音、淘宝直播三大平台上，粉丝数超百万的大约800位，杭州市的直播网红发展产业链日益延伸。达利女装学院自2019年开始与杭州服装企业联合开展服装电商直播人才培养计划，相较同类院校较早地践行了服装直播营销的教育教学改革，为企业提供了一大批服装直播运营的中坚力量，人才培养取得显著成效。

一、实施举措

（一）校企协同育人，"教学做创"四阶递进提高培养实效

服装设计与工艺专业群时装零售与管理专业积极响应杭州女装产业销售新模式，依托校企共同体共建共享新媒体营销推广中心，将企业真实的女装销售项目融入教学课程内容，实施"教学做创"四阶递进的教育教学模式。通过商品企划、销售活动策划、服装直播特卖等实训活动，注重培养学生直播企划、直播能力、直播素养等，为学生入局服装电商直播领域架桥铺路。不仅学生的直播能力得到了锻炼，还为企业创下数十万元的销售业绩。

（二）"双导师"引领，职场化实战任务提升学生直播技能

依托校企合作机制，有效地配套管理激励办法，由企业专家（图3-5-1）和校内专业教师共同组成一支高水平直播创新创业教育师资队伍。通过校企双方共同开发的服装电商直播创新创业实践计划，知名传媒公司负责人晨菲老师为学生们解开抖音流量的秘密（图3-5-2），创始人团队的孟琛老师为学生讲解淘宝直播的发展潜力，重点在直播营销如何布局、如何运营等方面进行加强，以师带徒的方式帮助学生根据自身发展方向规划学习，进入各个工作小组试练短视频营销与服装电商直播。

（三）实施个性化培养，领跑杭州女装产业电商主播培养

针对合作企业的销售任务，校企双导师教学团队根据学生不同的个性及形象，制订不同的个性化培养方案。经过学习，学生不仅熟悉了短视频的制作流程，还创建了自己的运营账号，学生团队协作做好一档直播节目，发布内容精美的短视频，直播运营能力得到提升，直播表达和沟通互动方面愈加娴熟。在实践结束后，一大

批学生进入企业创新精英人才储备库，实践表现优异的学生直接被输送到服装企业的服装电商直播岗位，为企业解决了服装专业电商主播缺乏的燃眉之急。

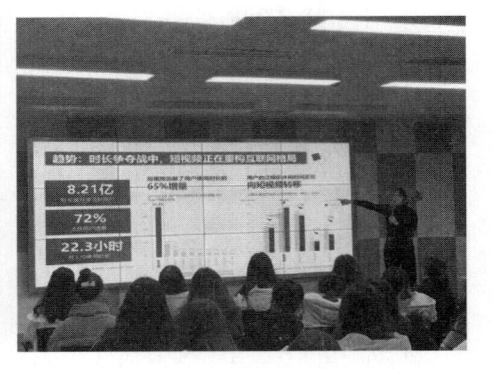

图 3-5-1　服装直播企业导师　　　　图 3-5-2　企业晨菲老师指导短视频

二、主要成效

2020 年 6 月，在中国（杭州）青年电商主播培训基地成立仪式上，达利女装学院挂牌"中国（杭州）青年电商主播培训基地"，经杭州网等多家媒体报道，产生广泛的社会影响。青年电商主播培训基地的落户对服装设计与工艺高水平专业群建设有着积极的意义，更彰显了达利女装学院领跑电商主播培养的办学影响力。

（一）校企合作开展特色学徒制人才培养，创新成果显著

时装零售与管理专业与企业合作开展特色学徒制人才培养，由企业主导，制定任务、要求与标准，通过"企业产品企划+电商直播"衔接"服装陈列""服装商品管理实务""服装营销策划""服装店铺管理"等专业核心课程，递进式开展学期实践项目，学生经过 3~6 个月校企合作的特色学徒制人才培养，企业用人满意，创新成果显著。2020 届毕业生堵依利在大二期间注册了一家营销童装的网店，经营一年成为三钻石优质网店，月利润近万元。

（二）校企共建青年电商主播培训基地，直播人才培养成效显著

时装零售与管理专业较早启动直播人才培养，学生在实践实训中学习新媒体知识与技术，在抖音组、快手组实践短视频的制作流程，不仅创建了自己的账号，而且发布了内容精美的短视频；在淘宝直播组实践做好一档直播节目，提升了时装直播运营能力，拓宽了时装全媒体运营空间。学生通过营销策划、采购组货、销售运营、销售服务，更加了解全媒体运营流程，更加熟悉全媒体工作要求。依托实践基地实施项目化教学，提高了学生的动手实践能力。

（撰稿人：张　虹　刘桠楠）

加快专业实训"三化"升级，助推专业群高质量发展

2008 年，服装设计与工艺"双高"专业群所在的达利女装学院敲掉了 2 万多平方米的传统普通教室，建成了一个个摆放着整齐机器的实训车间、教学工厂。杭州职业技术学院的"敲墙运动"在当年的全国职教界引发了巨大的关注，因为它打破了传统教学观念的束缚，完成了从学科教学到职业教学，再到现代高职教学的育人理念大转变。

十五年后的今天，在"数字产业化，产业数字化"的背景下，服装设计与工艺专业群围绕企业需求，聚合行企校资源，打通专业群、企业群以及产业群之间的信息壁垒，通过深入推进专业数字化提升，使专业群的实训条件不断迭代升级，为培育高素质技术技能人才和大国工匠提供了坚实保障。

一、实施举措

针对"数字产业化，产业数字化"转型要求，依托"行企校"多方资源，为促进学生个性发展，实施专业教学资源、教学条件和教学环境的数字化水平提升，不断夯实服装设计与工艺专业群的实训条件，提高产教融合、校企合作的深度，全面深化办学内涵。

（一）敲阻隔"数字化"之墙，链接"智能化"

近年来，学校在"数智杭职·工匠摇篮"的引领下，紧贴"产业数字化"转型升级要求，加快"专业数字化"转型。在新建的"服装设计与数智工程实训中心"，实训室内原先的吊挂、制版桌变少了，Style3D 服装数字化建模服装设计软件、Fabric 数字化面料处理软件、全流程协同平台等智能设备变多了。3D 数字服装设计中心将二维计算机辅助设计（CAD）与 3D 建模软件结合，实现设计、改版、样衣一体化操作，提高服装产品研发效率。针织服装数字工程中心运用电脑横机工艺设计与编程、数字化服装建模等方法，在一线成衣针织毛衫、智能穿戴针织服装等领域开展深入而广泛的研究。通过实训条件的数智化改造，学生乐学、教师乐教，教学效率大大提升。

"双高"建设期内，"数字陈列室""数字艺术设计实训室""智慧教室"等系列"数智化"实训条件提升改造工作先后完成；在数字实训资源库建设方面，建成了全国首个由高职院校牵头的"电脑横机组织数字面料资源库"，形成了丰富的数字样衣、样板等数字资源，形成了"数字化针织服装资源库"，主持的全国"服装设计与工艺教学资源库"中数字教学资源不断丰富，使用该资源库的师生、企业和社会用户量达到 5.4 万人次。

（二）敲阻隔"行企校"之墙，链接"产业化"

达利女装学院作为校企共同体，既是学校的二级学院，也是达利国际集团的事业部。

近年来，学院"立足一个企业、面向整个行业"，开展基于校企共同体的专业现代化建设，依托"行企校"多方资源，优化实训条件。在"纺织纹样设计研发中心"，装配了由岛精、慈星、国光等国内外先进横机生产企业捐赠的最新横机设备，涵盖的机型种类数量位于高职院校前列；达利（中国）有限公司把"校企研究院"作为产教融合的新抓手，拓展合作思路，纵深推进校企合作；张守运博士携手达利（中国）有限公司申报国家级重点实验室；与许村镇政府、海宁市职业高级中学、海宁市家用纺织品行业协会合作共建杭海龙渡湖国际时尚产业学院；与杭州初歆文化创意有限公司共建电脑横机组织花样库，并承担中国针织工业协会 2023/2024 年秋冬流行趋势组织花样研发；与杭州款库优品服饰有限公司深化现代学徒制培养，多款学生设计产品已投入批量生产。

（三）敲阻隔"个性化"之墙，链接"多元化"

"所谓大学者，非谓有大楼之谓也，有大师之谓也。"在服装设计与工艺专业群的实训基地内，设置了"高级定制大师工作室"和"工艺美术大师工作室"，全国技术能手、杭州工匠曹桢，刺绣大师金家虹，萧山花边大师赵建忠等大师在实训室手把手指导学生，以匠技传承、数字赋能为目标，培养工匠型技术技能人才，促进学生个性化成长。此外，出台《"金顶针"班组织实施方案》，选拔优秀教师和合作企业教师成立"金顶针"班导师团队，由各专业负责人任团队长，制订"金顶针"人才培养方案和实施细则，通过个性化教学，探索"特色学徒制"实践，提升学生专业化、多元化的综合能力。

二、主要成效

（一）加快了专业群数字化转型步伐

女装产业逐渐向"时尚创意+科技"转型发展，伴随新技术的研发，形成新业态；专业群紧紧围绕服装产业转型升级，实施实训条件、课程建设、教学资源一体化推进；校企合作以项目制的形式开展数字资产建设，开发数字样板资源 1000 余个、数字样衣 200 余款、数字化针织面料 1800 余款；将数字资源开发应用和课程建设相结合，全面提升学生的数字素养和专业技能，确保人才链与女装产业链精准对接，人才培养和产业需求全方位融合。

（二）提升了专业群社会服务水平

成立全国女装制版技术教育创新中心；开展 5 期浙江省中小学教师培训工作，共 86 名省内中小学教师参加培训；承办 Style 3D·第三届浙江省十佳服装制版师大赛等多个大赛事项；2022 年开展技能培训鉴定 14746 人次。

（三）深化了专业群教育教学改革

服装设计与工艺专业群"小工坊大秀场：服装设计与工艺专业群个性化人才培养模式改革与创新"由浙江省教育厅推荐参评国家级教学成果奖，并获中国纺织工业联合会纺织职业教育教学成果奖一等奖 2 项，二等奖 3 项；王慧老师获 2022 年全国职业院校技能大赛优秀指导教师。

（撰稿人：徐江城　郑小飞）

第六章　打造技术技能创新平台

研学共融，精准培养，
深化纺织服装创新型技术技能人才培养"双元模式"

中央政治局会议强调，要加大对重点行业和中小企业帮扶力度。杭州现有约 18 个时尚产业集群（基地）和产业区。其中包括杭州首个时尚数字体验中心、国内首个实质性运转的跨境电商产业园区、智能穿戴产业研发链、家纺布艺小镇、纺织服装生产制造集群、横村镇针织产业名镇等。杭城高速发展的时尚产业催生了对纺织专业技能型人才的巨大需求。

一、实施举措

（一）研学共融，精准培养

纺织服装专业群在"职业教育引领产业发展"的理念引导下，联合企业共建"一个中心、多点布局"纺织服装技术创新中心（图 3-6-1），针对企业与市场需求精准培养，深化了纺织服装创新型技术技能人才培养的"双元模式"。

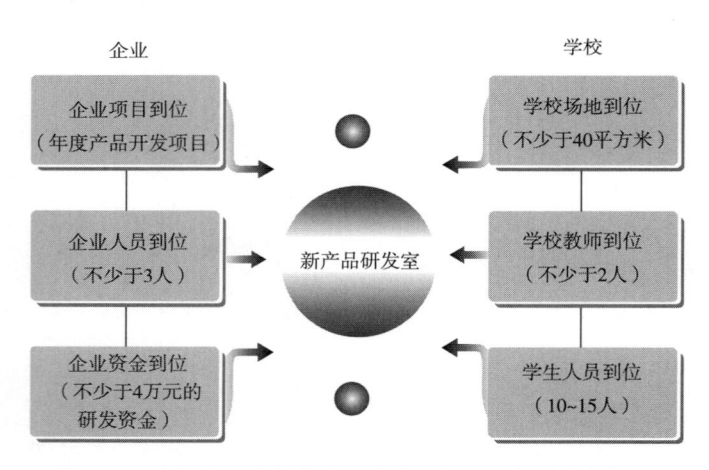

企业		学校
企业项目到位（年度产品开发项目）		学校场地到位（不少于40平方米）
企业人员到位（不少于3人）	新产品研发室	学校教师到位（不少于2人）
企业资金到位（不少于4万元的研发资金）		学生人员到位（10~15人）

图 3-6-1　组建 6 个新产品研发室，创新产教融合新机制

（二）构建"企业购买服务、校企协同共建"的共管策略

2020 年，企业向产品研发室每年投入 50 万元经费，与杭州职业技术学院共建共管。学校组建以专业教师为主体、企业师傅参与的研发团队，大大降低了企业产品开发成本。强化校企合作，引入企业真实产品研发任务，开展真题实作，以服务收入换取企业新技术支持，建立起"输血"与"造血"功能互为补充，教学、科研、社会服务一体化的人才培养机制，有效解决了人才培养能力滞后、创新能力不强等问题。

（三）构建"服务多元化、管理一体化"的共享策略

产品研发中心既紧密对接区域产业发展，又紧密对接学校专业建设，学校和企业两个管理体系并存，整合公共要素，采用两个体系在统一的管理构架下运行的策略。强化产品研发室的开放共享功能，明确面向区域职业院校、应用型本科、行业企业开放，努力满足各建设主体的利益诉求；开发新产品研发中心多渠道服务平台，实现前期策划、中期研发、后期服务的新产品研发共享机制，有效提高新产品研发室的利用率。

（四）"双元模式"运营，实现产教融合共赢

创新提出并实践职业院校与行业企业共享的"双元主体、双元共享、双元治理、双元服务"的"双元模式"。企业和学校共同制订产品年（季）度开发方案、计划和进度，分组实施新产品研发，专家、教师、学生共同研讨，按照企业产品开发计划和质量标准完成样品试制，最终投入大货生产和实现市场投放。学生通过新产品研发提高市场意识、成本意识、质量意识和品牌意识，在产品开发的过程中汲取企业文化，养成良好的职业素养。

二、主要成效

（一）校企共建纺织服装工程创新中心，在人才培养定位"精"、产学研平台筑"高"、技术革新与创新引领能力拔"尖"方面不断发力

"对接企业新产品研发的高职院校创新人才培养模式的创新与实践"获得"纺织之光"2020年度中国纺织工业联合会纺织职业教育教学成果二等奖。

（二）纺织服装创新型技术技能人才培养的"双元模式"培育了大批创新型技术技能人才

研发室2018届学生程奕维，注册"KILLWINNER"品牌开发潮服，年销售额近2亿元。研发室2019届学生白方方在得物app中，3天成交订单10万单，打破了得物销售历史纪录。

（三）深化"引企入教"改革，促进企业需求融入人才培养环节，是提升人才培养质量的重要举措

基于"纺织服装技术创新中心"的技术技能人才培养质量提升明显，毕业生就业质量高。新产品研发室成立以来，纺织服装专业招生录取分数线逐年提高，年均初次就业率达98%，专业对口率达85.5%，远超全省平均水平；毕业生留杭率超60%，位列在杭高校第一。毕业生就业起薪达4100元/月，基本实现体面就业。

（四）通过深化产教融合，职业院校与当地经济社会发展同频共振的格局清晰可见

企业参与积极性高，高校服务能力显著提升。企业累计投入新产品研发400余万元，产品研发室累计为各中小微企业开发产品1000余款、针织样片2000余件、面料纹样2000余款，合计5000余款，平均占企业研发项目投入市场比重的26%，产值达3000余万元。

出版教材16本，参与、主持编写教育部针织技术与针织服装专业教学标准，开发"纺织服装类产品研发课程"18门，开发16部系列产品研发项目教材，建设400

余个教学视频。接受新产品研发课程培训 1500 人/年。

参与国家重要研发项目，助力杭州纺织服装产业在全国的领先地位。参与 G20 峰会国家领导人服装面料款式设计，对接小微企业的新产品研发室研发成果促进了杭州纺织服装产业在新技术方面的应用与推广，提升了杭州纺织服装产品的国际影响力。

（撰稿人：白志刚）

校企共建大师工作室 培养高素质技术技能人才——这名女生从世界技能大赛走向中职校三尺讲台

从4月底开始,不少学生都在忙着毕业、找工作,而杭州职业技术学院达利女装学院的张霞,已经投入自己的"新角色"——一名中职教师。张霞,2017年考入达利女装学院服装设计专业,在第二年的全国职业院校技能大赛上获得了金奖,同时被绍兴市柯桥区职业教育中心"预订"。她的人生规划要从高中时说起。"那时我本想走制版师方向,入学后一直很想学好设计方面的知识。"因此,大一的时候,她加入了达利女装学院的大师工作室。在这里,她有了许多去企业实习的机会。"工作室会针对我们的特长,为我们制订个性化培养方案,也会让我们真正参与一些企业项目。这样的环境真的很锻炼动手操作能力,可以让我们尽早地适应社会环境。"勤勉的张霞在大学期间参加了许多技能大赛,成绩瞩目,如入选第45届世界技能大赛时装技术项目中国集训队,获得了"杭州市技术能手"荣誉称号(图3-6-2)。在她看来,这一切很大程度上都依赖在大师工作室奠定的扎实基础。

图3-6-2 学生张霞技能大赛比赛现场照

服装设计与工艺专业群以"职业教育引领产业发展"为理念,为学生职业技能培养提供平台,拓宽学生的视野,提升学生职业技能水平,提高学生的职业综合素质。联合企业共建工程教学中心、大师工作室精准培养,搭建技术技能创新平台。

一、实施举措

在校企共同体基础上建立的服装立体造型大师工作室,以持续的实际生产项目(服装新品)的研发任务为驱动,企业专家共同参与,校企双方经费投入,有力地保障了工作室制教学模式的改革。

(一)开展产品研发实践,培养学生创新能力

杭州职业技术学院服装立体造型工作室通过多年的教学实践,在培养高职创新型高素质技术技能人才方面,确立采用"工作室产品研发+课堂教学"教学模式,即学生按专业方向进入工作室后,专业课程的学习全部在工作室通过以达利公司为主的企业产品开发项目进行小班化的"做中学",而部分通识课程、学科课程等回到课堂进行大班学习。课堂的学习为工作室的项目制作提供理论和实践的基础,而工作室的教学又对课堂的学习进行实践验证,两者的教学相辅相成,

可加深学生对理论知识及单项技能训练的理解，强化学生的思维和逻辑训练，培养其创新能力。这种创新能力很大程度上体现在专利授权数上，专利授权指标每年都超额完成。

（二）引入企业真实工作任务，培养学生实战能力

由于来自企业的真实项目具有一定的综合性和创新性，学生面对真实项目时往往感觉无从下手，大多数工作室的项目只能由个别能力较强的团队成员完成，工作室制教学成为形式。因此，在拿到项目后，工作室负责人指定一位团队教师负责该项目，并由教师组织若干个学生组成项目组，在指导教师的带领下，项目组成员一起参与项目的分析。在学生分头完成项目的过程中，指导教师及时关注项目的进展情况；学生在汇报和总结的过程中相互学习，提高自身综合职业能力。

（三）加强项目协同合作，培养学生团队协作能力

团队协作能力是最重要的职业能力之一。由于项目来自企业和社会，要求综合解决生产实际问题，工作室的成员之间需要扬长避短、通力协作才能完成项目任务。例如，工程方向的学生向设计方向的学生请教服装款式设计等技能，设计方向的学生向工程方向的学生咨询面料性能方面的问题，而服装整体策划方面有特长的学生与大家分享了项目的策划和各环节之间如何把控等问题。学生专业知识和技能融合的实效性在工作室项目的完成过程中得到充分展现。

（四）通过平台成果展示，激发学生专业成就感

在高职学习期间，让学生掌握一技之长，找回自信，是高职院校教育者在教学实践中必须考虑的重点。当学生面对自己的优秀成果展示时，内心充满了成就和自豪感，可极大地激发其学习、创新的积极性和主动性；同时，在完成真实项目的过程中，可促进学生对相关知识和技能的掌握，树立学生的自信心（图3-6-3）。

图3-6-3 学生参观面料展会并与自己设计的作品合影

二、主要成效

（一）学生综合职业技能显著增强

大师工作室借助真实项目，让学生在实战环境中全面提升综合职业技能。其中学生朱敏敏入选世界技能大赛中国区十进五种子选手；2019—2021 年，学生获国家级（含行业）技能大赛一等奖 12 项，2 人获全国技术能手称号。

（二）毕业生成为服装企业招聘首选

技术技能大师工作室运作以来，个性化人才培养模式得到有效支撑。服装设计与工艺专业招生录取分数线逐年提高，在 2021 年列全省高职第一；企业对毕业生满意度达 97%，毕业生成了服装企业的招聘首选，全面实现体面就业。

（三）教师技术创新能力大幅提升

通过专业教师团队带领学生参加技能大赛、与企业导师一起开展特色学徒制培养等各项工作，教师的专业知识技能及产品研发都有了快速提升，培育了国家"万人计划"教学名师 1 名，全国技术能手 1 名、全国优秀教师 1 名、全国优秀制版师 1 名，省高校优秀教师 2 名，入选市"131"中青年人才培养计划 4 人。

（撰稿人：陈　诺）

搭建"新平台",培养"新版师",助力"新发展"

新发展格局背景下,达利集团制定了两大发展战略,一是品牌化战略,从为国际品牌加工走向自主研发,从单一的丝绸产品生产向全品类服装生产发展;二是可持续发展战略,从传统生产模式向数字化智能化转型,向低碳环保、绿色生产方向发展。

中高端人才紧缺是企业转型升级之殇,企业的现状是人员不稳定、结构失衡,难以支撑企业发展战略。据调查统计,达利集团产品研发部的现有制版师大部分是传统版师,"90后""95后""00后"的新生代版师断层,随着服装产业向"时尚+科技"转型升级,企业急需"懂服装设计、会数字制版"的"新版师"。

一、实施举措

(一)共建校企研究院,搭建"新平台"

2021年,达利女装学院召开三届四次理事会,与达利集团合作成立"浙江省高品质丝绸研究院",推进产学研深度融合,开展协同攻关,提升师生科技成果转移转化能力。会上,达利集团总经理、达利女装学院院长林典誉对成立研究院给予高度评价,希望学院借鉴国外高水平大学研究院建设经验,深化校企合作,立足新面料、新产品、新技术研发,助力达利集团发展战略,实现双赢目标。

研究院以达利集团为主体,根据达利集团未来发展规划设立三个中心:创意产品设计中心、创新面料开发中心、新媒体营销中心,根据企业的发展需求开展项目对接,企业安排项目负责人及时跟进和指导,学院根据项目情况组建跨专业师生产品研发团队(图3-6-4)。加强研究院运行过程管理,定期汇报交流研究进程,完善以成果转化效果为导向的评价激励机制。

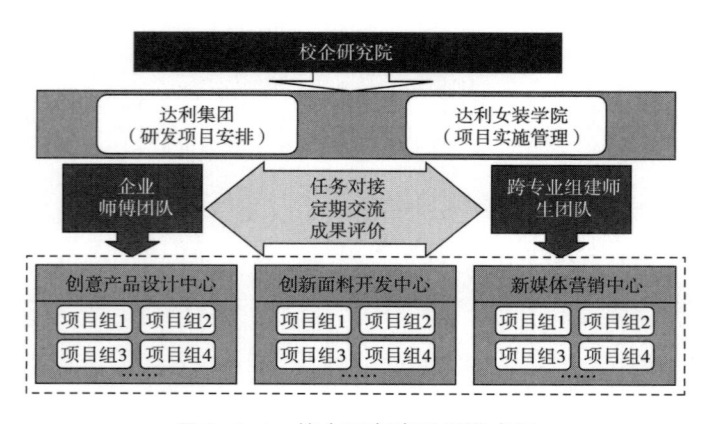

图3-6-4 校企研究院运行模式图

（二）攻坚数字制版关键技术，锻造"新版师"

顺应服装产业数字化、智能化的发展趋势，动态调整专业人才培养定位，实现人才培养和岗位要求精准对接。聘请行业、企业管理层和技术专家召开人才培养论证会，梳理产业链岗位群的工作任务和职业能力，根据职业能力提升规律，系统构建"基础共享、专技阶进、研学交融"的专业群课程体系。第一阶段重基础，扎实掌握服装制版技术的原理和方法；第二阶段精技能，分品类开发标准纸样，建立标准样板数据库；第三阶段强应用，通过企业真实产品研发项目，利用标准样板数据库开发新产品，动态更新时尚款式样板数据库，通过团队合作完成整体研发项目，打造"设计、制版、工艺"三能一体的"新版师"。

（三）破解企业"卡脖子"技术难题，助力"新发展"

依托校企研究院，聚焦产业高端发展的"卡脖子"技术难题，校企协同开展技术攻关。成立6个技术技能大师工作室，组建双导师团队，指导学生研究版型数据库的开发标准，建立充分的版型数据和工艺数据，使产品研发从"多版修改"转向"一版成型"，效率提升300%以上，极大提升了版型开发的质量和效能。协同高新技术企业研发3D建模技术制作数字样衣，通过调整人体、面料参数，快速展现样衣的效果和存在的问题，还原度达85%，实现了设计效果和版型的联动修改，有效替代了劳动密集型的样衣制作环节，使产品研发过程由原来的十几个小时缩短到几十分钟，大大节省了材料和人工成本，促进传统产业转型升级。

二、主要成效

学院联合达利集团等共建"浙江省高品质丝绸研究院"，协同开展技术攻关，完成技术研发任务2275项，师生科技成果转化452万元。建设女装创意设计协同发展中心，服务中小微企业150家，完成技改项目53项。

2021年11月，浙江科技成果竞价（拍卖）会杭州职业技术学院专场在学校举办，达利女装学院的党员师生科研成果"系列服装新产品研发和新材料制备技术""纺织品为载体的杭州文化礼品及周边产品设计样稿及实样""2022年秋冬波段羊绒系列毛衫产品"拍出了217万元的总价，其中"系列服装新产品研发和新材料制备技术"成果以120万元由达利公司中拍。

（撰稿人：郑小飞）

科教产教双融合，培养高素质创新人才

针对产业"科技、时尚、绿色"升级要求，达利服装数字技术研究院为学生提供科教融合教育平台，培养学生的科研素养和研究兴趣，引导学生参与真实科研项目，满足其进一步修学和成才需求，实现学生创新素养、自我学习和自我完善能力的提升，从而解决了高职院校毕业生钻研精神不足、发展后劲乏力的问题，有效提升育人质量。同时，校企双向赋能，实施基于共同利益的技术开发与技术服务，打破产教"合而不融"壁垒，推动产教和科教由融入、融通走向融合。

一、实施举措

（一）攻坚产业升级"新技术"

达利服装数字技术研究院秉承"校企合作之双赢，以企业赢为先"的理念，帮助企业解决一线技术难题，助力企业向科技、时尚、绿色转型。

以"科技"创新，打造校企共同体的生命力。达利服装数字技术研究院师生团队从功能性面料开发、虚拟化产品设计和智能化服装生产等方面着手，陆续开展"基于抗菌材料的智能定位全成型针织童装研发""功能性纤维面料开发""超长起绒全成型毛衫产品开发""香港童装面料纹样设计项目"等技术服务，探索生产实践中的新材料、新工艺、新技术，提高产品科技含量，推动企业转型。

以"时尚"创意，增加校企共同体的黏合力。达利服装数字技术研究院以流行趋势研究为根本任务，为产业提供服务。纺织装饰艺术设计团队承担达利公司印染中心月度花稿的趋势分析项目，从花型、色彩、表现方法等方面为达利集团的产品开发提供参考；针织工作室完成中国针织工业协会委托的2023/2024年秋冬趋势，在杭州国际博览中心发布；达利数智媒体技术背景下的达利品牌塑造项目，以短视频形式为达利服装产品塑造形象。

以"绿色"低碳，提升校企共同体的影响力。达利服装数字技术研究院从面料开发、服装设计、生产制作到智慧营销等全流程探索新技术，推动企业转型升级。张守运教授致力于抗菌抗病毒的绿色环保生态面料研发，推动面料向"绿色"转型；虚拟仿真设计团队运用数字技术展现设计效果，减少产品打样，降低碳排放，推动设计向"绿色"转型；卢华山教授研究一线成衣，减少服装生产环节，帮助生产朝可持续的方向发展。

（二）构建科教融汇"新平台"

围绕区域产业多元化需求，构建具有教育共同体、利益共同体属性的服装数字技术研究院，下设数字资源建设、产品研发和服装智慧营销等三大平台，对接项目，组建团队。打破常规专业组织形式和学科壁垒，聘请企业技术人员参与，实现教育链、产业链、创新链、人才链的深度融合。同时，"以科为翼，以教为足"，以科研反哺教学、教学科研相互促进的指导方针，对科研成果进行教学资源转化，研学共融，精准培养创新型人才。

以科教团队重塑师资结构，组建以应用研究为导向的创新团队，凝聚产业、学校、社会多元力量，校企联合开展科技攻关、产品研发、技术改造项目；以项目对接为抓手，整合专业群的资源，提高教师的业务水平和人才培养质量；以产品研发为载体，促进校企共同体迭代升级，实现双赢；通过下企业锻炼、访问工程师等项目创新教师企业实践机制，提升教师的社会服务能力，增强教师基于产教融合、科教融汇的课程适应性理念与能力，形成资源共享、优势互补、互相促进、共同提高的积极格局。

以服装数字技术研究院为主体，校企双方共建长期的技术创新合作机制及专利开发和转化机制，采用扁平化组织架构，三大平台相互协作，推进科技成果产业化应用。

（三）瞄准数智赋能"新方向"

虚拟设计。快速推进虚拟设计，利用虚拟仿真技术对传统服装设计进行数字化转型，实现针织面料设计可视化、女装结构设计变化、服装动态效果实时化。将数字面料与虚拟款式、虚拟人模和虚拟场景相结合，达到沉浸式的高仿真效果。

仿真实训。推进服装设计与数智工程实训中心建设，利用三维虚拟技术制作数字模特，实时展示动态的视觉效果，打破传统的服装展演形式，破解服装生产实训教学中存在的看不懂、试不起、不知错、穿不上等问题。对于合作企业，仿真促使柔性供应链实现，助力行业转型升级，也将对加速碳中和起到积极作用。

智慧营销。服装智慧营销团队尝试数字新零售，围绕"人、货、场"的理念积累顾客数据，借助一站式数据分析平台发挥数据价值，运用数字化手段整合和优化产品供应链，注重消费者个性化、娱乐化体验，结合系统性的零售分析方法，推进服装营销向数字化转型。

二、主要成效

（一）以研促学，学生创新能力不断提升

科技研发创新与教育教学、实践实训的有机融合，有效提升了学生的科研素养和创新能力。"强韧保障——石墨烯纤维制备生产工艺优化""酷玩侠：一种基于人工智能的美育协同儿童成长陪伴机器人"等项目相继在中国国际"互联网+"大学生创新创业大赛、"挑战杯"全国大学生课外学术科技作品竞赛中获奖；学生荣获实用新型专利、外观设计专利15项；入围浙江省服装与服饰创意设计大赛决赛11项；毕业生年均初次去向落实率达98%，企业对毕业生满意率为95.7%，远超全省平均水平。

（二）以研促教，教师科研能力不断提升

通过参与科研项目和技术改革，教师的科研意识、实践能力和服务能力显著提升。2022年立项省级课题2项，市级以上课题8项，承接服务地方横向课题9项，技术服务到账经费222.4万元，出版教材17本、专著3本；获专利授权数32项，其中发明专利授权6项；为各中小微企业开发产品1510余款。

（撰稿人：曹爱娟）

第七章　提升社会服务水平

搭建三大平台　多维发力提升服务发展水平

2021年10月，达利女装学院一楼展厅迎来了一批"小观众"，一群可爱的小朋友聚精会神地参观礼服展，老师绘声绘色地为她们讲解了如何依据不同场合穿着不同款式的礼服。结合小朋友们熟悉的童话故事里主人公的性格特点和礼服样式进行细致分析，从色彩、面料、具体造型到关键设计点进行了一一介绍。小朋友们眼中有藏不住的欣喜，结束时流连忘返，并激动地说："长大以后也要设计这么漂亮的衣服穿。"这是达利女装学院举办的一场"小小设计师"职业体验活动，让小朋友们在玩乐中培养职业理想，规划自己的未来，为达利女装学院社会服务工作增添了浓墨重彩的一笔。

《教育部办公厅等十四部门关于印发〈职业院校全面开展职业培训　促进就业创业行动计划〉的通知》（教职成厅〔2019〕5号）中指出，实施学历教育与培训并举是职业院校的法定职责。"双高计划"要求"提升服务发展水平"，达利女装学院在"双高计划"的引领下，不断提高站位、拓宽视野、拓展内涵、扩大格局，建设全国服装高技能人才培训中心、全国教师技能培训中心及中小学生职业体验中心，提供各类培训，满足人们的精神职业发展和需求，提升人才素质，传承知识和技术，提高社会文明程度，促进社会进步和经济发展。

一、实施举措

（一）联合全国技能鉴定中心、浙江省服装行业协会成立"全国服装高技能人才培训中心"

达利女装学院与行企合作建成国家级服装专业教学资源库和国家级传统手工艺（非遗）资源库等共享平台，为人才培训提供教育服务基础。近年来，新增高质量素材、案例、企业培训包等4000余件，满足教育服务供给，提升专业群的社会服务能力。同时，联合全国技能鉴定中心、浙江省服装行业协会成立"全国服装高技能人才培训中心"，提升专业群的城市服务力和行业贡献力，为中小微企业提供技术服务和企业员工培训。

（二）联合中国纺织服装教育学会成立"全国教师技能培训中心"

联合中国纺织服装教育学会成立"全国教师技能培训中心"，承办各种技能大赛，定期开展全省中小学教师专业发展培训工作。2019—2021年承办全国职业院校教师服装技能大赛、全国中职学生技能大赛浙江省选拔赛等省级以上大赛8项。一直紧密对接国家战略部署和服装行业格局，激发学生学技术、练本领、比技能的热情，培养出更多高素质技术技能人才，更好地为服装行业高质量发展服务。

2019年起，已开展四期全省中小学教师专业发展培训项目，从创意服装立体裁剪、教师着装品位提升、服装陈列、扎染蜡染技术、布艺手工制作、钩针编织、创

意生活用品编制与设计、服装 3D 仿真建模、服饰文化与课程思政建设等方面，开发设计形式多样、联系实际、生动活泼的教师培训专题，拓宽中职教师的服装创意思路及思维模式，促进中职学校服装专业建设与教学改革，推动中职学校服装设计与工艺专业人才培养水平提升。

（三）成立"浙江省中小学生职业体验中心"

达利女装学院自 2014 年以来一直开展基于产教融合的职业教育反哺基础教育探索与实践，全国领先。在"校企共同体"体制及"校企合作、工学结合"教育教学理念支撑下，充分利用专业校企联动平台，面向社会全面开放专业优质教学实训资源，不断深化专业内涵建设，创新并提升职业教育反哺基础教育能力，为培养和塑造未来的优秀建设者奠定基础。

达利女装学院现已成功开发具有鲜明职业特性的职业体验课程 80 余门，开设了职业辅导、实践体验、能力训练三位一体的青少年职业体验系列课程，逐步建立了职业体验类、科学探索类、文化艺术类、生活技能类等一系列高职教育反哺基础教育课程体系。

二、主要成效

主持开发服装制版师岗位标准、培训大纲和考证题库，开展技能鉴定 5720 人次；通过线上线下结合的方式进行培训，共计面向全国服装企业从业人员培训 12000 人次，极大提升了纺织服装从业人员的综合素质。通过邀请家长和中小学师生走进校园或送教上门、为中小学开设职业教育课程，为中小学生开展职业体验教育 1833 人次。2020 年 12 月，达利女装学院成为浙江省中小学劳动实践基地（职业体验基地）。

（撰稿人：曹文英　郑小飞）

聚力"政行企校"打造产业学院，赋能打造世界级家纺集群先行区

"世界布艺看中国，中国布艺看许村。"浙江海宁许村以家纺名扬海内外，是融入杭州发展的桥头堡。作为世界级家纺集群先行区，海宁许村是国内最大的家纺面料生产基地、提花家纺产销中心，产业基础雄厚。然而，其产业发展所需要的人才存在瓶颈：一是海宁家纺是"大产业、小企业"，许村家纺企业员工多由当地及周边村县农民工转化，时尚创意、技能水平和创新能力不足，影响了产品附加值的提升，无法满足海宁家纺全产业服务链升级需求；二是当地缺乏高水平职业院校为其培养"留得住""用得上"的人才，尤其是针对当地"产二代"的技术技能水平和销售管理能力提升等方面的培训需求旺盛。基于此，杭州职业技术学院积极推进优质职业教育资源下沉，协同海宁许村镇政府、海宁市家用纺织品行业协会、海宁市职业高级中学，四方共建"杭海龙渡湖国际时尚产业学院"，实行中高职一体化的人才培养模式，建好许村产业人才"蓄水池"，为许村镇的产业发展培养人才，开展企业服务和社会培训等，赋能许村打造世界级家纺产业集群先行区。

一、实施举措

（一）融"政行企校"多方资源，滋养产业学院落地生根

杭州职业技术学院协同海宁许村镇政府、海宁市家用纺织品行业协会、海宁市职业高级中学，四方联动共建"杭海龙渡湖国际时尚产业学院"，积极探索"混合共建、委托共管、发展共赢"的混合所有制办学模式，以合约形式明确四方职责。联合海宁和职业高级中学共同开展中高职长学制培养，与当地产业链深度对接，打破专业壁垒，开设纺织品设计、纺织服装电商等专业，主要面向盐官镇、长安镇、马桥镇等地生源招生。采用"1315"人才培养新模式（即1个工作室、3个专兼结合的专业教师团队、15个学生组成一个产品研发团队），走深做实人才培养，为许村当地输送相关专业人才，推动纺织产业向高端化、现代化、时尚化、数智化升级，持续发挥职教"立足市场、走深企业、服务经济"作用，有效赋能乡村振兴。

（二）以"一盘棋"思维精准布局，确保体制机制康健运转

构建了理事会、院长、办公室分工负责、协调运行的三级管理组织架构。以产业学院为主体，联合政府部门、行业协会、企业等成立理事会，理事会是决策机构，由许村镇党委书记任理事会理事长，负责审定产业学院章程、发展规划、管理架构以及引进的重大项目（团队）及相关支持政策，考核产业学院工作情况和运行绩效；实行理事会领导下的产业学院院长负责制，由达利女装学院院长兼任产业学院院长，负责拟定产业学院发展规划、运行管理制度、人才培养方案、课程建设方案、师资调配、教学资源建设等；办公室下设教学指导组、工程推进组、后勤保障组，

各工作组具体负责学院的专业建设、教学、科技成果转化、行政管理、学生管理、外联服务等工作。理事会领导下的院长负责制为产业学院的发展提供了机制保障。

（三）创新"1315"人才培养模式，弥合需求供给历史分野

针对产业升级发展对高素质技术技能人才的需求，围绕"率先示范、能力互融、递进指导"，构建"1315"人才培养新模式，进行"多专业融合"教学实践。由行业协会根据不同品类纺织服装企业人才需求遴选有强烈合作意向的优质企业，同产业学院合作成立20个跨专业产品研发工作室，合作企业集中向学生宣讲企业现状及未来发展方向、工作岗位发展空间，学生根据个人职业发展规划与企业双向选择，建立研发团队。针对企业岗位人才需求，制订个性化人才培养方案，将企业真实项目导入课堂教学，用企业岗位工作任务引领学生技能水平提升。

（四）秉持"职教兴村"理念纾困解难，助力乡村振兴走深入实

引入城市优质资源，将国家双高校杭州职业技术学院优质教育资源引入中国纺织重镇海宁许村镇，共建"杭海龙渡湖国际时尚产业学院"。在"企业统筹规划、学校管理运作、教师研发引领"的管理模式下，共建"双元主体"新产品研发室，即企业为主导，投入项目、资金，学校为主体，投入研发场地和研发团队，通过新产品研发引领，满足技术技能人才、职业技能培训和新技术推广需求，构建满足"创新型技术技能人才培养、新技术（新工艺、新岗位）推广"等需要的产品研发室社会化模式，有效解决了技术技能薄弱难题。共享产品研发成果和人才培养成果，助推地方村镇产业转型升级、地方经济发展，实现职业教育赋能乡村振兴。

二、主要成效

（一）人才培养质量不断提升

紧贴新时期纺织服装产业转型升级需求，聚焦岗位能力分析和工作任务设计，把握课程内容、课程组织、课程展开逻辑等衔接的规律，构建"1315"人才培养新模式，初步实现了人才培养与高质量就业的完美契合，人才培养质量逐年提高，2022年毕业生的初次去向落实率达98%，专业对口率达85.5%，毕业生就业起薪达6100元/月，基本实现体面就业。

（二）服务企业成效持续显著

依托产业学院探索中国特色现代学徒制培养模式，校企成立20个产品研发室，累计为各中小微企业开发家纺纹样和家纺产品600余款，并助力企业开展营销和推广。对接小微企业的新产品研发室的研发成果促进了许村镇家用纺织产业中新技术的应用与推广，促进了村镇地方产业转型与经济发展。

（三）赋能乡村振兴不断深化

依托产业学院外联服务工作以及定期举办的"服装面料花稿设计培训班、流行趋势发布"等项目活动，2022年为当地家纺企业员工培训800余人次，为实现乡村振兴注入了一股强有力的职教力量。

（撰稿人：洪杉杉　白志刚）

从一枝独秀到满园香——杭职经验走进河南

2020年6月，达利集团公司和汉帛国际服饰有限公司迎来了一群贵宾，河南省服装行业协会和河南信阳淮滨县政府领导一行在白志刚团队的带领下前来考察，分享校企合作的示范案例。时任信阳招商局局长徐懋听得百感交集，当晚就找机会与白老师进行了深入交流。

习近平总书记2019年到信阳革命老区进行实地考察时提出，老区人民"不仅要脱贫，而且要致富"。脱贫攻坚已经取得了辉煌战果，下一步如何建立造血机制，增强老区人民从脱贫到致富的内生动力？徐懋局长将目前的想法娓娓道来："信阳市政府正在大力发展纺织服装产业，已经形成了纺织服装产业聚集区，建立淮河纺织服装职业学院的想法已经得到河南省政府的批示，希望白老师团队能够到信阳来考察。"

一、他山之石，可以攻玉——高素质技术技能人才培养经验得到推广

2020年7月初，白志刚团队踏上了前往河南信阳的考察之路。他们在信阳淮滨县政府的组织下深入考察地区纺织、羽绒服等纺织服装产业园，其中部分纺织产业产量设备已经位居亚洲第二。结合杭州职业技术学院达利女装学院的龙渡湖国际时尚产业学院政行企校合作办学模式，白老师团队提出了信阳地方职业院校与淮河纺织服装职业学院合作共建的设想，共同探讨了新双元制人才培养模式，包括组织架构、运行机制、人才培养定位、教学团队、教学模式、课程体系和课程标准建设等方面。通过多方努力，2022年3月，淮河纺织服装产业学院与信阳职业技术学院挂牌成立，实施新双元制人才培养模式，杭职院培养高素质技术技能人才的经验在河南职业教育人才培养中得到了推广，影响辐射中部地区。

二、凡心所向，素履以往——技术技能平台构建经验得到推广

2020年7~8月，在河南省服装行业协会的组织下，白志刚团队马不停蹄地走访了河南信阳、驻马店、漯河、郑州、新乡等地32家服装企业和部分服装院校，考察了7个纺织服装产业园，调研了2个职业装、智能化服装小镇，参观了1个中西部地区纺织服装交易中心，指导了3所高校（漯河职业技术学院、河南科技学院、郑州理工职业学院）……理顺了行企校合作的体制机制，撰写了《服装产业与职业教育联盟制度章程》《河南省服装人才需求报告》等。在他们的提议下，河南省服装行业协会、漯河职业技术学院等共建了河南省服装产业职业教育联盟，漯河职业技术学院当选为会长单位。河南省相关省级领导、服装行业协会会长、漯河职业技术学院领导等与河南省80多家服装企业、30多所本专科服装院校齐聚一堂，共谋发展。会议论坛中白志刚老师宣读了《河南省服装人才需求报告》，并指导职教联盟开展了一系列年度工作。杭职院技术技能平台构建经验在河南地区得到了有效推广。

三、匠心独运，设计贡献——教师技术服务和指导的经验得到推广

以促进服装的内销及循环为根本目标，2020年6月11日，中国纺织工业联合会、中国纺织品进出口商会指导，河南省工业和信息化厅、中国服装协会支持，河南省商务厅、驻马店市人民政府主办，西平县人民政府、河南省服装行业协会承办首届"助力河南服装产业——2020服装品牌直播大会"。为了体现首届服装品牌直播大会的地方性和国际性，河南省服装行业协会邀请白志刚团队设计会标和会服。

"提升中国优秀传统文化在国际上的影响力""突出时尚性"……白志刚团队设计理念清晰，实施路径明确，调研了国内外大量的标识及服装款式，经过数个昼夜的设计，以"嫘祖纹样"为主题的标识纹样和服装设计方案跃然纸上（图3-7-1），河南省服装行业协会高亚爽副会长予以高度评价："太喜欢这个设计图了，非常独特，魅力无限啊，团队为我们付出太多，感动了整个河南省服装行业。"杭职院教师技术服务和指导的经验在河南地区得到了有效推广。

图 3-7-1 中国服装品牌直播日标识图

四、杭职经验，走进河南

2020年，在河南省校企合作交流大会上，与会30多家本专科院校代表及80多家企业进行交流，白志刚团队和杭职院合作单位达利集团设计总监与会并进行了发言，教育部高等学校纺织类专业教学指导委员会委员、中原工学院服装学院院长刘让同发言道：达利集团极具社会责任感，白志刚团队既擅长教学又了解企业。

在白志刚团队这样的杭州职业技术学院名师名匠的努力下，杭职经验、达利经验从一枝独秀到满园飘香，走出杭州，走进河南，走向全国。社会服务覆盖中西部地区，帮助职业院校对接行业企业，助力技术技能人才培养，指导服装院校或相关专业的教师提升教学能力，服务产业聚集区。政行企校合作办学模式的示范推广，以其创新的组织架构、运行模式、人才培养定位、教学模式等引领职教改革。

（撰稿人：沈陆娟　白志刚）

# 第八章　提升国际交流与合作水平

标准制定，本土优化，中外合作培养国际化时尚女装设计人才

杭州职业技术学院与意大利佛罗伦萨自由美术学院合作举办服装设计与工艺专业高等专科教育项目（编号 PDE331T3A20211134N），于 2021 年 1 月正式获得教育部批准，于 2021 年 9 月正式招生，是两所高校合作设立的非独立法人合作办学项目，以培养扎实的服装设计与工艺基础、出色创新能力与合作精神、多语言优势及国际视野的高级复合型人才为目标，致力于建成一个专业交叉融合、专业特色鲜明、人才培养体系先进，具有优秀示范效应的国际化创新型办学项目。

一、实施举措

在中外合作办学过程中，注重实效，聚焦需求，精准引进。充分引进海外优质教育资源，特别是引进创新应用技术技能，提高外方引进资源与本土资源融合、共生、发展的效能，并进行本土优化，以"2+3+4"（即"两个引进""三个确保""四个建立"）工作实践方式作为蓝本，从方向指引、策略路径、方式方法上形成立体化、系统化的建设性方案。

（一）"两个引进"

1. 引进外方优质资源，改革教育教学模式

首先，引进外方优质课程，在满足教育部对引进优质教育资源四个三分之一要求的基础上，开展教学方法和实验方法改革。理论课教学采用学术报告（Seminar Presentation）、翻转课堂（Flipped Class）、案例教学（Case Teaching）等，实验实训课程在验证性实训基础上，尝试设计性实验，以充分激发学生的自主意识和探索精神。其次，借鉴国外大学教学模式，开展辅导课（Tutorial）制度。将校内教师的辅导答疑（Lecture+Tutorial）课排进课表，推进辅导答疑的授课模式，由校内教师对学生进行解答，分组设定讨论。

2. 搭建师资流入平台，发挥推动引领作用

通过"高端引领、引培并重、双轨互动、融合发展"的建设思路，引进海外具有国际学术视野和学术发展潜力的优秀青年教师 4 名，并借助杭州市丝绸行业协会和达利公司"丝绸学堂"的海外影响力和学术关系网络，进一步为学校和行业大批量引进海外优秀人才创设平台。

（二）"三个确保"

1. 充分预判形势，确保应对方案

中外合作办学因为涉及外方师资、国际形势、全球时差等各种因素，学院主动对接外方合作高校，商量应对策略。由任课教师提前一周把上课内容录制成 20~30 分钟的视频，放在国家级资源库平台上，供学生反复收看自学。

2. 多方协同合作，确保教学质量

学院首先配备智慧教室保障教学场所，并扩容校园网，确保线上教学无障碍。其次所有教学材料做到双备份，同时上传至教学平台和网盘，主流视频直播平台包括 Zoom 直播、腾讯会议，并由教课办协助随时沟通解答师生使用方面的问题。

3. 内外闭环管理，确保管理机制

达利女装学院针对国际课程采用"内部闭环管理，外部实时监控"的双重协同机制进行实时统筹管理。在内部管理上，以达利女装学院为中心，将每节课的教师教学和学生反馈连接在一起，构建闭环管理。在外部监控上，由学院教课办、校教学督导员共同构成教学质量保障体系。

（三）"四个建立"

1. 建立高效的组织体系

达利女装学院中意合作项目成立伊始，确立了学院党总支监管、对外合作处协助、学院督导监控及专业负责人牵头的组织体系，在学院管理、学术与教学指导、教学督导、课堂学习与教育、师生联络等方面发挥重要作用。

2. 建立科学的教学体系

一是利用中外双方课程资源优势，制定符合国际化办学水平的达利女装学院课程质量标准，强调"两性一度"，即高阶性、创新性、挑战度。二是推进教学方法改革，实施以学生为本的启发式、合作式、参与式教学模式，增加讨论课与案例课的比例，激发学生的自主意识和探索精神。三是深化考试方法改革，综合应用实训成绩、小组考评、非标准答案考试等多种形式，为学生学习提供诊断性、及时且有意义的过程性反馈，促进和支持学生进行深层次学习。四是强化实训实践教学，增加创新性、综合性、设计性实验实训环节，由"要我实践"变为"我要实践"，培养学生自学能力。

3. 建立教师教学能力提升机制

以国际合作交流为重点，在提升学校国际影响力和竞争力的同时，打造一支师德高尚、规模适当、业务精湛、结构优化的具有创新意识、高端竞争意识和国际视野的高水平师资队伍。达利女装学院利用中外合作办学项目优势，每年选派 2 名优秀教师赴意大利自由美术学院进行为期 6 个月的访学、研修，并且邀请知名专家学者进行在线交流和访问，定期为教师和学生举办讲座或开展学术会议等。

4. 建立教学质量评价保障体系

学院在借鉴外方管理经验和教学理念的同时，也充分考虑校内实际情况，建立了较为科学的质量保障体系，涵盖教学质量管理系统、教学质量目标与标准体系、教学质量监控与反馈系统、教学质量评估与诊断系统、教学条件支持与保障系统五大方面。

二、主要成效

（一）加强国际化课程体系建设，深化教学改革

以学生为中心、持续改进为目标，构建科学合理的国际课程体系，通过课程建设与评价、任课教师评价，实现人才培养质量的持续改进。围绕国际化人才培养目

标，每学期开设专业英语课，强化学生英语应用能力的培养，强化听说读写和科技写作练习，保证在学生出国前英语学习不间断。

（二）加强协同育人，搭建高层次国际化人才培养创新平台

鼓励学生创新实践，已带领学生参加2次上海国际针织博览会，用剪刀裁剪出匠心，用针线编织出新时代技术技能人才的风采，在场专家无不表示惊艳并给予了高度赞赏。我院朱敏敏同学入围世界技能大赛中国赛区前5名，有望问鼎国际赛事奖牌。

（三）加强环境建设，打造国际化育人环境

学院不断建设和完善硬件及文化环境，建成9间服装智慧实训教室、多功能多媒体智慧教室，满足了国际化教学需求。通过学院文化墙建设，弘扬中华优秀传统文化、引入国际多元文化，通过招生宣传品、服饰手工艺展示长墙，逐步塑造、凝练学院文化品牌与特色。

（四）建立互利共赢的合作机制，取得良好社会评价

通过融合创新，探索"标准制定、本土优化"的国际时尚人才培养模式，建立中意双方师资互访、学生交流和科研合作等机制，加快推动服装设计与工艺专业内涵建设，打造高质量中外合作办学项目，项目的社会影响力不断扩大，2022年度中意班提前招生，报名人数达310人。

（撰稿人：梅笑雪　刘桠楠）

携手达利共建海外丝路学院，发起成立"一带一路"纺织服装职业教育联盟

2016年7月，教育部正式发布《推进共建"一带一路"教育行动》。自"一带一路"倡议提出以来，达利女装学院利用达利（中国）有限公司作为跨国经营企业的资源优势，借助香港区域研究中心、校际合作平台等现有资源基础，大力推动校企合作，在共建"一带一路"国家举办"丝路学院"，搭建对外经贸人才培养和人文交流平台，发挥人才技能培训、教育文化交流等作用，高质量推进"一带一路"建设。同时依托"丝路学院"讲好"中国故事""浙江故事"，加大国际传播力度，充分展示对外开放发展成就。

一、实施举措

（一）助力企业"走出去"开展技术技能培训

随着浙江企业不断开拓海外市场、参与"一带一路"建设，企业对海外员工的职业技能培训需求日益凸显。达利女装学院和达利集团携手"走出去"，共建"丝路学院"，为达利集团的柬埔寨工厂员工开展六西格玛管理培训。为加速推进海宁家纺企业的国际化发展战略，提升员工素质和产品品质，为浙江颐佳爱家居用品股份有限公司、海宁市布妍诚纺织有限公司、海宁市摩卡纺织有限公司等6家企业开展纺织品国际流行趋势培训，指导开展产品研发。

（二）与海外高校开展学术交流合作

达利女装学院与共建"一带一路"国家开展学术交流，与海外学校共享资源、优势互补。面向柬埔寨、菲律宾等国家开展培训，开发云端培训课程6门。向柬埔寨输出中国职教理念和办学模式，助力当地培养应用型技术人才。

二、主要成效

（一）服务"一带一路"建设有新贡献

通过"丝路学院"建设，系统展示了我国高等职业教育的教育理念、教学内容和教学标准，讲好"中国故事""浙江故事"，不断增强与共建"一带一路"国家友好关系，不断夯实"一带一路"建设社会基础。杭职院设立的"丝路学院"，已由初期的技能培训发展为输出专业课程和教学标准，为柬埔寨职业教育发展提供了全方位的支持和指导。

（二）服务浙江经济社会发展有新作为

如达利集团一般"走出去"的企业众多，对目的国本土人才需求量大，通过"丝路学院"，积极对接企业需求，帮助企业培养熟悉目的国情和具备一定职业技

能和管理经验的优秀人才。近年来,达利集团海外业务不断拓展,杭职院协助达利集团在柬埔寨当地落地生根、稳步发展,受到企业普遍好评。

(三)培养"一带一路"人才培养有新突破

"丝路学院"为"走出去"的达利集团在当地培养了大量熟悉中国技术、产品、工艺的本土技能人才,也为当地带来了就业与发展的新机遇。2021年,杭职院"丝路学院"通过线上方式,为45名柬埔寨学员开展培训,涵盖旗袍文化、旗袍制作、绳结编织等,深受学生欢迎。

(撰稿人:郑小飞)

第九章　健全可持续发展保障机制

深耕"校企共同体",不断擦亮产教融合之"达利现象"金名片

习近平总书记在党的十九大报告中指出,要完善职业教育和培训体系,深化产教融合、校企合作,实现高等教育内涵式发展;党的十九届五中全会《中共中央关于制定国民经济和社会发展第十四个五年规划和二〇三五年远景目标的建议》提出,作为人力资源供给侧结构性改革重点环节,深化产教融合、校企合作具有重要现实意义和长远意义。中共中央办公厅、国务院办公厅陆续印发《关于深化教育体制机制改革的意见》《关于深化产教融合的若干意见》等重要文件,要求各地区各部门根据实际情况健全行业企业参与办学的体制机制和支持政策,支持行业企业参与人才培养全过程;推动学科专业建设与产业转型升级相适应、强化企业重要主体作用,推进产教融合人才培养改革。

2009年,杭州职业技术学院与国际知名丝绸女装企业达利(中国)有限公司共建"校企共同体"——达利女装学院。十几年来,达利女装学院立足一个企业,面向整个行业,形成了一套完备的管理制度体系,走出了一条具有杭职特色的产教融合、校企合作之路,为地方经济社会发展提供了全方位的科技、人才和智力支持。"达利现象"已成为全国高职校企合作的一张金名片。

一、实施举措

(一)厚积十年再出发,校企共同体开启新征程

2019年,在达利女装学院成立十周年之际,杭职院与达利(中国)有限公司签署了《新十年校企战略合作协议》,并揭牌成立校企共建的"纺织服装工程创新中心"。校企双方共同聚焦人才培养定位"精"准、产学研平台筑"高"、技术革新与创新引领能力拔"尖"三个方面,再创新高。

(二)立足一个企业,校企聚力双赢再结新硕果

2019年10月,达利(中国)有限公司被教育部等四部门认定为首批全国职教教师企业实践基地,12月,又被浙江省发展和改革委员会认定为浙江省首批产教融合型试点企业;同年,达利女装学院被浙江省教育厅立项为省级产教融合示范基地;2020年7月,达利女装学院和达利(中国)有限公司共同申报"基于校企命运共同体的产业学院体制机制研究",获教育部"产教融合"专项课题立项。

(三)面向整个行业,成为当地纺织服装企业"数智化"升级新动力

服装设计与工艺专业群紧盯杭州女装产业发展方向,与城市发展共生共融,重点服务杭州经济都市圈内纺织服装企业的"数智化"转型升级。目前,达利(中国)有限公司的"数智化"板房主管和技术人员全部由服装设计与工艺专业毕业生担任。针织服装与针织技术的毕业生已经成为濮院镇(全国最大的毛衫产业集群)毛衫企业"织可穿"智能制造技术人才的首选。时装零售与管理专业的毕业生更是成为周边纺

织服装企业的香饽饽（图 3-9-1），学院 2020 年被共青团杭州市委授予"中国（杭州）青年电商主播培训基地"。同时，企业也以人、财、物等形式参与专业群"数智化"人才的培养，两年内，仅企业捐赠的"全成型"电脑横机等纺织服装行业当前最先进的智能制造设备达到 210 万元（图 3-9-2）。

图 3-9-1　2020 届毕业生服务纺织服装企业的电商直播活动

图 3-9-2　企业捐赠"全成型"电脑横机

二、主要成效

（一）获中国纺织工业联合会纺织职业教育教学成果一等奖

2020 年 10 月，达利女装学院校企共同申报的"基于产教融合的'现代学徒'培养探索与实践"等成果获得中国纺织工业联合会纺织职业教育教学成果奖一等奖 2 项，二等奖 4 项，三等奖 6 项（表 3-9-1）。达利女装学院连续 5 届获得一等奖，并再次作为唯一教师代表发言。

表 3-9-1　达利女装学院"纺织之光"2020 年度中国纺织工业联合会纺织职业教育教学成果奖获奖一览表

序号	项目名称	等级
1	服装设计与工艺专业"三线驱动"个性化人才培养模式的改革与实践	一等奖
2	基于产教融合的"现代学徒"培养探索与实践	一等奖
3	对接企业新产品研发的高职院校创新人才培养模式的创新与实践	二等奖
4	全面发展视阈下"一二课堂"协同育人的探索与实践	二等奖
5	基于"五融四点三维"的高职服装专业群课程思政教学改革的探索与实践	二等奖
6	"校企共建、双向兼职、创新服务"提升女装专任教师育人能力的研究与实践	二等奖
7	基于产教融合的职业教育反哺基础教育探索与实践	三等奖
8	以基于市场产品学期项目为载体的针织毛衫一体化人才培养改革	三等奖
9	高职时装零售与管理专业创新创业教育改革研究与实践	三等奖
10	以培养工匠精神为目标的"曹帧服装技能大师工作室"人才培养模式改革与实践	三等奖
11	基于"学期项目"的高职服装设计与工艺专业课堂教学改革与实践	三等奖
12	基于"服装产品表达"省级精品在线开放课程与实训教学的混合式模式研究	三等奖

（二）学生连续7年获全国技能类大赛服装赛项一等奖

深化产教融合，打造高水平实践教学基地；服务区域产业经济，提高技术跟随度，更新教学内容与形式；创新校企合作、工学结合模式，革新教法，推进"课堂革命"。最终提高教学的针对性、职业性、实用性，弥补高端产业和现代服务业人才缺口，为推动高质量发展、建设创新型国家提供优质人才资源支撑。学生连续7年获全国技能类大赛服装赛项一等奖11项，获全国技术能手12名，获技师职业资格15名，学生与艺术大师陈家泠合作的作品被国家博物馆永久收藏。

（三）"达利现象"引领行业发展

建成国内领先的女装工程创新中心和电脑横机培训基地；荣获"全国教育系统先进集体"和"全国纺织行业技能人才培育突出贡献奖"（全国唯一高校）；成为人力资源和社会保障部国家职业技能标准《服装制版师（2019年版）》起草单位和审定单位，引领行业发展；主持国家级专业教学资源库——"服装设计专业教学资源库""传统手工艺（非遗）传习传承与创新资源库"建设。

（撰稿人：徐高峰）